A. FERRET 1977

FACULTÉ DE DROIT DE POITIERS

DES DROITS DU VENDEUR NON PAYÉ

EN DROIT ROMAIN

DE LA RÉTENTION, DE LA REVENDICATION

ET DU PRIVILÉGE DU VENDEUR

EN DROIT FRANÇAIS

THÈSE

PRÉSENTÉE A LA FACULTÉ DE DROIT DE POITIERS

POUR OBTENIR LE GRADE DE DOCTEUR

Et soutenue le jeudi 24 décembre 1874, à 3 heures du soir

DANS LA SALLE DES ACTES PUBLICS DE LA FACULTÉ

PAR

ALFRED PIERRON

AVOCAT A LA COUR D'APPEL DE POITIERS
Né à Civray (Vienne).

POITIERS
IMPRIMERIE GÉNÉRALE DE L'OUEST : E. WIRQUIN
26, PLACE D'ARMES, 26

1874

FACULTÉ DE DROIT DE POITIERS

DES DROITS DU VENDEUR NON PAYÉ

EN DROIT ROMAIN

DE LA RÉTENTION, DE LA REVENDICATION

ET DU PRIVILÉGE DU VENDEUR

EN DROIT FRANÇAIS

THÈSE

PRÉSENTÉE A LA FACULTÉ DE DROIT DE POITIERS

POUR OBTENIR LE GRADE DE DOCTEUR

Et soutenue le jeudi 24 décembre 1874, à 3 heures du soir

DANS LA SALLE DES ACTES PUBLICS DE LA FACULTÉ

4026

PAR

ALFRED PIERRON

AVOCAT A LA COUR D'APPEL DE POITIERS
Né à Civray (Vienne).

POITIERS

IMPRIMERIE GÉNÉRALE DE L'OUEST : E. WIRQUIN

26, PLACE D'ARMES, 26

1874

F

41734

FACULTÉ DE DROIT DE POITIERS

MM. LEPETIT ✳, *doyen, professeur de droit commercial.*
BOURBEAU, C. ✳, *doyen honoraire, professeur de procédure civile et de législation criminelle.*
RAGON ✳, *professeur de droit romain.*
Martial PERVINQUIÈRE ✳, *professeur de droit romain.*
DUCROCQ, *professeur de droit administratif.*
ARNAULT DE LA MÉNARDIÈRE, *professeur de Code civil.*
LECOURTOIS, *professeur de Code civil.*
THÉZARD, *professeur de Code civil.*
NORMAND, *agrégé.*
DE VAREILLES-SOMMIÈRES, *agrégé.*
PARENTEAU-DUBEUGNON, *agrégé.*

M. ARNAUD, *secrétaire agent-comptable.*

COMMISSION :

PRÉSIDENT,	M. THÉZARD.	
SUFFRAGANTS,	M. RAGON ✳, M. DUCROCQ, M. LECOURTOIS,	PROFESSEURS.
	M. PARENTEAU-DUBEUGNON,	AGRÉGÉ.

MEIS

DROIT ROMAIN

——▸✳◂——

DES DROITS DU VENDEUR
NON PAYÉ.

————

La vente, en droit romain, n'est pas translative de propriété; le consentement des parties, sur la chose et sur le prix, a seulement créé des obligations à la charge de chacun des contractants; mais la *plena in re potestas* n'a pas été déplacée; le vendeur ne peut en être dépouillé que par un mode naturel ou civil d'acquisition : *Traditionibus et usucapionibus dominia rerum, non nudis pactis transferuntur* (1). Jusque-là le vendeur est dans une situation inexpugnable. Vienne l'insolvabilité de l'acheteur, il trouve dans son titre de propriétaire une arme suffisante; mais qu'il se garde bien d'abandonner son *dominium*, quand son acheteur ne présente pas toutes les garanties de solvabilité voulues; car, lorsque la propriété a été transférée, le vendeur est descendu au rang des simples créanciers ; n'ayant aucune cause de préférence, il subira leur concours, et, si le passif du débiteur est supérieur à son actif, il ne touchera qu'un dividende, alors que, s'il eût été plus prudent, la vente n'aurait été pour lui la source d'aucun préjudice.

On voit combien il importe de désigner le moment précis auquel l'acheteur devient propriétaire. A cet égard, les textes sont formels ; tant que le prix n'a pas été payé, le vendeur conserve la propriété, abandonnerait-il même la possession en faisant la délivrance de la chose vendue. Il est certain que si la tradition a été suivie, accompagnée ou précédée du paiement du prix, le vendeur n'a plus rien à craindre ; et si c'était là le seul cas dans lequel la propriété peut passer du vendeur à l'acheteur, le danger dont je parlais tout à l'heure ne serait guère redoutable. Mais le paragraphe 41, tit. I, liv. II, aux Institutes de Justinien, nous révèle d'autres circonstances dans lesquelles le vendeur n'est plus

(1) L. 20, C., *de pactis*, liv. II, tit. III.

qu'un simple créancier : c'est lorsqu'il a reçu de l'acheteur un fidéjusseur, ou un expromisseur, ou un'gage, ou enfin lorsqu'il a suivi sa foi, c'est-à-dire lorsqu'il lui a accordé un terme pour le paiement.

Cette règle, que l'acheteur doit payer le prix pour acquérir la propriété de la chose, est particulière à la législation romaine, et semble prendre sa source dans la mancipation. La mancipation, cet acte solennel dans lequel, outre le vendeur et l'acheteur, figuraient cinq témoins citoyens romains et pubères et un *libripens,* était par elle-même translative de propriété. Elle ne consistait pas seulement dans la prononciation de paroles sacramentelles par l'acheteur; elle exigeait de plus, en dehors de la présence réelle de la chose mancipée, la pesée du métal qui figurait le prix. Les Romains, en effet, ne connaissaient, à l'origine, d'autre monnaie que la monnaie d'airain; elle ne se comptait pas au nombre, mais au poids : *Eorumque nummorum vis et potestas non in numero erat, sed in pondere nummorum* (1). On comprend alors qu'ils n'aient pas cédé à un vain désir de formalisme, en exigeant la présence du *libripens* et la pesée réelle du métal. Cette pesée était également nécessaire, lorsque la vente avait pour objet une chose *nec mancipi;* sans doute la tradition était alors suffisante ; mais comment ne pas peser le métal, lorsque c'était le seul moyen de se libérer de la part de l'acheteur. A une époque où la monnaie était si rare, il est difficile de penser que le vendeur eût consenti à se dessaisir de tous ses droits sur la chose, sans en avoir reçu au préalable une valeur équivalente. Plus tard, on connut la monnaie d'or et d'argent; on frappa des pièces indiquant elles-mêmes leur poids, et par conséquent leur valeur; la pesée, de réelle qu'elle était dans la mancipation primitive, devint purement symbolique; l'acheteur ne remit plus au vendeur qu'un lingot de cuivre, n'ayant qu'une valeur fictive (2). Dès lors, la translation de propriété qui résultait de la remise du lingot, lorsque la pesée avait lieu réellement, ne fut plus une conséquence directe de cette remise, mais du paiement du prix; le compte des pièces de monnaie produisit à l'avenir le même effet, que jadis la pesée du métal à laquelle il était substitué; et c'est précisément ce que vint constater une disposition de la loi des Douze-Tables, rappelée par le paragraphe 41, liv. II, tit. I, des Institutes : *Venditæ vero res et traditæ non aliter emptori adquiruntur, quam si is venditori pretium solverit, vel alio modo ei satisfecerit, veluti expromissore aut fidejussore dato. Quod cavetur quidem etiam lege Duodecim Tabularum..... Sed si is qui vendidit fidem emptoris secutus est, dicendum est statim rem emptoris fieri.*

(1) Gaïus, liv. I, § 122. — Pline nous apprend que les Romains ne frappèrent pas de monnaie d'or avant les victoires qu'ils remportèrent sur Pyrrhus. (*Hist. nat.*, liv. XXXIII, ch. III.)

(2) Gaïus, liv. I, § 119.

A partir de ce moment, la vente ne fut plus translative de propriété. Sans doute, si le vendeur était en même temps propriétaire, la vente avait pour but final cette translation de propriété, puisque l'acheteur entendait acquérir tous les droits de son auteur ; mais cette acquisition ne devenait une aliénation que lorsque la vente avait reçu une complète exécution, c'est-à-dire lorsque le vendeur avait livré la libre possession de la chose vendue, et l'acheteur transféré la propriété des écus ; et même, cette dernière condition était suppléée par la concession d'un terme de la part du vendeur, parce qu'il suivait alors la foi de l'acheteur en qui il avait confiance, ou bien par la réception d'une satisfaction quelconque, car, par là, il manifestait clairement son intention de ne conserver que l'action personnelle.

Telle est la théorie du droit romain sur la translation de propriété. Le vendeur trouve dans ces principes une protection suffisante ; tant qu'il n'a pas fait la délivrance, sa qualité de possesseur lui permet de faire valoir un droit de *rétention*, c'est-à-dire de garder la chose jusqu'à parfait paiement. A-t-il fait la délivrance, mais en gardant la propriété, il est armé de l'action *en revendication ;* a-t-il même livré la chose en concédant un terme ou en recevant une satisfaction quelconque, il peut encore se réserver la propriété en ne faisant à l'acheteur qu'une tradition à titre de *louage* ou de *précaire.* Enfin, s'il a purement et simplement transféré la propriété, il n'est plus qu'un créancier soumis, comme les autres, à la règle du concours. Mais, là encore, le droit vient à son secours, en lui permettant d'ajouter à la vente un *pacte d'hypothèque* constituant un droit réel sur la chose à son profit, ou la *lex commissoria* aux termes de laquelle la vente sera considérée comme non avenue si le prix n'est pas payé par l'acheteur.

PREMIÈRE PARTIE.

Droits du vendeur non payé tant que la propriété n'est pas acquise à l'acheteur.

—

CHAPITRE PREMIER.

DROIT DE RÉTENTION.

Aussitôt que la vente est parfaite, les deux parties peuvent poursuivre sur-le-champ l'exécution de leurs obligations réciproques. Au vendeur appartient l'action *venditi* pour obtenir le paiement du prix ; à l'acheteur l'action *empti* pour se faire mettre en possession. Si le vendeur prend l'offensive, l'acheteur sera nécessairement condamné, sauf ensuite de sa part à exercer l'action *empti* pour, le prix étant payé, obtenir en même temps la délivrance et le transport de la propriété. Mais la réciproque n'est pas vraie : si l'acheteur met le premier son action en mouvement, il n'obtiendra point immédiatement l'envoi en possession, sauf pour le vendeur à intenter l'action *venditi* à l'effet de recevoir son prix. Plusieurs lois, au Digeste, permettent au vendeur de se dispenser de faire la tradition, et par conséquent de retenir la chose jusqu'à parfait paiement. Ce sont : la loi 13, § 8, *de actionibus empti*, pour la vente d'une chose particulière, et la loi 22, *de hæreditate vel actione vendita*, pour la vente d'une universalité.

Le droit romain se montre donc plus favorable au vendeur qu'à l'acheteur, et l'on ne peut qu'approuver la sagesse de sa disposition. Si, en effet, le vendeur s'est obligé à tranférer ses droits sur la chose, c'est seulement en vue et à cause du prix qu'il compte recevoir ; tant que ce prix ne lui est pas payé en entier, il conserve la chose en gage, et cette détention lui garantit la promptitude et l'intégralité du paiement. Que l'acheteur ne se plaigne pas, s'il est obligé d'exécuter le premier son obligation ; il n'en éprouvera aucun préjudice, l'exécution de son obligation sera immédiatement suivie de celle du vendeur. Il est difficile, au contraire, d'affirmer que le vendeur sera à l'abri de tout dommage, s'il est obligé de faire la délivrance avant d'avoir reçu son prix. Sans doute, étant resté propriétaire, il aura conservé la revendication ; mais cette action peut, dans telle circonstance, devenir complétement impuissante : à quoi servira-t-il au vendeur de revendiquer sa chose, lorsqu'elle aura péri entièrement par la faute, la malveillance même d'un acheteur insolvable ?

Ainsi, l'acheteur qui agit *ex empto*, en délivrance de la chose vendue, doit offrir le prix tout entier pour réussir dans son action ; s'il n'en offre qu'une partie, le vendeur a le droit de retenir la chose à titre de gage, *pignus*. La loi 13, § 8, D., *de actionibus empti,* est formelle en ce sens. De même, dans la loi 22, D., *de hœred. vel action. vendit.*, le jurisconsulte Scœvola, consulté sur le point de savoir si, en cas de vente d'une succession, le vendeur, qui a reçu une portion du prix, peut retenir les choses héréditaires à titre de gage, donne sans hésitation une réponse affirmative. Enfin, la loi 31, § 8, D., *de œdilitio edicto*, résume ce point de droit dans la phrase suivante qui ne laisse aucun doute : *Venditor pignoris loco quod vendidit retinet, quoad emptor satisfaciat.*

Le vendeur, qui n'a pas reçu le paiement du prix, peut tellement user du droit de rétention, qu'alors même que l'acheteur serait libéré par le secours de quelque loi, celui-ci ne peut réussir dans l'exercice de l'action *empti*. Cette solution résulte de la loi 50, D., *de actionibus empti : Bona fides non patitur, ut, quum emptor alicujus legis beneficio pecuniam rei venditœ debere desiisset, antequam res ei tradatur, venditor tradere compelletur et re sua carere.* On peut citer comme exemple de semblables lois, la loi des Douze-Tables, qui avait libéré les plébéiens, dans le but d'apaiser une sédition. On en trouve encore des exemples dans Tite-Live et dans Jules César, liv. III, *de Bello civili*. Par application de ce principe, supposons que le vendeur ait livré la chose à l'acheteur. Survient une de ces lois. Le vendeur, qui a livré sans avoir accordé de terme à l'acheteur, est demeuré propriétaire ; il peut donc revendiquer. L'acheteur pourra-t-il opposer l'exception *rei venditœ et traditœ* sans offrir le prix ? Non, car ce serait injuste ; le vendeur serait privé à la fois et de la chose et du prix, ce qui est impossible.

Voilà le vendeur armé d'un droit réel sur la chose, absolument comme le créancier gagiste ; l'un et l'autre sont investis d'un droit de rétention, c'est-à-dire qu'aussi longtemps que la chose qui fait l'objet du contrat reste entre leurs mains, cette possession leur garantit l'exécution fidèle de la prestation à laquelle s'est obligé le débiteur. Mais il peut arriver que la possession soit enlevée au vendeur, soit par le fait d'un tiers, soit par le fait de l'acheteur lui-même, qui s'est emparé de la chose avant d'avoir payé le prix. Les principes et les textes laissent-ils le vendeur exposé sans défense aux injustes agressions des tiers, à la mauvaise foi de l'acheteur ?

Si l'on eût fait au créancier gagiste l'application de la règle en matière d'interdits, celui-ci n'aurait eu aucun moyen de reprendre la chose dont il avait été dépossédé ; en effet, la possession *animo domini* est nécessaire pour l'exercice des interdits, et le créancier gagiste ne prétend pas assurément, dans le dernier état du droit, tout au moins, posséder à titre de propriétaire. Mais le gage ainsi constitué n'eut présenté aucune utilité : aussi fit-on fléchir la règle en donnant la possession *ad interdicta* au créancier, et en ne conservant au débiteur que la possession *ad usucapionem* (1). Au contraire, en ce qui concerne le vendeur non payé qui n'a pas fait la tradition, il n'y a qu'à appliquer les principes. C'est le vendeur qui a la pleine possession de la chose ; c'est lui qui est *in via usucapiendi* s'il a acquis *a non domino ;* c'est encore lui qui fait respecter sa possession à l'aide des interdits, contre les tiers qui viennent le troubler : aucun autre, en effet, ne possède *animo domini.* Enfin, il a l'exercice de l'action de vol contre ceux qui ont frauduleusement détourné la chose. Cette action n'appartient nullement à l'acheteur, et cela est si vrai, qu'il serait lui-même soumis à cette action dans le cas où il s'emparerait de la chose avant d'avoir payé le prix : *Adeo autem emptor ante traditionem furti non habeat actionem, ut sit quæsitum an ipse subripiendo rem emptor furti teneatur? — Et Julianus, libro XXIII Digestorum, scribit : Si emptor rem cujus custodiam venditorem præstare oportebat, soluto pretio subripuerit furti actione non tenetur, plane si antequam pecuniam solveret rem substraxerit, furti actione teneri, perinde ac si pignus substraxerit* (2). Le droit romain assimile donc au vol de gage le fait de l'acheteur qui s'empare de la chose vendue sans avoir versé son prix ; l'acheteur est tenu de l'action de vol, tout comme le débiteur qui a soustrait à son créancier la chose donnée en gage (3).

Grâce à la possibilité d'exercer les interdits et au droit d'agir par l'action de vol dans les limites déterminées par le texte précité, le vendeur peut envisager avec sécurité l'avenir, et attendre sans inquiétude le moment où l'acheteur agira *ex empto* pour obtenir la délivrance. En outre, le droit de rétention présente un autre avantage : il est indivisible ; il subsiste tant qu'une partie du prix reste encore à payer, et il se manifeste non-seulement sur la chose tout entière, mais encore sur chaque portion de la chose ; on peut dire de lui ce que Dumoulin a dit de l'hypothèque : *Est tota in toto et tota in qualibet parte.*

L'indivisibilité du droit de rétention produit les conséquences suivantes : Si l'acheteur décède laissant plusieurs héritiers, ils devront s'entendre pour payer le prix tout entier au vendeur ; et si l'un d'eux ne paie que dans la mesure de sa part héréditaire, il agira vainement par l'action *ex empto* pour obtenir la délivrance de sa part ; en vain prétendra-t-il que l'obligation de livrer une chose corporelle est divisible ; il a été sous-entendu dans le contrat que la tradition n'aurait lieu qu'autant

---

(1) L. 16, D., *de usurpationibus et usucapionibus*, liv. XLI, tit. III.
(2) L. 14, § 1, D., *de furtis*, liv. XLVII, tit. II.
(3) Inst , liv. IV, tit. VII, § 10.

que le prix serait intégralement payé. Même solution si la vente a été faite
à plusieurs acheteurs : *Qui fundum ea lege emerat ut, soluta pecuniâ,
traderetur ei possessio, duobus hæredibus relictis decessit : si unus om-
nem pecuniam solverit, partem familiæ erciscundæ judicio servabit;
nec si partem solvat, ex empto cum venditore aget ; quoniam ita con-
tractum æs alienum dividi non potuit* (1). Le vendeur n'est donc obligé
de faire la tradition que si cet héritier, ou le coacheteur, paie la totalité
du prix. — De même et réciproquement, si le vendeur vient à mourir
laissant plusieurs héritiers, l'acheteur ne triomphera par l'action *empti*
qu'à la condition de payer à chacun d'eux la part qui lui revient dans le
prix total ; il suffit qu'un seul ne soit pas payé entièrement pour qu'il
retienne la chose en gage : le droit de rétention est, en effet, indivisible.

Pour terminer ce qui est relatif au droit de rétention, il est bon de
montrer comment, dans la pratique, il est opposé par le titulaire. Si
l'on consulte les textes, on y voit que toutes les fois qu'une personne
est créancière, à raison d'une chose qu'elle détient, elle oppose son
droit de rétention sous forme d'*exception de dol*. Qu'un possesseur de
bonne foi, par exemple, ait construit avec ses propres matériaux sur le
terrain d'autrui : lorsque le véritable propriétaire viendra réclamer le
terrain et la maison, le possesseur demandera dans la formule l'insertion de l'exception de dol, afin de recevoir le paiement de la plus-
value que ses impenses ont procurée au fonds. Et si le revendiquant
ne satisfait pas à la demande du possesseur, ce dernier conservera la
chose jusqu'au paiement. Cette solution résulte du paragraphe 30, aux
Instit., liv. II, tit. *de divisione rerum*. Quant au principe général, il est
déposé dans la loi 2, § 5, D., liv. XLIV, tit. IV, *de doli mali et metus
exceptione*. « *Et generaliter sciendum est, ex omnibus in factum excep-
tionibus, doli oriri exceptionem; quia dolo facit quicumque id quod
quaqua exceptione elidi potest, petit ; nam etsi inter initia nihil dolo
malo facit, attamen nunc petendo facit dolose ; nisi si talis sit igno-
rantia in eo, ut dolo careat.* » — De même : si l'acheteur réclame
ex empto la délivrance, sans offrir le paiement intégral du prix, il sera
repoussé par l'exception de dol. Toutefois, lorsque les parties se trouvent
devant le préteur, le vendeur n'a pas même besoin de demander l'insertion de cette exception dans la formule ; les actions naissant de la
vente sont en effet des actions de *bonne foi*, et l'exception de dol est
contenue de plein droit dans de telles actions : *Judicium fidei bonæ
continet in se doli mali exceptionem* (2). Le juge peut donc tenir
compte du droit de rétention dans l'examen des faits nécessité par
l'exercice de l'action *empti* et absoudre le vendeur, alors même que

(1) L. 78, § 2, D., *de contrahend. emptione*, liv. XVIII, tit. I.
(2) L. 84, § 5, D., *de legatis* 1°, liv. XXX, tit. I.

la formule garde le silence relativement au fait de dol, c'est-à-dire au non-paiement du prix.

Il semble résulter de ce qui précède que, lorsque le vendeur a conservé par devers lui la possession de l'objet vendu, les choses se passent comme si le contrat de vente n'avait pas eu lieu. Avant comme après la vente, c'est le vendeur qui exerce tous les droits relatifs à la chose : en apparence, il n'y a rien de changé ; néanmoins, le seul consentement des parties sur la chose et sur le prix, indépendamment de toute tradition, a produit des effets importants ; c'est ainsi qu'il a mis les risques à la charge de l'acheteur : *Mortuo autem homine, perinde habenda est venditio, ac si traditus fuisset, utpote cum venditor liberetur, et emptori homo pereat, quare, nisi justa conventio intervenerit, actiones ex empto et vendito manebunt* (1). De même, il a constitué le vendeur débiteur à l'égard de l'acheteur ; le vendeur doit donc veiller à la conservation de la chose, et y apporter les soins du père de famille le plus diligent (2).

CHAPITRE II

DE LA REVENDICATION.

La position du vendeur est inexpugnable lorsque, sans avoir accordé de terme à l'acheteur, ni reçu aucune satisfaction équivalant au transport de la propriété, il conserve la possession de la chose vendue jusqu'au paiement du prix. — Mais ses droits sont-ils sauvegardés avec autant d'énergie lorsqu'il a fait la tradition à l'acheteur ? On comprend alors que ne détenant plus la chose, il la soustrait difficilement aux actes par lesquels l'acheteur peut, soit la détériorer, soit même la détruire complétement. Que, dans cet état, survienne l'insolvabilité de l'acheteur, il a perdu à la fois et la chose et le prix ; tout au moins, n'obtient-il qu'un dividende sur la somme provenant de la vente des biens de son débiteur.

Ce résultat, évidemment désastreux, n'était subi que par les vendeurs négligents. Le droit, considérant que la tradition non suivie du paiement n'a pas enlevé au vendeur le titre de propriétaire, lui permet, à quelque moment que ce soit, même aussitôt après la tradition, d'exercer la revendication, et de rentrer, par là, dans la possession de la chose qu'il a inconsidérément livrée.

(1) L. 5, § 2, D., *de rescindenda venditione*, liv. XVIII, tit. v.
(2) L. 8, D., *de periculo et commodo rei vend.*, liv. XVIII, tit. vi.

Cette proposition résulte suffisamment des principes généraux, et de la loi 38, § 2, D., *de liberali causa*. Cette loi décide que l'acheteur d'un esclave, qui en a reçu la tradition, n'en devient propriétaire, à défaut de paiement, que s'il a donné une satisfaction quelconque, soit réelle, soit personnelle. Ce même texte tire de ce principe la consé-quence, que l'acheteur ne peut pas affranchir l'esclave qui lui a été livré, à moins d'avoir payé son prix, ou d'avoir fourni un gage, une caution, ou un *expromissor*. Nous voyons également par la loi 16, D., *de periculo et commodo rei vendit.*, que l'acheteur, encore débiteur du prix, ne peut acquérir par l'intermédiaire de l'esclave qu'il détient. C'est que, n'étant pas devenu propriétaire, il est sans qualité pour aliéner la chose ou la grever de droits réels; il ne peut prêter à l'es-clave la personnalité dont celui-ci a besoin pour acquérir à son maître.

Ce droit, au contraire, appartient au vendeur; c'est lui qui est resté propriétaire, lui qui peut aliéner, hypothéquer l'esclave vendu; c'est lui qui peut l'affranchir, acquérir par son intermédiaire. Enfin, la libre disposition de la chose lui appartient. Que si l'acheteur paie le prix et demande la translation de propriété, il ne la reçoit que grevée des droits réels consentis par le vendeur, sauf évidemment son recours en garantie contre ce dernier. Ceux, au contraire, qui tiennent leurs droits de l'acheteur sont loin d'avoir une sécurité aussi grande que les ayant cause du vendeur; il leur est impossible de dire, comme les premiers, que leur auteur était propriétaire. Leurs droits n'ont donc aucune valeur; ils sont nuls *ab initio*, et la translation de propriété, acquise postérieurement à l'acheteur, n'a pas pour effet de les valider.

On comprend combien, au point de vue des garanties, la position du vendeur diffère de celle de l'acheteur. Propriétaire, le vendeur non payé a le droit d'aliéner et de grever de droits réels la chose vendue; et l'a-cheteur, en payant, ne fait évanouir ni ces droits réels, ni ces aliénations. Créancier seulement de la chose, l'acheteur n'a pas qualité pour faire acte de propriétaire; et les actes qu'il ferait à ce titre, déclarés nuls, ne reviviraient pas lors du paiement du prix. Protection très-énergique pour le vendeur, défaut de protection pour l'acheteur: tel est en résumé le système rigoureux du droit romain, mais conforme aux principes. Plus équitable et également logique avec le principe nouveau de la translation immédiate de propriété par le seul consentement, le droit français, en établissant l'action résolutoire, garantit beaucoup mieux les intérêts de l'acheteur, et ne garantit pas moins énergiquement ceux du vendeur. L'acheteur, dès que la vente est parfaite par le consentement des parties sur la chose et le prix, est devenu propriétaire, et a pu consentir des droits réels sur la chose; ne paie-t-il pas le prix, son titre est anéanti même dans le passé, et avec lui les droits établis de son chef. Exécute-t-il au contraire son obligation envers son vendeur, les hypothèques et autres charges sont maintenues. L'acheteur, d'autre part, n'a pas à redouter l'établissement de pareils droits par son vendeur; ces droits ne sont validés que si l'acheteur ne paie pas, c'est-à-dire dans le cas où son titre de propriétaire est résolu.

En résumé, le vendeur qui s'est dessaisi de sa chose a, tant qu'il est resté propriétaire, l'exercice de l'action en revendication. Mais il ne faut pas croire que, s'il met cette action en mouvement, il va anéantir le contrat de vente et replacer les parties dans la situation qu'elles occupaient lors de l'échange des consentements. Un fait de droit a été produit par l'accord de deux volontés; et une seule des parties, pas plus l'acheteur que le vendeur, est impuissante à détruire ce fait accompli. Il n'y a que le mutuel dissentiment, c'est-à-dire un nouveau contrat, qui ait le pouvoir de délier ce qui a été lié par un contrat précédent (1), et encore faut-il que les choses soient entières : *adhuc rebus integris*. Le vendeur qui revendique ne se libère donc pas de ses obligations, de même qu'il ne libère pas l'acheteur. Le but de cette revendication est purement et simplement de remettre les choses comme elles étaient après la perfection du contrat, mais avant la tradition. Qu'elle soit admise en justice, et le vendeur recouvrant la possession, se tiendra sur la défensive. Mais il n'en a pas moins conservé le droit d'exiger l'exécution de la prestation à laquelle l'acheteur s'est obligé, et réciproquement ce dernier, après avoir payé le prix, a, comme devant, la faculté de demander au vendeur la délivrance de l'objet vendu, avec l'obligation, toutefois, de respecter les charges qui le grèvent valablement du chef du vendeur.

Telle est cette revendication. Conformément aux principes généraux, elle ne peut être exercée que contre celui qui possède, soit par lui-même, soit par un tiers qui détient la chose à titre de dépositaire, de commodataire, locataire, etc.; dans ce cas, elle est poursuivie contre les tiers détenteurs eux-mêmes (2), sauf l'obligation, pour ces derniers, de nommer celui au nom de qui ils possèdent, *laudatio* ou *nominatio auctoris* (3). Néanmoins, dans deux cas, la condamnation doit être prononcée, même contre un acheteur qui ne possède pas : 1° quand, ayant commencé à posséder la chose, il a abandonné par dol sa possession, afin d'échapper à l'action; il peut alors être poursuivi, car *dolus pro possessione est* (4); et dans ce cas le vendeur peut actionner, à son choix, ou le possesseur véritable, ou celui qui a cessé par dol de posséder; 2° quand l'acheteur qui ne possède pas s'est présenté comme possesseur, afin de détourner

(1) Cette théorie ne s'applique, bien entendu, en droit romain, qu'aux contrats consensuels.

(2) L. 9, D., *de rei vindicatione*, liv. VI, tit. I.

(3) L. 2, C., *ubi in rem actio exerceri debeat*, liv. III, tit. XIX,

(4) L. 27, § 3, D., *de rei vindicatione*, liv. VI, tit. I.

l'action du véritable détenteur. — De même, le vendeur ne réussit qu'à la condition de prouver qu'il est propriétaire de la chose vendue; sinon, l'acheteur n'est pas condamné, et le vendeur, ne pouvant pas recouvrer la possession qu'il a perdue, n'a plus aucun droit réel opposable aux créanciers de l'acheteur.

CHAPITRE III.

DES PACTES DE BAIL ET DE PRÉCAIRE.

Il semble que la revendication soit une arme suffisamment protectrice entre les mains du vendeur qui a fait tradition sans transférer la propriété. Cependant des difficultés de pratique amenèrent les jurisconsultes à chercher dans les principes du droit une garantie qui pût servir plus efficacement le vendeur. En effet, une condition essentielle pour réussir dans l'action en revendication est de prouver son titre de propriétaire de la part du demandeur. Or il ne lui suffit pas de prouver qu'il a obtenu la chose par un mode d'acquisition régulier, tel qu'une mancipation ou une cession *in jure;* il lui faut en outre prouver l'existence du droit de propriété en la personne de ses auteurs, et cette preuve est très-difficile, *diabolica.* Il est vrai que, grâce à la bienfaisante institution de l'usucapion, la difficulté est diminuée, et qu'il n'a qu'à démontrer que son auteur, ou lui-même, a possédé pendant les délais voulus pour l'usucapion et avec les conditions requises. Mais, si le vendeur ne peut établir cette preuve, si ayant acquis *a non domino,* le temps légal pour usucaper n'est pas encore expiré, sa prétention est rejetée et le défenseur est absous. — D'autre part, si le vendeur, qui a acquis d'un *non dominus,* fait purement et simplement la tradition à son acheteur avant l'accomplissement de l'usucapion en sa personne, cette usucapion est interrompue; en effet, il ne peut plus prétendre qu'il possède utilement, puisqu'il s'est dépouillé de la possession pour en revêtir l'acheteur, et sans possession, pas d'usucapion.

Pour remédier à ces inconvénients, deux moyens s'offrent au vendeur : il peut convenir, ou que l'acheteur ne tiendra la chose qu'à titre de *locataire* (1), ou qu'il n'aura sur elle que les droits d'un *précariste* (2).

Dans l'un ou l'autre cas, le vendeur qui veut reprendre la possession

(1) Interdum locator non obligatur, conductor obligatur, veluti cum emptor fundum conducit, donec pretium ei solvat. (L. 20, § 2, D., *locati*, liv. XIX, tit. II.)

(2) Ea quæ distracta sunt, ut precario penes emptorem essent, quoad pretium universum persolveretur, si per emptorem stetit, quominus persolveretur, venditorem posse consequi. (L. 20, D., *de precario*, liv. XLIII, tit. XXVI.)

de sa chose, n'est pas obligé d'agir en revendication, et de faire cette preuve, quelquefois si difficile, de son droit de propriété. Que si l'acheteur détient la chose à titre de locataire, le vendeur a à son service l'action naissant du contrat de louage, action *locati*, dans laquelle il doit nécessairement triompher, à la condition de prouver que la convention intervenue entre lui et l'acheteur est un louage ; l'acheteur détient la chose à titre de locataire, et par conséquent est tenu de la restituer sur l'exercice de l'action *locati*. Le seul moyen d'éviter cette restitution est de payer le prix ; car le payement enlevant la propriété au vendeur, la fait acquérir à l'acheteur et met fin, par confusion, au contrat de louage : *Neque pignus, neque depositum, neque precarium, neque emptio, neque locatio rei suœ consistere potest* (1).

A cet égard, on peut se poser la question de savoir si l'acheteur qui vient payer le prix doit en même temps acquitter la *merces*. Javolénus répond que c'est là une question d'interprétation de volonté. La convention qui lie les parties doit être exécutée de bonne foi ; si donc il a été entendu que le paiement du prix par l'acheteur ne le dispenserait pas de la *merces*, celui-ci devra en tenir compte au vendeur. Ce qui est certain, c'est que le loyer ne peut jamais être dû que pour le temps écoulé entre le jour de la tradition et le jour du paiement : *Respondit, bona fides exigit ut, quod convenit, fiat ; sed non amplius prœstat is venditori, quam pro portione ejus temporis, quo pecunia numerata non esset* (2).

Même faculté de s'abstenir de la revendication est accordée au vendeur qui a livré à l'acheteur la chose *à précaire*. Le précaire existe toutes les fois que le propriétaire a livré l'usage de sa chose à un concessionnaire, sur sa demande, avec faculté de la retirer quand il plaira au concédant (3). Dans ce cas, un interdit *de precario* est accordé au propriétaire pour obtenir la restitution (4) et non pas une action spéciale naissant de la convention ; car le droit civil ne l'avait pas élevée à la dignité de contrat. Néanmoins, on finit par y voir un contrat innomé (5) et par accorder au concédant l'action *prœscriptis verbis*. Lorsque le vendeur n'a livré la possession qu'à précaire, tant que le prix ne sera pas payé, il est considéré comme un véritable concédant ; partant, l'exercice de l'interdit *de precario* ou de l'action *prœscriptis verbis* lui appartient. Nous verrons même bientôt qu'il peut rentrer en possession de sa chose par l'action *venditi*. Et ce mode d'action est de beaucoup préférable à la revendication, attendu que le vendeur n'a point à

(1) L. 45, *pr.* D., *de regulis juris*, liv. L, tit. xvii.
(2) L. 21, D., *locati*, liv. XIX, tit. ii.
(3) L. 1, *pr.* D., *de precario*, liv. XLIII, tit. xxvi.
(4) L. 2, *pr.* § 1, *de precario*, *eod.*
(5) L. 2, § 2, *eod.*

prouver sa propriété ; il lui suffit d'établir à quel titre l'acheteur possède, pour que celui-ci soit obligé d'opérer la restitution de la chose.

Cette convention de bail ou de précaire n'est pas moins utile, à un autre point de vue, pour empêcher l'interruption de l'usucapion qui est en voie d'accomplissement dans la personne du vendeur. Le titre de locataire ou de précariste est en effet une reconnaissance suffisante de l'absence d'*animus domini* chez l'acheteur. Et d'abord, en ce qui concerne le locataire, les textes ne permettent aucun doute ; il n'a que la détention physique, *nuda detentio* ; il ne possède pas, il est seulement *in possessione* (1). Est-il troublé par un tiers, sa jouissance rencontre-t-elle un obstacle, il ne peut pas la défendre à l'aide des interdits ; il n'a que le droit de se retourner contre le *locator* par l'action *conducti*, afin que celui-ci fasse cesser le trouble et lui procure la jouissance promise (2). A plus forte raison, ne peut-il pas usucaper : il possède pour le compte du bailleur ; c'est ce dernier qui a la possession civile, *ad usucapionem* ; et ceci n'est pas contraire au droit, car chacun des deux éléments qui constituent la possession civile peut exister chez deux personnes différentes : *Possessionem acquirimus et animo et corpore ; animo utique nostro, corpore vel nostro vel alieno* (3).

Que si c'est une convention de précaire qui a accompagné la tradition faite par le vendeur, nous ne trouvons point exactement les mêmes principes que tout à l'heure ; néanmoins la protection accordée au vendeur est identique. Sans doute, la possession appartient ici au précariste (4). Mais cette possession ne lui est pas exclusive ; elle se partage entre le concédant et le concessionnaire : *Placet penes utrumque esse hominem qui precario datus est ; penes eum qui rogasset, qua possederet corpore ; penes dominum quia non decesserit animo possessione* (5). Ainsi la possession *animo domini* réside chez le propriétaire. Mais celle qui appartient au précariste n'en est pas moins *justa ;* elle lui permet d'agir par la voie des interdits, contrairement à la règle d'après laquelle la possession *animo domini* est seule utile *ad interdicta* (6). Toutefois, il

(1) L. 9, D., *de rei vindicatione*, liv. VI, tit. I ; — l. 6, § 2, *de precario*, liv. XLIII, tit. xxvi ; — l. 10, § 1, D., *de adquir. vel amitt. possess.*, liv. XLI, tit. II.

(2) L. 15, *pr.* § 1, D., *locati*, liv. XIX, tit. II ; — l. 24, § 4, *eod.*

(3) Paul, liv. V, tit. II, § 1.

(4) L. 4, § 1, D., *de precario*, liv. XLIII, tit. xxvi.

(5) L. 15, § 4, *eod.* ; — l. 13, § 1, D., *de Publician. in rem*, liv. VI, tit. II ; — l. 22, § 1, D., *de noxalibus actionib.*, liv. IX, tit. IV.

(6) Cette dérogation au principe ne peut s'expliquer que par une cession tacite de la possession *ad interdicta* faite par le concédant au concessionnaire ; le propriétaire se dessaisit en faveur du précariste du droit d'exercer les interdits, dans le but d'accorder à ses prières *(precibus)* tous les avantages qu'on peut retirer de la chose, de sorte que celui-ci emprunte à autrui l'*animus* qui lui fait défaut. Au surplus, ce n'est pas le seul exemple qui est fourni par le droit romain de l'abandon de la possession (Vid., l. 17, § 1, *depositi*) ; mais, dans l'espèce, la cession, au lieu d'être tacite, est conventionnelle.

ne peut s'en prévaloir qu'à l'égard des tiers. Est-il dépouillé par le propriétaire, il est sans qualité pour lui opposer les interdits; au regard de ce dernier, sa possession est toujours *injusta* ou *vitiosa*. *Qui precario fundum possidet, ex interdicto uti possidetis, adversus omnes, præter eum quem rogavit, uti potest* (1). Le précariste, en effet, n'a aucun droit propre ; la volonté qui lui a tout donné peut tout lui retirer. De même, et c'est à ce second point de vue qu'apparaît l'utilité de la possession conservée par le concédant, le précariste ne peut se prévaloir du temps pendant lequel il a détenu la chose, pour prétendre qu'il l'a acquise par usucapion. Il n'y a que celui qui a possédé à titre de propriétaire qui soit habile à invoquer l'usucapion ; or le concédant n'a pas perdu la possession un seul instant (2). A cet égard, le précariste n'est qu'un instrument de possession pour celui qui a acquis de bonne foi une chose *a non domino* ; cet acheteur possède par son intermédiaire, absolument comme le bailleur par l'intermédiaire du locataire.

Les principes précédents s'appliquent sans considération de la personne du concédant; par conséquent, lorsque c'est le vendeur qui fait remise de la chose à précaire, il retient la chose *ad usucapionem*, et s'il n'est pas propriétaire, parce que son auteur ne l'était pas lui-même, il le devient par suite de l'expiration des délais de l'usucapion. De même, l'acheteur n'a pas le droit d'opposer au vendeur sa possession qui n'est utile que contre les tiers; le principe de la loi 17, D., *de precario*, fait obstacle à ce qu'il puisse exercer contre lui l'interdit *uti possidetis*. Cependant l'acheteur a un moyen d'éviter sa dépossession par le vendeur; en vertu de la règle qu'on ne peut pas posséder à précaire sa propre chose (3), il n'a qu'à payer son prix, et la propriété lui est immédiatement acquise. Son titre de précariste se transforme aussitôt, et sa possession, d'utile qu'elle était seulement contre les tiers, devient opposable au concédant lui-même, c'est-à-dire au vendeur; ce dernier n'a plus aucun droit pour reprendre la chose, le but du contrat est atteint. Désormais, l'acheteur est définitivement libéré vis-à-vis de son vendeur; l'un et l'autre vont vivre d'une vie complétement indépendante, le vendeur n'ayant aucun droit sur la chose, l'acheteur pouvant se comporter à son égard comme un véritable propriétaire, l'aliéner, la grever de droits réels, la détruire même au gré de sa volonté.

Les conventions de bail ou de précaire, qui sont d'un grand avantage pour le vendeur quand il a fait tradition sans se dépouiller de la propriété, présentent également une utilité incontestable lorsque cette tradition a été accompagnée, précédée ou suivie d'un des actes qui, aux

---

(1) L. 17, D., *de precario*, liv. XLIII, tit. xxvi ; — l. 1, § 9, D., *uti possidetis*, l. XLIII, tit. xvii.

(2) L. 15, § 4, D., *de precario*, liv. XLIII, tit. xxvi.

(3) L. 45, D., *de regulis juris*, liv. L. tit. xvii.

termes du paragraphe 41, tit. I, liv. II, des Institutes, sont translatifs de propriété. L'adjonction de l'un ou de l'autre de ces pactes a pour effet d'enlever à cet acte le caractère investitif du *dominium*, et de ne conférer à l'acheteur que le *corpus* de la possession. Il y a là ce qu'on peut appeler une réserve tacite du droit de propriété. Cette réserve pourrait évidemment faire l'objet d'un pacte spécial et exprès, appelé par les commentateurs *pactum reservati dominii*.

———

DEUXIÈME PARTIE.

Droits du vendeur non payé lorsque l'acheteur est devenu définitivement propriétaire.

Plusieurs événements autres que le paiement du prix confèrent la propriété à l'acheteur.

C'est d'abord la réception d'une satisfaction quelconque : *satisfactio pro solutione est* (1). L'acheteur qui ne peut payer le prix donne un gage à son vendeur, ou lui procure un débiteur adjoint qui vient garantir l'obligation principale ; dans ce cas, le vendeur ne peut plus reprendre la chose, mais il a tous les droits d'un créancier gagiste ; ou si la sûreté n'est que personnelle, il poursuit, à son choix, l'acheteur ou le fidéjusseur. Peut-être même le débiteur principal est-il complétement libéré, si l'*adpromissor* s'est porté *expromissor* en prenant exclusivement pour lui le fardeau de la dette.

Ou bien le vendeur confiant dans la solvabilité de l'acheteur lui donne un terme, et ne garde contre lui que l'action personnelle ; mais si, dans l'hypothèse précédente, il est presque assuré de trouver un refuge contre la ruine de son débiteur, rien maintenant ne lui garantit plus le paiement intégral ; lorsque le passif est supérieur à l'actif, il subit une réduction proportionnelle au chiffre de sa créance : pourquoi n'a-t-il pas conservé cette propriété qui était la sauvegarde de son droit? Néanmoins, les pactes d'hypothèque, *pactum hypothecæ*, et commissoire, *lex commissoria*, peuvent apporter un remède à la situation. Mais il faut une convention expresse et spéciale des parties.

CHAPITRE PREMIER.

DU PACTE D'HYPOTHÈQUE.

Le vendeur qui se démet de la propriété en faveur de l'acheteur peut se réserver sur la chose une hypothèque, c'est-à-dire un droit réel qui lui permette, au jour de la déconfiture, de sortir du rang des simples créanciers, et de se payer par préférence sur le prix provenant de l'aliénation de la chose entrée par son fait dans le patrimoine du débiteur (2).

(1) L. 52, D., *de solutionibus*, liv. XLVI, tit. III.
(2) L. 1, § 4, D., *de rebus eorum*, liv. XXVII, tit. IX.

Que le droit romain sous-entend cette constitution d'hypothèque toutes les fois et aussi longtemps que le vendeur, ayant rendu l'acheteur propriétaire, reste créancier du prix, et nous avons le privilége que notre Code civil accorde au vendeur non payé. Le droit romain est allé jusque-là en ce qui concerne certaines créances éminemment favorables; tout au moins, permet-il à certains vendeurs de primer les créanciers chirographaires. Ainsi la loi 34, D., *de rebus auctoritate judicis*, accorde un privilége *ob navem venditam* à celui qui a vendu un navire, ainsi qu'à celui qui a fourni des fonds pour sa construction, son appareillage ou son achat : *Quod quis navis fabricandæ, vel armandæ, vel emendæ, vel instruendæ causa, vel quoquo modo crediderit, vel ob navem venditam petat ; habet privilegium post fiscum* (1). Bien plus, les Novelles 97, ch. IV, 53, ch. V, donnèrent plus tard une hypothèque tacite et privilégiée à celui qui *pecuniam credidit ad militiam emendam*. Mais ces solutions exceptionnelles s'expliquent par la faveur très-grande dont jouissaient ces créances : c'est ainsi qu'Ulpien nous apprend (tit. III, § 6) qu'un Latin Junien pouvait acquérir la cité romaine en fabricant un navire d'un certain tonnage, *decem millium modiorum*, ou en transportant du froment à Rome pendant six années. De même, quoi d'étonnant que les empereurs du Bas-Empire aient muni d'une hypothèque privilégiée la créance de celui qui avait fait des avances *ad militiam emendam*? N'était-ce pas un moyen de favoriser l'art militaire dont ils avaient un si grand besoin pour résister aux attaques incessantes des Barbares. La même idée de faveur explique la loi 7, *pr. D., qui potiores in pignore*, aux termes de laquelle le pupille, dont les deniers ont été employés à payer un prix de vente, a une hypothèque sur la chose vendue (2). Mais ce sont là décisions qui ne doivent pas être étendues, et c'est à tort que Loyseau, dans notre ancien droit (3), a pris textes de la loi 34, D., *de rebus auct. judicis*, et des Novelles 97 et 53, pour décider qu'en toute hypothèse le vendeur a sur la chose un privilége. Le droit commun, au contraire, ainsi qu'il résulte des dispositions législatives précédemment expliquées, n'accorde au vendeur qui s'est dessaisi de la propriété qu'une action purement personnelle en paiement du prix. Toutefois, rien ne s'oppose à ce qu'il veille lui-même à ses propres intérêts; et le pacte aux termes duquel il se réserve une hypothèque sur la chose vendue est parfaitement licite.

- Cette hypothèque n'est valable qu'autant qu'elle émane d'un débiteur capable d'aliéner. Qu'arrivera-t-il donc, si l'acheteur qui a consenti à son vendeur une hypothèque sur la chose vendue est un pupille ou un

(1) Cf., l. 26, *de rebus auctor. judicis*, liv. XLII, tit. v.

(2) Cette loi consacre pour ainsi dire un véritable privilége de vendeur au profit du prêteur de deniers, lorsque le bailleur de fonds est un pupille.

(3) *Traité des Offices*, liv. III, ch. viii.

2

mineur de vingt-cinq ans, et si le fonds aliéné est un *prædium rusticum vel suburbanum?* La difficulté vient de ce qu'un sénatus-consulte de Septime-Sévère défendait aux tuteurs et curateurs l'aliénation de ces immeubles ; et même les dispositions de ce sénatus-consulte furent complétées plus tard par Constantin, qui les étendit aux *prædia urbana* (1). Faut-il annuler cette hypothèque et n'accorder au vendeur qu'une simple action chirographaire ? C'était l'avis d'Ulpien (2). Ce qui touche le jurisconsulte, c'est que, par suite de la tradition accompagnée d'un terme, la propriété du fonds a été acquise au mineur de vingt-cinq ans ; ce fonds a été, par conséquent, immédiatement soumis à l'application du sénatus-consulte de Septime-Sévère ; l'hypothèque n'a donc pas pu grever l'immeuble. A ce raisonnement Paul (3), plus subtil, objecte que la propriété n'a pas commencé par s'asseoir sur la tête du mineur, pour ensuite être hypothéquée au vendeur. La charge de l'hypothèque est contemporaine de l'acquisition même de la propriété ; de telle sorte que la chose est entrée dans le patrimoine de l'acheteur, grevée du droit réel. Aussi valide-t-il cette hypothèque sans hésitation, lorsque le vendeur est le fisc ; la cause du fisc est tellement favorable, que l'intérêt privé du mineur doit passer au second plan. Que si, au contraire, le vendeur est un simple particulier, comme il y a ici deux intérêts privés en présence, c'est à l'empereur qu'il appartiendra de décider si l'hypothèque doit être maintenue ou annulée ; le vendeur ne pourra faire valoir l'hypothèque que si elle a été confirmée par un rescrit impérial : *Si minor viginti quinque annis emit prædia, et quoad pretium solveret essent pignora obligata venditori : non puto pignus valere ; nam ubi dominium quæsitum est minori, cæpit non posse obligari* (l. 1, § 4, de rebus eorum). — *Sed hic illud videtur movere, quod cum dominio pignus quæsitum est, et ab initio obligatio inhæsit. Quod si a fisco emerit, nec dubitatio est quin jus pignoris salvum sit. Si igitur talis species in privato venditore inciderit, imperiali beneficio opus est, ut ex rescripto pignus confirmetur* (l. 2, eod.).

L'hypothèque acquise au vendeur a pour effet de lui conférer un droit réel, opposable, non-seulement aux créanciers chirographaires, mais encore aux créanciers privilégiés, et même aux créanciers hypothécaires postérieurs en date. En vertu du principe *prior tempore potior jure*, il n'a, sous ce rapport, rien à redouter du débiteur. S'il s'est fait consentir cette hypothèque lors de la vente, peu lui importe que l'acheteur grève ensuite l'immeuble de nouvelles hypothèques. Mais le vendeur doit être diligent, et ne laisser s'écouler aucun intervalle entre la vente et la constitution du droit réel. A ce point de vue, il est donc pos-

---

(1) L. 22, C., *de admin. tutorum*, liv. V, tit. xxxvii.
(2) L. 1, § 4, D., *de rebus eorum qui*, liv. XXVII, tit. ix.
(3) L. 2, eod.

sible que le *pactum hypothecæ* soit une garantie insuffisante ; car les hypothèques établies *medio tempore* peuvent rendre insignifiante la sûreté qui en résulterait pour le vendeur. D'autre part, rien, en droit romain, ne vient porter l'existence de l'hypothèque à la connaissance des tiers : elles sont toutes occultes ; de telle sorte qu'en se faisant consentir cette cause de préférence sur les biens de son débiteur, un créancier n'est pas sûr que son hypothèque ne soit primée par un créancier antérieur en date. Le vendeur lui-même est exposé à ce danger, par suite de l'existence d'une hypothèque générale frappant tous les biens de son acheteur, non-seulement ses biens présents, mais encore ses biens à venir ; car une telle hypothèque produit effet à sa date, même quant aux biens qui n'existent pas à ce moment dans le patrimoine du débiteur, et qui n'y entrent que par suite d'un événement postérieur. Que l'acheteur, qui donne à son vendeur une hypothèque spéciale sur la chose vendue, ait précédemment consenti une hypothèque générale sur ses biens, ou même que le patrimoine de l'acheteur soit grevé d'une hypothèque tacite générale, comme celle du fisc, le bien vendu est saisi immédiatement par ce droit réel, et celui du vendeur ne vient qu'au second rang. En outre, le créancier à hypothèque générale peut exercer son droit sur le bien affecté à l'hypothèque spéciale, et, par là, rendre celle-ci inefficace, quand même les autres biens suffiraient à le désintéresser. *Qui generaliter bona debitoris pignori accepit, eo potior est cui postea prædium ex his bonis datur : quamvis ex cæteris pecuniam suam redigere possit...* (1).

Enfin, le vendeur créancier hypothécaire n'a qu'un droit, celui de se faire payer sur la chose, l'hypothèque ne lui permettant pas de reprendre le bien vendu. Ce motif et surtout le précédent, à savoir que le vendeur court la chance de se voir préférer un créancier antérieur en date, mais inconnu lors de la vente, expliquent pourquoi le *pactum hypothecæ* était rarement joint dans la pratique à la tradition de la chose vendue, et pourquoi les vendeurs recouraient plus fréquemment au pacte commissoire, *lex commissoria*, qui les prémunissait contre les surprises de l'avenir, en leur permettant de reprendre la chose à défaut de paiement.

CHAPITRE II.

DE LA LEX COMMISSORIA.

La *lex commissoria* n'est pas, ainsi que l'a cru Hotomann, une loi votée par le peuple romain, sur la proposition d'un magistrat de l'ordre

(1) L. 2, D., *qui potiores in pignore*, liv. XX, tit. IV.

sénatorial. C'est un pacte d'après lequel la vente était considérée comme non avenue, si l'une des parties, tant le vendeur que l'acheteur, n'exécutait pas ses engagements. Toutefois on ne supposait pas que le vendeur pût souvent y manquer ; celui de la part duquel le danger était le plus à craindre était l'acheteur. En effet, on ne vend guère une chose que quand on peut la livrer ; tandis que souvent on achète sans avoir à sa disposition le prix nécessaire pour payer le vendeur. Aussi, dans la pratique, ce pacte n'était-il convenu que pour le cas où l'acheteur ne paierait pas son prix. La loi 2, D., *de lege commissoria*, nous donne un exemple des termes dans lesquels il était conçu : *Si ad diem pecunia soluta non sit, fundus inemptus sit.* Si, au jour fixé, le prix n'est pas payé, *lex committitur*, l'événement prévu pour l'anéantissement de la vente se réalise ; il y a lieu à l'accomplissement du pacte commissoire. C'est dans le même sens que les jurisconsultes disent que la peine est encourue, *pœna committitur*, lorsqu'en cas de stipulation avec clause pénale, le défaut de paiement ou le retard dans l'exécution de l'obligation donne naissance, pour le stipulant, au droit de demander la peine. Le verbe *committere* exprime donc l'idée d'un effet produit par un événement prévu et qui se réalise. La *lex commissoria* est ainsi appelée parce que l'arrivée de la condition qu'elle renferme fait disparaître la vente à laquelle elle a été ajoutée.

Le pacte commissoire était d'un usage fréquent à Rome. Il constituait en effet une garantie sérieuse pour le vendeur, qui pouvait sans crainte se dessaisir de la propriété de la chose vendue et en transmettre la possession à l'acheteur. Le défaut de paiement à l'échéance permettant au vendeur de redevenir propriétaire, celui-ci avait donc plus qu'un simple droit de créance. Aussi la *lex commissoria* figurait-elle dans presque tous les contrats de vente. Le Digeste lui a consacré un titre spécial (tit. III, liv. xviii). Elle va faire l'objet de la dernière partie de ce travail que nous divisons en trois sections. Nous étudierons successivement : 1° *les caractères généraux de la lex commissoria, et ses effets pendant qu'elle est en suspens ; 2° son accomplissement et son inaccomplissement ; 3° ses effets quand elle s'est réalisée.*

SECTION PREMIÈRE.

§ Ier.

Caractères généraux de la lex commissoria.

La *lex commissoria*, bien qu'elle soit le résultat d'une convention librement consentie, n'a jamais été admise par le droit civil à la dignité de contrat. Ce n'est pas, au surplus, une convention principale, ayant une existence indépendante; son existence est liée à celle de la vente qu'elle vient compléter : c'est un *pactum adjectum*, un pacte adjoint à un contrat de bonne foi, qui trouve par conséquent sa réglementation dans la théorie générale des pactes.

A cet égard, les jurisconsultes distinguent entre les *pacta adjecta ex continenti* et les *pacta adjecta ex intervallo*.

Le pacte joint immédiatement, *in continenti*, à un contrat de bonne foi, en fait partie intégrante, et donne naissance à l'action même du contrat. *Nuda pactio*, dit Ulpien, *interdum format ipsam actionem, ut in bonæ fidei judiciis. Solemus enim dicere pacta conventa inesse bonæ fidei judiciis; sed hoc sic accipiendum est, ut si quidem ex continenti pacta subsecuta sunt, etiam ex parte actoris insint; ex intervallo non inerunt; nec valebunt si agat; ne ex pacto actio nascatur* (1). La *lex commissoria* n'échappe pas à cette règle générale, et si quelques jurisconsultes dissidents n'accordaient au vendeur que l'action *præscriptis verbis*, lorsque le pacte commissoire avait été joint, *in continenti*, à la vente ; d'autres, dont l'avis triompha, lui donnaient l'action *venditi*, c'est-à-dire l'action naissant du contrat.

Lorsque le pacte intervient après coup, on fait encore la sous-distinction suivante :

A-t-il été inséré au contrat, les choses étant entières, *rebus adhuc integris*, et porte-t-il sur les *substantialia*, c'est-à-dire sur les éléments essentiels du contrat, il y a là un nouveau contrat consensuel qui vient modifier le premier. Si donc, après avoir fait une vente pure et simple, mais avant tout commencement d'exécution, les parties y ajoutent, après coup, une clause portant que la vente sera résolue à défaut de paiement du prix, elles sont considérées comme ayant fait un nouveau contrat, et, par conséquent, c'est encore à l'aide de l'action *venditi* que le vendeur obtient l'exécution du pacte commissoire. *Paulus notat, si omnibus integris manentibus, de augendo vel diminuendo pretio rursum convenit, recessum a priore contractu, et nova emptio intercessisse videtur* (2).

Que si le pacte porte sur les *adminicula*, il ne procure qu'une exception (3). De même, et quel que soit son objet, s'il est convenu alors que le contrat a reçu un commencement d'exécution : *In bonæ fidei contractibus ita demum pacto actio competit, si in continenti fiat; nam quod postea placuit, id non petitionem, sed exceptionem parit* (4). Ulpien exprime la même idée en disant que de tels pactes ne peuvent

(1) L. 7, § 5, D., *de pactis*, liv. II, tit. xiv.
(2) L. 72 *pr.* D., *de contrahenda emptione*, liv. XVIII, tit. i.
(3) L. 7, § 5, D., *de pactis*, liv. II, tit. xiv.
(4) L. 13, C., *de pactis*, liv. II, tit. iii.

valoir du côté du demandeur, *ex parte actoris,* mais seulement du côté du défendeur, *ex parte rei,* — *quia,* dit-il, *solent et ea pacta quæ postea interponuntur parere exceptiones* (1). En faisant l'application de ces principes au pacte commissoire, on arrive à la solution suivante : Le vendeur a livré, et ce n'est qu'après la tradition qu'il convient avec l'acheteur que la vente prendra fin, si le prix n'est pas payé à telle époque. Ce pacte n'engendre point l'action *venditi* au profit du vendeur ; mais que l'acheteur restitue volontairement la chose vendue et livrée, si plus tard il veut agir *ex empto* pour rentrer en possession, le vendeur fera valoir le pacte de résolution au moyen de l'exception *pacti conventi,* qui est toujours sous-entendue dans un contrat de bonne foi (2).

Une question qui a divisé les commentateurs est celle de savoir si la *lex commissoria* peut indifféremment être apposée à une vente comme condition suspensive ou comme condition résolutoire, ou si, au contraire, elle est toujours et nécessairement une condition résolutoire. Le président Antoine Favre tenait, dans l'ancien droit, pour le dernier système. D'autres, au contraire, tels que Voët et Noodt, pensaient que, si le plus souvent la *lex commissoria* avait le caractère de condition résolutoire, les parties pouvaient ne la considérer que comme condition suspensive, et faire dépendre l'existence de la vente du paiement du prix. La solution de cette question ne présente pas seulement un intérêt théorique ; elle est également importante au point de vue pratique ; car, selon que la *lex commissoria* affectera l'existence ou la résolution du contrat, nous devrons appliquer les principes de la condition suspensive ou ceux de la condition résolutoire.

Prétendre que le pacte commissoire peut suspendre l'existence de la vente, dit-on dans le dernier système, c'est prétendre que l'acheteur débiteur du prix est libre, en ne remplissant pas ses obligations, de se départir du contrat ; croit-il avoir fait une acquisition avantageuse, il paiera le prix et, la condition qui affectait l'existence du contrat se réalisant, la vente aura été parfaite du jour de l'échange des consentements. Se repent-il, au contraire, il se gardera bien de payer à l'échéance, et le contrat n'aura pas pris naissance. Aucun lien de droit n'oblige donc le débiteur ; et, en définitive, la vente aura été faite sous une condition potestative de la part de l'acheteur. Or les ventes faites sous des conditions potestatives *ex parte rei* sont nulles (3). En outre, le pacte commissoire a été ajouté dans l'intérêt du vendeur : c'est une convention qui a pour but de le sortir de la condition commune ; on ne comprend

(1) L. 7, § 5, D., *de pactis,* liv. II, tit. xiv.
(2) L. 72, D., *de contrahenda emptione,* liv. XVIII, tit. i.
(3) L. 7, *pr.* D., *eod.*

donc pas qu'il soit moins favorablement traité qu'un vendeur ordinaire. C'est pourtant ce qui arriverait si la *lex commissoria* pouvait être considérée comme une condition suspensive. En effet, si la chose vendue venait à subir des détériorations, l'acheteur, en refusant de payer le prix, mettrait le *deteriorationis interitus* à la charge du vendeur; tandis qu'aux termes de la loi 8, D., *de periculo et commodo*, les dégradations et détériorations survenues *pendente conditione* sont pour le compte de l'acheteur.

Les principes paraissent donc favorables à cette opinion; elle s'appuie en outre sur les textes. La preuve, dit-on, que la *lex commissoria* ne peut être que résolutoire, résulte de la comparaison de la loi 1, D., *de lege commissoria*, et de la loi 2, D., *de in diem addictione*. — Ces deux lois, qui appartiennent au même jurisconsulte, et sont tirées du même ouvrage d'Ulpien (liv. XXIV du *Commentaire de Sabinus*), établissent la distinction suivante : La vente a-t-elle été faite avec pacte commissoire, c'est une vente sous condition résolutoire; renferme-t-elle un pacte d'*addictio in diem*, il faut rechercher l'intention des parties; si elles ont voulu que la vente prenne fin, dans le cas où le vendeur trouverait de meilleures conditions, c'est une vente pure et simple, mais soumise à une résolution conditionnelle; que s'il a été dit que la vente serait parfaite dans le cas où des conditions plus favorables ne seraient pas offertes, la vente est conditionnelle. Ainsi, il n'y a jamais à rechercher l'intention des parties en cas de *lex commissoria;* la vente est toujours faite sous condition résolutoire. Au contraire, en matière d'*addictio in diem*, on ne peut se prononcer *a priori;* tantôt elle sera conditionnelle, tantôt pure et simple, mais résoluble sous condition. — On argumente encore de la loi 2, D., § 3, *pro emptore*, et d'une foule d'autres fragments renfermés dans le titre *de lege commissoria* ou épars dans les Pandectes, qui tous supposent que la *lex commissoria* a été apposée à la vente comme condition résolutoire.

Quoi qu'il en soit, nous ne croyons pas que cette théorie soit celle du droit romain. Sans doute, en convenant de la *lex commissoria*, les parties entendaient le plus souvent faire une vente pure et simple, soumise à une résolution conditionnelle. Mais rien ne les empêchait de faire dépendre l'existence de la vente du paiement du prix. Et d'abord, l'argument de principe ne nous émeut nullement. Il est inexact de dire que, dans notre système, la vente sera soumise à une condition potestative de la part de l'acheteur. Ce n'est pas lui, mais le vendeur qui sera libre de ne donner aucun effet au contrat. Le non-paiement du prix ouvre à ce dernier le droit d'user du pacte *commissoire*, c'est-à-dire, ou bien de faire considérer la vente comme non avenue, ou bien d'en poursuivre l'exécution; de sorte que l'acheteur ne peut jamais se prévaloir de l'inexécution de ses engagements. Par conséquent, en cas de détériorations survenues à la chose vendue, ce dernier n'est pas libre de laisser le *deteriorationis interitus* au compte du vendeur; c'est le vendeur, au contraire, qui aura le choix ou de reprendre la chose ou de la laisser telle qu'elle est à l'acheteur.

Les textes, en outre, ne sont pas concluants en faveur du système que nous combattons. La loi 1, D., *de lege commissoria*, de laquelle on se prévaut, nous paraît contenir elle-même la réfutation de cette théorie : *Si fundus commissoria lege venierit*, MAGIS *est ut sub conditione resolvi emptio quam sub conditione contrahi videatur*. Ulpien ne dit pas positivement, dans cette loi, que la *lex commissoria* affectera toujours la résolution de la vente ; il se demande quel est, en général, le caractère qu'il faudra attribuer au pacte commissoire en cas de silence de la convention. On devra, dit-il, le considérer plutôt comme une condition résolutoire que comme une condition suspensive, *magis est ut...* Mais la solution est-elle la même lorsque les parties ont pris soin de préciser le caractère de condition suspensive qu'elles entendent donner à la *lex commissoria?* Évidemment non; car la loi 1 précitée est interprétative de la volonté des parties ; elle n'est d'aucun poids lorsque celles-ci, ne voulant rien laisser à l'interprétation, ont déterminé à l'avance la nature du contrat qu'elles ont formé.

Cette explication de la loi 1, D., *de lege commissoria*, annihile la force de l'argument *a contrario* qu'on tire du rapprochement de cette loi avec la loi 2, D., *de in diem addictione*. Bien loin de donner une solution différente, selon que c'est un pacte commissoire ou un pacte d'*addictio in diem* qui a été ajouté à la vente, ces deux lois décident absolument de la même manière, seulement dans des termes plus ou moins explicites. La loi 1, *de leg. commiss.*, est plus laconique ; mais le *magis est* de cette loi ne veut pas dire autre chose que ce que veulent dire les trois membres de phrase à l'aide desquels la loi 2 de l'*in diem* explique que la question de savoir quel est le caractère de l'*in diem addictio* est une question d'interprétation de la volonté des parties.

De même, la loi 2, § 3, D., *pro emptore*, invoquée par nos adversaires, est en notre faveur et peut établir à elle seule le bien fondé du système que nous défendons : *Sabinus, si sic empta sit, ut nisi pecunia intra diem certum soluta esset, inempta res fieret, non usucapturum, nisi persoluta pecunia; sed videamus, utrum conditio sit hoc, an conventio? Si conventio est, magis resolvetur quam implebitur*. Une vente a été faite avec pacte commissoire ; l'acheteur a été mis en possession : l'usucapion s'accomplira-t-elle à son profit ? Non, dit Sabinus, tant que le prix n'a pas été payé. Cette solution ne se comprend que si la *lex commissoria* a été insérée à la vente comme condition suspensive ; car, si la vente a été dès le principe pure et simple, mais soumise à une résolution conditionnelle, elle a formé un juste titre pour l'acheteur qui, dès lors, a pu usucaper (1). Au contraire, la vente sous condition suspensive ne peut fournir une *justa causa usucapiendi;* puisque, tant que la condition est en suspens, la vente n'a pas pris naissance, et le néant ne peut produire d'effet : *Quod si pendente conditione res tradita sit, emptor non poterit eam usucapere pro emptore* (2). Que si le prix a été payé, la condition qui suspendait l'existence du contrat s'étant réalisée, la vente sera valable et pourra servir de juste titre. La solution de Sabinus n'est donc exacte que lorsque la *lex commissoria* a le caractère de condition suspensive ; elle pèche par trop de généralité. C'est, du reste, la réflexion de Paul, dans la fin de la loi ; il faudra, dit-il, examiner si le pacte commissoire est une condition suspensive ou une condition résolutoire. Dans ce dernier cas, la vente sera pure et simple ; le pacte viendra la résoudre et non pas lui donner naissance ; l'acheteur aura donc pu usucaper : l'usucapion ne sera impossible que si la vente est affectée d'une condition suspensive : *Sed videamus, utrum conditio sit hoc, an conventio? Si conventio est, magis resolvetur quam implebitur.*

On a voulu tirer un autre argument de la loi 38, D., *ad legem Falcidiam.* Cette loi, relative à la composition de la masse héréditaire pour le calcul de la quarte Falcidie, comprend dans les biens laissés par le vendeur les esclaves vendus *lege commissoria.* D'où Voët a conclu qu'il s'agissait d'une *lex commissoria* suspensive ; car, si elle était résolutoire, les esclaves seraient entrés dans le patrimoine de l'acheteur. Mais ce texte peut s'expliquer sans qu'il soit besoin de supposer qu'Hermogénien, l'auteur de cette loi, ait prévu l'hypothèse d'une *lex commissoria* suspensive. Il s'agit de déterminer la masse des biens du testateur. Parmi ces biens se trouvent des droits actuels et des droits conditionnels ; par exemple, le testateur a, de son vivant, vendu des esclaves, et il a été convenu que la vente serait résolue à défaut de paiement à l'échéance. Avant l'époque fixée pour la libération, le vendeur vient à mourir, à un moment, par conséquent, où il est propriétaire des esclaves sous condition suspensive : c'est dans cet instant qu'on procède à l'estimation de ses biens. Que va-t-on faire de ce droit sous condition suspensive qui appartenait au défunt ? Trois procédés s'offrent alors aux liquidateurs : un d'entre eux consiste à réputer la condition accomplie et à attribuer le droit à l'actif de l'héritier ; les trois quarts de la succession sont alors abandonnés aux légataires, mais après qu'ils se sont préalablement engagés, par fidéjusseurs, à rapporter ce qu'ils auraient reçu en trop, si la condition suspensive vient à défaillir (3). C'est à ce procédé de calcul que

(1) L. 2, § 1, D., *de in diem addictione,* liv. XVIII, tit. II.
(2) L. 8, D., *de periculo et commodo,* liv. XVIII, tit. VI.
(3) L. 73, § 1, D., *ad legem Falcidiam,* liv. XXXV, tit. II.

fait allusion Hermogénien, lorsqu'il nous dit que les esclaves vendus *lege commissoria* sont comptés à l'actif du défunt ; entre autres raisons qui trouveraient plus naturellement leur place dans un commentaire de la loi 38, cela résulte suffisamment de l'insertion de ce texte au titre *ad legem Falcidiam*.

Étant établi que le pacte commissoire peut tantôt être résolutoire et tantôt suspensif, il reste à déterminer quels sont les effets de la *lex commissoria* pendant qu'elle est en suspens. A cet égard, nous examinerons deux hypothèses : celle où elle a été apposée à la vente comme condition résolutoire, et celle où elle joue le rôle de condition suspensive.

§ II.

Effets de la vente pendant que la lex commissoria *est en suspens.*

PREMIÈRE HYPOTHÈSE. *La* lex commissoria *a été apposée à la vente comme condition résolutoire.* — Une telle vente est pure et simple, et parfaite *ab initio*, aussitôt que les consentements ont été échangés sur la chose et sur le prix ; il n'y a de conditionnel que la résolution. La vente produit donc tous ses effets ordinaires. Ainsi :

1° L'acheteur a contre le vendeur l'action *empti* pour le forcer à lui livrer la chose ; de son côté, le vendeur a l'action *venditi* pour obtenir le paiement du prix.

2° L'acheteur perçoit et gagne les fruits (1).

3° Il acquiert immédiatement la propriété, si le vendeur lui a accordé un terme pour le paiement ; l'apposition d'un *dies* n'est pas, en effet, de l'essence de la *lex commissoria*. Étant propriétaire, l'acheteur peut revendiquer contre les tiers, et consentir des aliénations, constitutions de gage, d'hypothèque et autres droits réels.

4° Si le vendeur n'est pas propriétaire de l'objet qu'il a vendu, l'acheteur possède utilement *ad usucapionem ;* c'est sur sa tête que se réalisent les effets de l'usucapion (2).

5° Enfin, les risques de la chose sont pour le compte de l'acheteur. Bien qu'elle périsse par cas fortuit, il n'en sera pas moins obligé de payer le prix à l'échéance fixée pour le paiement (3).

DEUXIÈME HYPOTHÈSE. *La* lex commissoria *a été apposée à la vente comme condition suspensive.* — Tant que le prix n'est pas payé, la vente

---

(1) L. 5, D., *de lege commissoria*, liv XVIII, tit. III.
(2) L. 2, § 1, D., *de in diem addictione*, liv. XVIII, tit. II.
(3) L. 2, § 1, eod.; — l. 2, § 1, D., *de leg., commiss.*, liv. XVIII, tit. III.

est en suspens et n'a pas pris naissance ; partant, elle ne peut produire aucun effet. D'où les conséquences suivantes, directement opposées à celles citées précédemment :

1° Le vendeur ne peut agir *ex vendito* ; l'action *empti* est refusée à l'acheteur.

2° Le vendeur fait les fruits siens (1).

3° Il reste propriétaire, malgré la tradition faite à l'acheteur qui n'a que le *corpus* de la possession ; c'est donc le vendeur qui revendique contre les tiers, lui qui peut constituer des droits réels sur la chose vendue.

4° L'acheteur ayant acquis a *non domino* ne peut invoquer le titre *pro emptore* pour usucaper (2).

5° Enfin, la perte survenue par cas fortuit est pour le compte du vendeur (3), en ce sens que la chose n'existant plus au jour fixé pour le paiement, l'acheteur se gardera bien de payer son prix. Que si la perte n'était que partielle, les risques seraient alors à la charge de l'acheteur.

SECTION II.

ACCOMPLISSEMENT ET INACCOMPLISSEMENT DE LA *lex commissoria.*

§ Ier.

Accomplissement.

Le *dies certus* n'étant pas de l'essence du pacte commissoire (4), deux hypothèses peuvent se présenter : Ou bien la *lex commissoria* contient un terme jusqu'à l'échéance duquel l'acheteur peut se dispenser de payer ; ou bien le pacte commissoire a été adjoint à la vente sans qu'on ait fixé le jour à partir duquel la déchéance serait encourue faute de paiement du prix. Nous allons étudier successivement ces deux hypothèses.

PREMIER CAS. *Un terme a été fixé pour le paiement.* — Dans cette hypothèse, le fait qui donne naissance à l'exercice du pacte commissoire est le non-paiement du prix ; le seul moyen pour l'acheteur d'éviter la déchéance est d'exécuter son obligation en entier. Une

---

(1) Arg., 1. 4. *pr., de in diem,* liv. XVIII, tit. II.

(2) L. 2, § 3, D., *pro emptore,* liv. XLI, tit. IV ; — 1. 8, *pr.,* D., *de periculo et commodo,* liv. XVIII, tit. VI.

(3) L. 8, *pr.,* D., *de periculo et commodo, eod.*

(4) L. 2, *de leg. commiss.,* liv. XVIII, tit. III : — l. 23, D., *de obligationibus,* l. XLIV, tit. VII.

exécution partielle serait insuffisante ; car, bien que l'obligation de payer une somme d'argent soit divisible par elle-même, cette divisibilité ne saurait être invoquée contre le créancier qui a toujours le droit d'exiger un paiement intégral (1).

Les jurisconsultes romains décidaient même que la *lex commissoria* était accomplie par suite de la seule négligence de l'acheteur à ne pas payer à l'échéance. Néanmoins, ce n'est pas sans quelques hésitations qu'on arriva à constituer l'acheteur en demeure par la seule expiration du terme et sans sommation préalable. *Marcellus, libro XX, dubitat, commissoria utrum tunc locum habet, si interpellatus non solvat, an vero si non obtulerit? Et magis arbitror offerre eum debere, si vult se legis commissoriæ potestate solvere* (2). Mais Ulpien n'avait pas été arrêté par les doutes de Marcellus, par le motif bien simple que le débiteur est suffisamment averti, et qu'il doit à l'avance se mettre en mesure de faire face à son engagement. De plus, la *lex commissoria* a un caractère pénal bien certain ; c'est une punition infligée à l'acheteur négligent, qui s'est obligé à la légère, sans savoir s'il lui sera possible d'exécuter ce qu'il a promis. Or, il est de principe, en droit romain, que les clauses pénales sont encourues par suite de l'expiration du délai pris pour l'exécution de l'obligation, sans que cette exécution ait été prestée. C'est du moins ce que vint décider, après beaucoup de controverses et pour couper court à tout procès, la loi 12, C., *de contrahenda vel committenda stipulatione*. La demeure a lieu *ex re;* par suite du fait lui-même, le créancier n'a par besoin d'interpeller le débiteur : l'expiration du terme est par elle-même une interpellation suffisante, pour parler comme certains interprètes : *Dies interpellat pro homine.*

Tel est le principe du droit romain sur la demeure, lorsqu'une clause pénale a été stipulée en cas d'inexécution ou de retard dans l'exécution de l'obligation. La solution que nous avons donnée avec Ulpien, relativement à la *lex commissoria*, n'est que l'application de ce principe. Point n'est besoin, par conséquent, d'aller avec Favre en chercher l'explication dans un motif qui, au premier abord, peut paraître spécieux, mais qui n'est pas le moins du monde satisfaisant. Une sommation, dit-il, dans ses *Rationalia*, ne peut pas se produire dans la circonstance ; car à quel moment serait-elle faite? Avant l'échéance du terme? Mais elle serait prématurée ; car, si le *dies cedit* de l'obligation de l'acheteur a eu lieu dès le jour du contrat, il en est autrement du *dies venit* (3) :

---

(1) Arg., l. 6, § 2, D., *de leg. commiss.; —* l. 85, § 6, *de verb. oblig.*, liv. XLV, tit. i.

(2) L. 4, § 4, *de leg. commiss.*, liv. XVIII, tit. iii.

(3) L. 213, pr. D., *de verb. signification.*, liv. L, tit. xvi.

avant l'arrivée du terme, une demande ne produit aucun effet (1). — Est-ce après l'échéance ? Mais aux termes de la loi 6, § 2, D., *de lege commissoria*, si le vendeur demande le prix, il est censé renoncer au pacte commissoire ; une telle interpellation purgerait la demeure de l'acheteur, comment peut-elle le constituer en demeure ? — Il est évident que le savant interprète a confondu la sommation avec la demande en justice. Sans doute une interpellation serait prématurée, si elle était faite avant l'échéance ; mais, faite après ou le jour même, aurait-elle pour effet d'enlever au vendeur le droit d'option que les textes lui accordent ? C'est là qu'existe la confusion. La sommation n'aurait pu avoir qu'un but : prévenir l'acheteur que le vendeur va user du pacte commissoire, s'il ne se hâte pas de lui verser le prix ; mais elle n'aurait certainement pas été considérée comme l'exercice même du pacte commissoire.

Ainsi, par la seule arrivée du terme, l'acheteur est en demeure ; c'est-à-dire qu'il doit payer son prix sans sommation préalable, s'il veut éviter la déchéance de la *lex commissoria*; tout au moins, il doit faire des offres au vendeur le jour même de l'expiration du délai. Le lendemain, il serait trop tard ; le vendeur, en vertu du droit d'option que lui accorde l'ouverture du pacte commissoire, peut, ou poursuivre le paiement du prix, ou reprendre la chose qu'il a vendue. C'est en vain que l'acheteur offrirait un paiement intégral ; il a été en faute de ne pas l'offrir plus tôt : qu'il subisse les conséquences de son retard.

Cependant, cette solution n'a pas été admise par tout le monde ; il y a des auteurs qui prétendent que l'acheteur, malgré l'expiration du délai, peut purger sa demeure en offrant de payer son prix, et obliger le vendeur au maintien du contrat, si ce dernier n'a pas encore choisi l'objet de sa demande. Mais la scission qui s'est produite dans ce système, à l'effet d'atténuer les conséquences auxquelles il aboutit, prouve qu'il n'est pas juridique, et que, par conséquent, il n'a pas dû être admis par les jurisconsultes romains. Les uns sont d'avis que le vendeur doit immédiatement choisir entre le maintien du contrat ou sa résolution ; sinon, l'acheteur peut prendre les devants et prévenir la résolution du contrat en offrant son prix. Les autres, au contraire, accordent un répit au vendeur, qui doit avoir le temps nécessaire pour prendre une décision. S'il laisse passer ce délai, qui est de dix jours, sans se prononcer, l'acheteur peut alors purger sa demeure.

Ces deux systèmes ont pour fondement les lois 4, § 2, D., *de lege commissoria;* 73, § 2, et 91, § 3, *de verborum obligationibus.*

Dans la loi 4, § 2, D., *de lege commissoria*, Ulpien rapporte un avis de Papinien ainsi conçu : *Statim atque commissa lex est, statuere ven-*

---

(1) L. 42, D., *de verb. oblig.*, liv. XLV, tit. I.

ditorem debere, utrum commissoriam velit exercere, an potius pretium petere. L'argument qu'on tire de cette loi est fondé purement et simplement sur l'interprétation judaïque du mot *statim.* Mais,- pour avoir le véritable sens de la phrase, il faut se placer dans l'ordre d'idées qui animait le jurisconsulte. — Or Papinien, dans le livre III de ses *Réponses,* ne se préoccupe nullement de la *moræ purgatio.* La pensée du jurisconsulte est qu'une fois le terme expiré, le vendeur peut, s'il le veut, agir aussitôt, mais qu'il doit se décider, ou à maintenir la vente en exigeant le prix, ou à l'anéantir en demandant la résolution ; après avoir choisi, il ne peut plus varier : *nec posse, si commissoriam elegit, variare.* Préoccupé de cette idée, qu'en exerçant une seule fois l'action *venditi,* le vendeur éteint son action, Papinien lui recommande, aussitôt qu'il agit, de dire dans quel sens il dirige son action, car la *litis contestatio* va éteindre l'obligation primitive. Tel est le sens de la loi 4, § 2; elle ne veut pas dire le moins du monde que, faute par le vendeur de dire immédiatement quel parti il entend prendre, l'acheteur peut anéantir les effets de sa demeure, et se replacer absolument dans la même situation que celle qu'il occupait la veille, le jour même de l'échéance. Cette loi 4, § 2, est complétement étrangère à la théorie de la demeure; elle est entièrement consacrée à déterminer quel est le droit du vendeur qui veut user du pacte commissoire.

On argumente encore, de la part des deux systèmes, des lois 73, § 2, et 91, § 3, *de verborum obligationibus.* « J'ai promis de payer l'esclave Stichus à telle époque, et je n'ai pas accompli mon obligation. Pourraije, si Stichus vient à mourir, me libérer et purger ma demeure en offrant la valeur de cet esclave ? » A cette question Paul donne une réponse affirmative. Donc, dit-on, dans l'hypothèse d'une vente avec pacte commissoire, l'acheteur peut encore se libérer tant que le vendeur n'a pas exercé son option. Mais qui ne voit que les deux hypothèses sont complétement distinctes; partant, que les règles de l'analogie nous font défaut. Dans la loi 73, Paul s'occupe de la dette d'un corps certain; l'acheteur, au contraire, est débiteur d'un genre. Dans le premier cas, le jurisconsulte étudie les conséquences de la demeure au point de vue de la perte par cas fortuit. Le retard apporté par le débiteur dans la prestation de ce à quoi il s'était obligé, a perpétué son obligation, et si Stichus vient à mourir, il ne pourra pas exciper de la perte de la chose due pour se prétendre libéré : les risques n'en sont pas moins à sa charge. Dans notre espèce, au contraire, il n'y a pas à se préoccuper de la perte des écus que doit l'acheteur, car les genres ne périssent pas.

Nous repoussons donc le premier système qui repose sur les textes précités. Il conduit en outre à une conséquence inadmissible, à savoir, qu'aussitôt le jour du terme expiré, le vendeur doit déclarer immédiatement le parti auquel il s'est arrêté : de sorte que s'il ne se prononce pas sur-le-champ, l'acheteur n'a pas perdu la faculté de payer, sa position n'a pas empiré : la *lex commissoria* est considérée comme ne s'étant pas réalisée. Bien plus, c'est en vain qu'elle a été ajoutée au contrat; le silence des parties eut conduit au même résultat. Aussi, pour éviter cette conséquence, un second système s'est développé à côté du premier, qui, tout en reconnaissant, en principe, que l'acheteur a le droit de purger sa demeure, ne le lui concède néanmoins que lorsque le vendeur a eu le temps nécessaire pour faire son option. Cette opinion s'appuie sur le texte de la loi 21, § 1, D., *de pecunia constituta*, qui, prévoyant l'hypothèse où un pacte de constitut est intervenu sans fixation de délai, accorde dix jours au constituant pour payer la dette nouvelle qui vient de prendre naissance. De même, dit-on, dix jours suffisent au vendeur pour user de la *lex commissoria;* s'il ne le fait pas dans cet intervalle, il est déchu de son droit : l'acheteur peut se libérer en payant le prix ; la demande de la chose est impossible de la part du vendeur.

Ce système n'est pas plus acceptable que le précédent ; d'abord, le principe qui lui sert de base est erroné : nous en avons, il n'y a qu'un instant, démontré la fausseté. Que vient faire, en outre, en matière de *lex commissoria*, la loi 21, § 1, D., *de pecunia constituta?* Sans doute, il est bon de consulter l'analogie, mais encore faut-il ne pas en abuser ; faut-il, pour appliquer la même solution à deux situations distinctes, que la même raison de décider existe. Or, l'analogie est ici entièrement absente. Le terme est, en effet, de l'essence du constitut ; faire un tel pacte, c'est prendre jour pour le paiement d'une dette préexistante, soit naturelle, soit civile, et l'on comprend qu'il faille suppléer au silence des parties qui ont oublié de fixer un délai avant lequel le créancier ne pourra agir. En est-il de même de la *lex commissoria?* Mais, par suite de sa réalisation, la dette est devenue exigible ; le créancier agira donc, quand il le voudra, sans s'exposer à une déchéance. Dans le pacte de constitut, au contraire, le créancier ne pourra poursuivre que dix jours après la naissance du constitut. Quel rapport y a-t-il entre ce délai qu'on suppose avoir été dans l'intention des parties, afin d'éviter la nullité du constitut, et celui qu'on voudrait fixer au vendeur, délai passé lequel l'acheteur pourrait purger sa demeure?

Tenons-nous donc à la solution que nous avons donnée au commencement de cette discussion. La *lex commissoria* est définitivement encourue par l'acheteur qui n'a pas payé ou offert de payer à l'échéance. Elle est conforme aux principes, et les textes eux-mêmes n'y répugnent pas. En effet, la *lex commissoria* réalisée permet au vendeur de demander ou le paiement du prix, ou la résolution du contrat. Ce à quoi l'acheteur est obligé, c'est donc ou de payer le prix ou de restituer la chose. En d'autres termes, il est débiteur d'une obligation alternative qui, de conditionnelle qu'elle était tant que le jour du terme n'était pas arrivé, est devenue pure et simple, par suite du non-paiement à l'échéance. En outre, le choix appartient au vendeur; c'est en sa faveur que le pacte commissoire est intervenu (1), *id venditoris causa cavetur.* Il est absolument dans la même situation que le créancier qui, ayant stipulé *decem vel hominem Stichum,* s'est réservé le choix (2) ; c'est-à-dire qu'il a le droit de demander le prix ou la chose. Le débiteur d'une alternative, quand le choix appartient au créancier, ne peut pas désigner celle des prestations qu'il désire exécuter; de même, ici, l'acheteur ne peut pas se soustraire, après l'arrivée du terme, à l'action du vendeur qui demande la résolution en offrant de payer le prix, car le vendeur a le droit de réclamer la chose aussi bien que le prix. Sans doute, il en serait autrement si l'obligation était facultative; le débiteur peut alors se libérer en payant ce qui est *in facultate solutionis* (3); mais l'obligation de l'acheteur n'est pas facultative ; on ne peut pas dire que la résolution est *in obligatione,* tandis que le paiement du prix est *in facultate solutionis,* non; *duæ sunt in obligatione.* Deux choses sont dues: ou la résolution du contrat ou le paiement du prix; l'acheteur ne peut prévenir le choix du vendeur en lui offrant le prix, celui-ci peut le refuser et demander la chose.

Il est enfin un texte qui lève tous les doutes; c'est la loi 23, *pr.* D., *de receptis qui arbitrium receperunt. — Celsus ait : Si arbiter intra calendas septembris dari jusserit; nec datum erit : licet postea offeratur, attamen semel commissam pœnam compromissi non evanescere quoniam semper verum est, intra calendas datum non esse.* Celsus suppose qu'un arbitre a ordonné une translation de propriété dans les limites des calendes; s'il n'a pas été obéi à cet ordre, la clause pénale n'en a pas moins été encourue, bien que dans la suite des offres aient été faites; car il est certain que la translation n'a pas eu lieu dans le délai voulu. Or la *lex commissoria* a un caractère pénal bien tranché ; l'offre postérieure à l'échéance n'empêche pas que le prix n'ait pas été payé ou offert au délai fixé; la déchéance est donc définitive. Le vendeur a un droit acquis à la résolution ; car la condition mise au pacte commissoire est accomplie : c'est un fait inéluctable contre lequel ne peuvent prévaloir les offres tardives de l'acheteur.

DEUXIÈME CAS. *Un terme n'a pas été fixé pour l'accomplissement de la* lex commissoria. — Si le vendeur n'a pas reçu une des satisfactions qui sont indiquées au paragraphe 41, liv. II, tit. I, des Institutes, il est alors propriétaire, et il semble que l'exercice de la *lex commissoria* soit

(1) L 2, D., *de lege commissoria,* liv. XVIII, tit. III.
(2) L. 75, § 8, D., *de verbor. obligat.,* liv. XLV, tit. I.
(3) L. 44, § 5, D., *de oblig.,* liv. XLIV, tit. VII.

pour lui une vaine superfluité. Néanmoins il est préférable d'agir en vertu du pacte commissoire ; car le vendeur est dispensé de faire la preuve de son droit de propriété, preuve quelquefois très-difficile, et qu'il est nécessaire d'établir pour réussir dans l'action en revendication.

On conçoit que, dans cette hypothèse, une interpellation soit nécessaire pour mettre le débiteur en demeure ; le terme ne constitue une interpellation suffisante que lorsqu'il existe. Lors donc que les parties ont dit purement et simplement : *Si pretium solutum non fuerit, res inempta sit*, le vendeur doit avertir l'acheteur que, faute par lui de payer son prix dans un délai déterminé, il usera du pacte commissoire. Alors même qu'aucun texte n'autoriserait cette solution, elle n'en est pas moins certaine ; tant que l'acheteur n'est pas sollicité par une mise en demeure, il peut croire que le vendeur n'est pas pressé d'argent, et que c'est ce motif qui explique son inaction. D'autre part, un *modicum tempus* doit être laissé à l'acheteur ; il faut bien qu'il prenne ses dispositions pour réunir les écus qui vont lui procurer sa libération. Mais la loi 23, *in fine*, D., *de oblig. et action.*, est formelle en ce sens. Statuant d'abord sur le cas où l'arbitre n'a pas prononcé sur le délai pendant lequel le débiteur paiera pour éviter une peine, elle décide que le juge fixera un *modicum tempus :* — *Adeo ut et illud Servius rectissime existimaverit, si quando dies qua pecunia daretur, sententia arbitri comprehensa non esset, modicum spatium datum videri.* Et Africain étend immédiatement ce principe au pacte commissoire : *Hoc idem dicendum quum quid ea lege venierit, ut nisi ad diem pretium solutum fuerit, inempta res fiat.* L'opinion de Cujas, d'après laquelle il serait loisible à l'acheteur d'éviter la résolution en payant jusqu'à la *litis contestatio*, ne doit donc trouver aucun crédit. L'argument qu'il tire de la loi 84, D., *de verb. oblig.*, est sans valeur lorsqu'il s'agit d'une obligation autre que celle d'accomplir un fait, surtout en notre matière, où la loi 23 est aussi formelle que possible.

Le principe est certain : la *lex commissoria* n'est accomplie que si l'acheteur a laissé passer le *modicum tempus* à lui concédé sans payer le prix au vendeur. Mais quelle est la durée de ce *modicum tempus?* Après quelle échéance sera-t-il trop tard pour offrir le prix? C'est un point que les jurisconsultes romains laissent un peu dans l'ombre. Voët prétend qu'un délai de soixante jours devra toujours être accordé à l'acheteur ; passé ce délai, il sera constitué en demeure (arg., l. 31, § 22, D., *de œdilitio edicto*). Mais cette loi, applicable seulement au cas d'une vente *ad comprobationem*, ne doit pas être étendue en dehors de l'hypothèse qu'elle prévoit. La question est résolue en général par la loi 32, *pr.* D., *de usuris*, qui pose en principe que le point de savoir si le débiteur est constitué en demeure est chose de fait plutôt que de droit : *Divus quoque Pius Tullio Balbo rescripsit, an mora facta intellegatur, neque constitutione ulla, neque juris auctorum quæstione decidi posse;*

3

cum sit magis facti quam juris. C'est une question qui sera résolue par le juge, d'après les circonstances ; il est impossible de dire *a priori* si le délai laissé à l'acheteur a été suffisant, ou, au contraire, ne lui a pas permis de faire face à son obligation.

§ II.

Inaccomplissement de la lex commissoria.

Trois faits peuvent mettre obstacle à l'accomplissement du pacte commissoire : 1° le paiement du prix à l'échéance ; 2° une saisie-arrêt ou opposition faite entre les mains de l'acheteur par un créancier du vendeur ; 3° le non-paiement résultant du fait ou de la faute du vendeur lui-même.

1° *Paiement du prix à l'échéance.* — Dans ce cas, l'acheteur est définitivement libéré ; le contrat de vente a reçu sa complète exécution. Le droit conditionnel qui appartenait au vendeur a cessé d'exister par la non-réalisation de la condition qui le tenait en suspens ; le droit résoluble qui reposait sur la tête de l'acheteur s'est consolidé, il est devenu propriétaire définitif et incommutable.

2° *Saisie-arrêt ou opposition faite entre les mains de l'acheteur par un créancier du vendeur.* — Tous les biens d'un débiteur sont le gage commun de ses créanciers, c'est-à-dire qu'ils peuvent poursuivre sur ces biens le paiement de leurs créances. Confondues dans le patrimoine du débiteur, se trouvent non-seulement des choses corporelles, mais encore des choses incorporelles, des créances, *nomina,* de ce nombre est l'action *venditi,* résultant du contrat de vente, à l'effet d'obtenir le paiement du prix. Les créanciers pourront-ils la saisir ? La question est résolue affirmativement par la loi 8, D., *de lege commissoria.* Une femme avait vendu des fonds à Gaïus Séius, et la *lex commissoria* avait été insérée dans le contrat. Au jour fixé pour le paiement, l'acheteur déclare, en présence de témoins, qu'il est prêt à verser son prix, mais ne trouve pas la venderesse. Sur ces entrefaites, et le lendemain, survient une opposition de la part du fisc, créancier de la femme. Le fisc défend à la femme de se libérer avant qu'il n'ait reçu complète satisfaction. La femme sera-t-elle fondée à user du pacte commissoire, sous le prétexte qu'elle n'a pas reçu le prix à l'échéance ? Pourra-t-elle revendiquer ses fonds ? La réponse ne doit pas être douteuse. L'acheteur sera libéré, car il n'a pas dépendu de lui que son prix ne fût payé à l'échéance, et il ne doit souffrir en rien de la saisie-arrêt, cause de retard tout involontaire de sa part. D'un autre côté, en payant au fisc, il paye à l'acquit de la venderesse ; c'est comme si les écus avaient été versés entre ses mains.

3° Obstacle mis au paiement par le fait ou par la faute du vendeur lui-même. — Tout d'abord, le vendeur ne peut se prévaloir du défaut d'exécution de l'obligation de l'acheteur, lorsque lui-même n'a pas satisfait aux engagements qu'il avait pris. La loi 10, § 1, D., *de rescindenda venditione,* nous donne une application remarquable de cette règle. L'acheteur d'un fonds, craignant un procès de la part de Numéria et de Sempronia, relativement à ce fonds, a convenu avec le vendeur qu'il garderait une certaine portion du prix par devers lui, tant qu'un fidéjusseur ne serait pas fourni ; puis est intervenu un pacte aux termes duquel la vente serait résolue au gré du vendeur, si le prix tout entier n'était pas payé à une époque déterminée. Les prévisions de l'acheteur se sont réalisées en partie : Numéria a revendiqué l'immeuble, mais elle a succombé dans son action ; d'autre part, le vendeur a transigé avec Sempronia, de sorte que l'acheteur n'a plus aucune crainte de ce côté. La *lex commissoria* peut-elle être considérée comme accomplie, si, le vendeur n'ayant pas donné de fidéjusseur, l'acheteur n'a pas payé à l'échéance ?. Scævola n'hésite pas à répondre négativement. Le vendeur n'a pas rempli son obligation : de ce chef, aucune faute n'est imputable à l'acheteur ; ce dernier a donc pu impunément ne pas exécuter la sienne. *Respondit : si convenisset, ut non prius pecunia solveretur quam fidejussor venditi causa daretur, nec id factum esset, quum per emptorem non staret quominus fieret, non posse posteriorem legis partem exerceri.* Sans doute, il semble que, dans l'espèce, la dation d'un fidéjusseur aux fins de la vente est inutile, puisque l'acheteur n'a plus rien à redouter de Numéria et de Sempronia ; mais le pacte convenu entre le vendeur et l'acheteur est tellement général, que le fidéjusseur doit être donné pour prémunir l'acheteur contre toute éviction, de quelque cause qu'elle provienne. La question ainsi posée, la réponse du jurisconsulte est exempte de critique. La première partie du pacte n'étant pas exécutée, la seconde ne doit pas davantage recevoir exécution.

De même, le pacte commissoire n'est pas encouru, s'il n'a pas dépendu de l'acheteur que le prix ait été payé à l'époque fixée. Par exemple, le vendeur s'est absenté sans laisser de mandataire, de sorte que l'acheteur ne trouve personne lorsqu'il se présente pour payer (1) ; ou bien le vendeur est mort, et son hérédité n'a pas encore été acceptée (2). *Quid enim potest imputari ei qui solvere, etiam si vellet, non potuit ?*

Enfin, le vendeur peut indûment refuser de recevoir le paiement (3). Dans ce cas encore, la *lex commissoria* ne produit pas ses effets contre l'acheteur. Mais celui-ci n'est pas complétement à l'abri de la résolution ;

(1) L. 4, § 4, D., *de lege commissoria,* liv. XVIII, tit. III.
(2) Arg., l. 31, § 23, D., *de ædil. edicto,* liv. XXI, tit. I ; — l. 17, § 5, D., *de usuris,* liv. XXII, tit. I.
(3) L. 72, pr. D., *de solutionibus,* liv. XLVI, tit. III.

il doit se tenir prêt à payer à première réquisition. C'est ce qui résulte de la loi 72, *pr.* D., *de solutionibus*, qui ne libère définitivement le débiteur que lorsque la chose due a péri sans sa faute, c'est-à-dire par cas fortuit. Si donc une faute quelconque lui est imputable, si c'est par son fait qu'il n'est pas en mesure de remplir son obligation lorsque le vendeur vient en réclamer l'exécution, il n'est pas admis à se plaindre de l'exercice du pacte commissoire. Ce principe est également formulé dans la loi 51, § 1, D., *de actionibus empti et venditi :* — *Quod si fundum emisti ea lege, uti des pecuniam calendis juliis, et si ipsis calendis per venditorem esset factum quominus pecunia ei solveretur, deinde per te staret quominus solveres : uti posse adversus te lege sua venditorem dixi; quia in vendendo hoc ageretur, ut quandoque per emptorem factum sit, quominus pecuniam solvat, legis pœnam patiatur.* Toutefois il faut, avec la loi 51 elle-même, apporter un tempérament à ce principe. Si c'est par dol que le vendeur n'a pas laissé de mandataire pour le représenter en cas d'absence, ou qu'il a refusé le paiement, afin de poursuivre l'acheteur dans un temps où il serait difficile et même impossible à ce dernier de se libérer, il faudra refuser au vendeur le droit de se prévaloir de la *lex commissoria :* — *Hoc ita verum puto, nisi si quid in ea re venditor dolo fecit.*

Même, l'acheteur qui n'a pas payé son prix au terme fixé, par la faute du vendeur, n'est pas obligé d'attendre qu'il plaise à celui-ci d'agir en paiement du prix. Il est alors dans la situation de tout débiteur qui vient se heurter contre le refus du créancier, ou contre l'impossibilité, quelle qu'elle soit, d'exécuter son obligation par le fait du créancier; il peut se libérer en faisant au vendeur des offres réelles suivies de consignation. C'est ce qui résulte d'abord de la loi 7, C., *de pactis inter emptorem et venditorem compositis.* Il s'agit, dans ce texte, d'une vente avec faculté de rachat. Un vendeur avait demandé aux empereurs Dioclétien et Maximien la remise de l'obligation de restituer le prix d'achat, afin de reprendre la propriété et la possession de la chose vendue; mais comme tous les citoyens, même les princes, sont obligés de respecter les lois, ces empereurs répondirent qu'un rescrit était impuissant à délier ce qui avait été lié par la convention. Ils ajoutaient néanmoins que, si l'acheteur se dérobait et refusait de recevoir dans le but de conserver la propriété, on pouvait vaincre sa résistance au moyen des offres suivies de consignation. De même, la loi 2, C., *in fine, de jure emphyteutico.* Aux termes de cette loi, l'emphytéote qui laissait passer trois années sans payer à chaque terme le canon emphytéotique, pouvait être expulsé par le bailleur ; mais il n'en était ainsi que lorsque le non-paiement provenait de la faute de l'emphytéote. Que si le bailleur refusait obstinément de recevoir le loyer, et voulait, par son fait, se délier du contrat, le preneur pouvait déjouer cette fraude en offrant et en consignant le loyer: *Concedimus pecunias offerre, hisque obsignatis secundum legem depositis, minime dejectionis timere periculum.* Enfin, la loi 9, C., *de solutionibus*, déclare formellement que c'est la consignation faite dans les formes solennelles qui fait acquérir la libération : *Obsignatione totius debitæ pecuniæ solenniter facta, liberationem contingere manifestum est.*

Il semble qu'en présence de textes aussi explicites, le principe qu'ils formulent n'eût dû être contesté de personne. Il y a cependant des auteurs qui prétendent que l'acheteur n'a pas besoin de consigner pour éviter la déchéance de la *lex commissoria;* il lui suffit d'offrir le prix, ou, si le vendeur n'a laissé personne à qui les offres puissent être faites, de déclarer en présence de témoins qu'il est prêt à satisfaire à son obligation.

Et d'abord, a-t-on dit, quelle est l'intention de l'acheteur lorsqu'il se présente pour verser le prix entre les mains du vendeur ? Il veut, avant tout, se soustraire à l'exercice du pacte commissoire; il veut éviter une déchéance, l'application d'une clause pénale. Or, s'il est nécessaire de consigner lorsque l'on veut acquérir une libération, point n'est besoin de recourir à cette formalité quand on désire éviter une peine : il suffit alors d'offrir le paiement; par là, l'accomplissement de la *lex commissoria* est devenue impossible. La consignation, dit le président Antoine Favre, a été imaginée non pas pour détourner du débiteur une peine qui va être prononcée contre lui, mais pour lui procurer sa libération.

Cet argument est vraiment étrange et a tout lieu de surprendre, sous la plume d'un jurisconsulte aussi remarquable. Sans doute, l'acheteur qui paie veut éviter une déchéance; mais d'où résulte à son égard l'inaccomplissement du pacte commissoire, sinon du paiement ou de tout autre acte équivalant à une libération? C'est parce que l'acheteur est libéré, que la résolution de la vente ne peut être demandée contre lui. Que, dans l'hypothèse la plus ordinaire, celle où le vendeur est présent, l'acheteur se contente de faire des offres : aura-t-il privé le vendeur du droit d'exercer la *lex commissoria?* Certainement non ; car la libération n'aura pas été acquise. De même, dans notre hypothèse, le paiement du prix étant impossible, il doit être suppléé par un fait qui produise les mêmes conséquences, la consignation. Je sais bien que la situation n'est pas la même dans les deux cas : dans le premier, aucune faute n'est imputable au vendeur; tandis que dans le second il n'est pas exempt de reproche. Mais cela suffit-il pour déroger au principe général d'après lequel les offres sont insuffisantes pour remplacer le paiement du prix, si elles ne sont suivies de la consignation? Je ne le crois pas; il est impossible de séparer l'effet de sa cause : on ne comprend pas le non-exercice du pacte commissoire résultant d'un acte qui n'est pas libératoire.

Cette proposition est tellement évidente, que nos adversaires ont fait tous leurs efforts pour repousser l'application de la loi 7, C., *de pactis inter emptorem et vendit. compos.*, à notre hypothèse. On a d'abord essayé de dire que la disposition de cette loi n'était pas impérative : qu'elle donnait au vendeur qui voulait exercer le rachat, non pas un droit, mais un conseil. La simple lecture de ce texte fait voir qu'il prescrit la consignation comme le seul moyen qui soit ouvert au vendeur de redevenir efficacement propriétaire de la chose, en cas de contumace de l'acheteur. D'autres ont prétendu qu'il ne fallait pas l'étendre à l'hypothèse d'une vente faite avec pacte commissoire, car aucune analogie n'existe entre les deux situations. Dans le cas de vente à réméré, il est évident que les simples offres du vendeur sont impuissantes à le constituer de nouveau propriétaire ; il faut, en outre, la restitution du prix : il serait inique qu'il pût redevenir propriétaire, tout en gardant son prix d'acquisition. Les principes, du reste, s'opposent à ce que la propriété soit transférée tant que le prix n'a pas été payé ; par là, s'explique la nécessité de la consignation. Lors, au contraire, que l'acheteur est soumis à une *lex commissoria*, il ne doit pas souffrir de la demeure du vendeur ; il n'y a, par conséquent, aucune injustice à décider que l'acheteur qui désire, non pas se libérer, mais se mettre à l'abri de la peine que sa négligence lui ferait encourir, arrive à ce résultat en faisant des offres ou en attestant qu'il est prêt à payer. Tant pis pour le vendeur ; il est la cause du retard qui s'est produit ; il ne doit pas pouvoir s'en prévaloir.

Je me suis déjà expliqué sur cet argument, qui consiste à distinguer entre l'évanouissement de la *lex commissoria* résultant des offres, et la libération résultant seulement de la consignation. Qu'il me suffise de dire que l'analogie qu'on prétend écarter entre le vendeur à pacte de réméré, et l'acheteur à pacte commissoire, existe aussi complétement que possible, tout au moins au point de vue de la question qui nous occupe. Que désire le vendeur, qui, dans la loi 7 précitée, s'adresse aux empereurs Dioclétien et Maximien ? Éviter une déchéance qui lui fera perdre le recouvrement de la propriété, déchéance provenant de l'obstination du créancier à refuser le prix. Que veut maintenant l'acheteur soumis à la *lex commissoria* qui offre son prix ? Éviter également une déchéance qui résulterait du mauvais vouloir de son créancier, déchéance qui aurait pour conséquence de l'empêcher d'acquérir définitivement la propriété. Les deux situations sont donc absolument analogues ; dès lors, pourquoi refuser d'appliquer la même solution dans les deux cas ?

Il est vrai que nos adversaires prétendent trouver à cette solution différente un motif suffisant dans la loi 8, D., *de lege commissoria*, dont j'ai déjà eu l'occasion de parler. Je rappelle l'espèce de cette loi : « Une

» femme avait vendu des fonds à Gaïus Séius et avait reçu une certaine
» portion du prix à titre d'arrhes, en fixant un délai pour le paiement
» du reliquat ; on avait convenu, en outre, qu'en cas d'inexécution de
» son obligation, l'acheteur perdrait les arrhes, et que la vente serait
» résolue. Au jour fixé, l'acheteur attesta qu'il était prêt à payer ce
» qu'il restait devoir sur le prix, et, dit le texte, *sacculum cum pecunia*
» *signatorum signis obsignavit;* mais la venderesse fit défaut. Le lende-
» main, survint une saisie-arrêt du fisc, défendant à l'acheteur de payer
» entre les mains de la femme, avant d'avoir satisfait le créancier oppo-
» sant. On demande si les fonds sont dans une telle situation que la
» venderesse puisse les revendiquer, en vertu de la convention? Le
» jurisconsulte répond que, si les faits se sont passés tels qu'ils sont
» exposés, l'acheteur n'a pas encouru le pacte commissoire. »

Il résulte de ce texte, dit-on, que les offres seules, ou un acte équivalent,
ont suffi pour enlever à la venderesse le droit d'exercer la *lex commissoria;* la consignation en effet a été impossible, car si elle avait été
opérée à l'époque où s'est produite la saisie-arrêt du fisc, celle-ci n'eût
pas été valable, puisque la consignation précédée des offres eût libéré
l'acheteur. Je ne crois pas que telle soit la conclusion qu'on doive tirer
de la loi 8 à notre titre. Et d'abord, il n'est pas vrai de dire que l'opposition du fisc eût été inutile, intervenant après la consignation; la consignation n'éteint la dette qu'autant que l'offre a été acceptée par le
créancier, ou qu'un jugement l'a tenue pour acceptée. Jusqu'à ce moment, le débiteur est libre de retirer ses offres, et de se replacer dans les
liens de l'obligation; dans cette prévision, un créancier peut donc,
malgré la consignation, défendre au débiteur de son débiteur de payer
entre les mains de son créancier. On pourrait même soutenir que, dans
l'espèce de la loi 8, l'acheteur a fait la consignation; les termes *sacculum cum pecunia obsignavit signatorum signis* ne répugnent pas à
cette interprétation. Mais je veux bien reconnaître que les offres seules
ont été faites, que la consignation n'a pas eu le temps de se produire,
attendu que la saisie-arrêt du fisc est survenue le lendemain de
l'échéance, et que la consignation ne peut régulièrement être effectuée
le jour de l'exigibilité. Résulte-t-il nécessairement de là que ce sont les
offres qui ont arrêté l'effet de la *lex commissoria?* Mais qui ne voit que
cette conséquence est due à ce fait, qu'un autre acte a été substitué à la
consignation. L'acheteur n'a pas, il est vrai, payé la venderesse, mais il a
versé son prix entre les mains du fisc, créancier de la venderesse; c'est
comme si elle-même avait touché sa créance, attendu que ce paiement
vient à sa décharge dans ses rapports avec le fisc. Il y a donc inexactitude
à dire qu'il a suffi à l'acheteur d'offrir son prix pour éviter l'application
du pacte commissoire; c'est le paiement fait au créancier de la venderesse, paiement que le droit considère comme fait à la venderesse elle-

même, qui a produit ce résultat. Bien loin d'être favorable au système de nos adversaires, la loi 8 présente un argument puissant en faveur de celui que nous avons développé, puisqu'il n'y a qu'un acte libératoire qui a préservé l'acheteur de la *lex commissoria*.

En résumé, l'exercice du pacte commissoire est refusé au vendeur lorsque l'acheteur s'est libéré, soit en payant à son vendeur lui-même, soit en payant à créancier de son vendeur, soit enfin en faisant des offres réelles suivies de consignation.

Dans ces trois cas, un motif sérieux vient paralyser le droit de résolution entre les mains du vendeur; l'obligation de l'acheteur est éteinte. Une quatrième circonstance, dont nous n'avons pas encore parlé parce qu'elle tient à un autre ordre d'idées, vient affranchir l'acheteur de la résolution; c'est, en cas d'accomplissement de la *lex commissoria,* l'option du vendeur pour le maintien du contrat. Nous traiterons cette question en étudiant, sous la section suivante, les effets de la *lex commissoria* réalisée. Mais en dehors de ces cas, aucune fin de non-recevoir ne peut être invoquée par l'acheteur contre la demande en résolution. Tout événement autre que l'absence ou le refus du vendeur ne dispense pas de payer à l'échéance; il n'y a, sous ce rapport, aucune analogie entre les cas fortuits qui empêchent de comparaître en justice (1), et l'impossibilité non imputable à l'acheteur de se libérer au terme. Pourquoi punir le plaideur qui a été retenu par la maladie, par l'orage, par la violence du fleuve et autres cas de force majeure? L'acheteur, au contraire, n'a pas qu'un seul jour pour éteindre son obligation; il a tout le délai qui s'écoule entre le jour de la vente et l'époque fixée pour l'accomplissement du pacte commissoire. Pendant toute cette période, il a pu se libérer. Qu'importe qu'un accident purement fortuit, survenu le jour de l'exigibilité, ne permette pas à l'acheteur de satisfaire à la loi du contrat! Que n'a-t-il mis plus de diligence! La résolution est la conséquence de sa négligence; il ne saurait en être relevé.

De même, il ne faut pas argumenter de la loi 38, D., *de minoribus viginti quinque annis,* pour décider que la *lex commissoria* ne peut pas produire ses effets contre un pupille dont le tuteur n'a pas payé son prix d'acquisition avant l'échéance. Cette loi 38 est une loi de faveur, qui doit être restreinte à l'hypothèse qu'elle prévoit. Elle mentionne un décret de l'empereur qui relève une pupille de la résolution qu'elle a encourue, *quia,* dit le texte, *lex commissoria displicebat imperatori.* C'est donc une décision rendue, non pas conformément au droit, mais conformément au bon plaisir du prince; elle ne doit pas être érigée en règle générale.

---

(1) L. 2, **D.**, *si quis cautionib.*, liv. II, tit. xɪ.

SECTION III.

EFFETS DE LA *lex commissoria* RÉALISÉE.

Ces effets diffèrent, selon que la *lex commissoria* a été envisagée comme une condition résolutoire ou comme une condition suspensive ; de même, ils sont différents entre les parties, et à l'égard des tiers.

§ Ier.

Effets de la lex commissoria *réalisée en tant que condition résolutoire à l'égard des parties.*

L'effet immédiat et direct de l'accomplissement du pacte commissoire est de permettre au vendeur de maintenir le contrat et de poursuivre le paiement du prix, ou de l'éteindre et de se prévaloir de la résolution (1). C'est dans son intérêt que la *lex commissoria* a été insérée au contrat : *id venditoris causa cavetur* (2) ; lui seul est libre d'en profiter ou d'y renoncer : *si volet venditor exercebit, non etiam invitus* (3). L'acheteur ne peut pas le contraindre à faire valoir la résolution, car elle n'a pas été introduite en sa faveur, et, d'autre part, rien ne serait plus facile pour lui que de mettre, par ce moyen, les risques à la charge du vendeur, contrairement à la règle *res perit domino : — Nam si aliter acciperetur exusta villa, in potestate futurum, ut non dando pecuniam inemptum faceret fundum qui ejus periculo fuisset.*

Le vendeur qui a le choix ne peut pas revenir sur l'option qu'il a faite (4). *Post diem commissoriæ præstitutum, si venditor pretium petat, legi commissoriæ renunciatum videtur, nec variare, et ad hanc redire potest.* Ce n'est là que l'application du principe que l'option entre deux choses ne confère pas le droit de demander l'une et l'autre chose, mais l'une des deux seulement (5). Cette solution s'explique en outre à l'aide des principes du droit romain sur la procédure. Gaïus (liv. III, § 180) nous apprend que la *litis contestatio*, au moins lorsque le *judicium est legitimum*, et que l'action est *in jus et in personam*, éteint l'action première, et soumet le débiteur à une autre obligation résultant de l'intro-

---

(1) L. 4, § 2, D., *de leg., commiss.*, liv. XVIII, tit. III.
(2) L. 2, *eodem.*
(3) L. 3, *eod.*
(4) L. 4, § 2 ; — l. 7, D., *eodem.*
(5) L. 5, D., *de legatis 1°*, liv. XXX, tit. I ; — l. 20, D., *de optione vel electione legata*, liv. XXXV, tit. v.

duction de l'action en justice : *incipit autem teneri reus litis contestatione.* L'action primitive étant éteinte de plein droit, il y a une impossibilité juridique d'agir en vertu de la même action. Que si le *judicium est imperio continens,* l'obligation primitive existe encore, il est vrai ; mais si le créancier veut renouveler l'instance, il est repoussé par l'exception *rei judicatæ* ou *rei in judicium deductæ.* Or, ainsi que nous le verrons plus bas, une seule action appartient au vendeur; qu'il demande le paiement du prix ou la résolution, l'action personnelle *venditi;* à lui, par conséquent, de choisir immédiatement le parti qui convient le mieux à son intérêt; car, s'il fait une demande en paiement, il renonce au pacte commissoire, et réciproquement. S'il commence par exercer le pacte commissoire, il ne peut plus réclamer le prix; il a déduit une seule fois son droit en justice, et il doit supporter le sort qu'il s'est créé lui-même.

Il n'est même pas nécessaire que le vendeur ait fait une option expresse; le choix peut être tacite et s'induire des circonstances : par exemple, après l'échéance, il a reçu volontairement une partie du prix (1). De même encore s'il a demandé les intérêts : *Commissoriæ venditionis legem exercere non potest, qui post præstitutum pretii solvendi diem, non vindicationem rei eligere, sed usurarum pretii petitionem sequi maluit* (2).

Sans aucun doute, le vendeur qui opte pour le maintien du contrat agit par l'action *venditi;* la vente n'étant point anéantie, aucune autre action ne lui est offerte. Mais, lorsqu'il se prévaut de la *lex commissoria,* la propriété de la chose vendue lui fait-elle retour *ipso jure;* partant, a-t-il l'action en revendication contre l'acheteur ? Ou, au contraire, ce dernier n'est-il tenu que de l'obligation de transférer la propriété; partant, le vendeur n'a-t-il qu'une action personnelle à l'effet d'obtenir cette translation ; et cette action est-elle l'action *venditi* ou une autre action personnelle ? Telle est la difficile question que nous avons à résoudre, et qui n'a pas donné lieu à moins de trois systèmes; mais sur laquelle les travaux récents de l'École française ont jeté un jour complet. Elle se rattache à la question plus générale de savoir si l'on peut, dans l'acte même qui transfère la propriété, insérer une clause en vertu de laquelle la propriété se trouverait frappée entre les mains de l'acquéreur d'une résolution ou extinction conditionnelle.

A cette question on ne peut pas donner une réponse uniforme. Dans l'état primitif du droit romain, il n'est pas douteux que la propriété ne peut pas être transférée *ad tempus.* L'acquéreur reçoit un droit perpétuel qui n'est soumis à aucune résolution conditionnelle; la propriété

(1) L. 6, § 2, D., *de leg. commiss.,* liv. XVIII, tit. III.
(2) L. 3, C., *de pactis inter,* liv. IV, tit. XLIV.

ne peut donc revenir *ipso jure*, par la seule force de la loi entre les mains de l'aliénateur ; ce dernier n'a qu'une action personnelle pour forcer l'acquéreur à lui retransférer ses droits sur la chose. Sans doute, dans les derniers temps de la jurisprudence classique, une opinion contraire vient protester contre cette doctrine et ce qu'elle peut avoir d'illogique ; mais elle ne se produit qu'à l'état d'isolement : le principe des premiers temps subsiste dans toute sa rigueur. — Sous Justinien, au contraire, la doctrine qui, à l'époque précédente, n'était adoptée que par la minorité des jurisconsultes, se substitue à la première et passe dans la législation. Justinien consacre la théorie de la translation de la propriété *ad tempus*. La condition, se réalisant, fait passer *recta via* la propriété entre les mains de l'aliénateur ; celui-ci a plus qu'une action personnelle pour rentrer en possession de sa chose, il a l'action réelle en revendication. Nous allons nous placer successivement à ces deux époques, et étudier comment le vendeur fait valoir le pacte commissoire.

PREMIÈRE ÉPOQUE. — Jusqu'à Justinien, toute aliénation exclut la clause portant qu'à l'expiration d'un certain terme, ou par l'arrivée d'un certain événement, la propriété fera de plein droit retour à l'aliénateur. L'acte qui ne confère à l'acquéreur qu'une propriété temporaire est nul, et ne produit aucun effet. Aucun texte ne formule plus énergiquement ce principe que le paragraphe 283 des *Fragments du Vatican* : — *Si stipendiariorum proprietatem dono dedisti ita ut post mortem ejus qui accepit, ad te rediret, donatio irrita est, quum ad tempus proprietas transferri nequiverit*. La propriété est, en effet, un droit perpétuel qui n'est destiné à s'éteindre que par la perte de la chose elle-même ; il faut donc qu'à toute époque le titulaire du droit puisse faire acte de maître : il n'aurait pas la *plena in re potestas*, si un autre que lui, à un moment donné, pouvait prétendre au *dominium*. Sans doute, la propriété est transmissible ; mais cette transmission n'est que l'affirmation énergique, la consommation suprême du droit. La propriété, quoique déplacée, n'en subsiste pas moins ; le propriétaire qui fait cesser la propriété en sa personne, en la transférant à autrui, exerce son droit plutôt qu'il n'y met fin. Ce n'est donc pas parce que les modes translatifs de propriété, tels que la *mancipation*, l'*in jure cessio*, sont insusceptibles par eux-mêmes de terme ou de condition (1), que l'acquéreur ne peut pas recevoir un *dominium* conditionnellement temporaire ; c'est parce que la propriété est, de son essence, un droit absolu et perpétuel. Ajoutons qu'en droit romain la convention était impuissante à transférer la pro-

___

(1) Les paragraphes 48 et 50 des *Fragments du Vatican* prouvent que la *mancipation* et l'*in jure cessio* peuvent recevoir un terme ou une condition, puisqu'ils consacrent la possibilité d'établir un usufruit *ad conditionem*, à l'aide de l'un ou de l'autre de ces modes d'acquérir.

priété; il fallait en outre un mode d'acquérir du droit naturel, ou du droit civil. Or, décider que par le seul fait de la réalisation de la condition ou de l'arrivée du terme, la propriété aurait quitté l'acquéreur pour aller se reposer sur la tête de l'aliénateur, c'eût été méconnaître formellement ce principe.

La pratique du droit romain était constante. Partant de cette idée, que l'arrivée de la condition n'a pas rendu l'aliénateur propriétaire, les textes ne lui accordent qu'une action personnelle. C'est ainsi que le créancier gagiste, entre les mains duquel le débiteur s'est libéré, ne voit pas sa propriété s'anéantir instantanément par suite du paiement fait par le débiteur. Il faut, à nouveau, un mode translatif pour en priver le créancier; le débiteur n'a qu'une action personnelle, *actio fiduciæ*, naissant du contrat de fiducie, pour ressaisir la propriété qu'il avait perdue (1).

Même principe, même conséquence, lorsque le donateur s'est dépouillé *mortis causa*, et a stipulé que la propriété lui fera retour en cas de prédécès du donataire. Lors de la réalisation de la condition, l'action en revendication lui est refusée; mais l'exercice d'une *condictio* lui permet de redevenir propriétaire (2).

Enfin, des textes au Digeste et au Code font l'application de ce principe au contrat de vente. C'est d'abord la loi 2, C., *de pactis inter emptorem et venditorem compositis*, qui, statuant sur l'hypothèse d'une vente à laquelle on a joint un *pactum de retro vendendo*, décide que le vendeur qui veut user du pacte devra agir par une action personnelle *præscriptis verbis*, ou *ex vendito : Actio præscriptis verbis, vel ex vendito tibi dabitur.*

La question ne fait pas plus de doute en ce qui concerne la vente faite avec *pacte commissoire.* — *Videamus quemadmodum venditor agat, tam de fundo quam de his, quæ ex fundo percepta sunt...... Et quidem finita est emptio; sed jam decisa quæstio est, ex vendito actionem competere, ut rescriptis imperatoris Antonini et D. Severi declaratur* (3).

Ce texte, de même que les lois 35, D., *de mortis causa*, et 2, C., *de pactis inter....*, porte la trace d'une controverse qui s'était élevée entre les Sabiniens et les Proculéiens. Ces derniers, innovateurs et progressistes, constatant que la vente avait pris fin, *finita est emptio*, tiraient de ce principe la conséquence que les actions naissant de la vente avaient elles-mêmes pris fin; partant, ils n'accordaient au vendeur que l'action *præscriptis verbis*. N'y a-t-il pas, en effet, contradiction à agir *ex vendito* pour faire valoir la résolution de la vente ? En définitive, c'est un véri-

---

(1) Gaïus, II, 60.
(2) L. 31, § 3, D., *de usuris*, liv. XXII, tit. 1; — l. 35, § 4, D., *de mortis causa donat.*, liv. XXXIX, tit. vi.
(3) L. 4, pr. D., *de lege commissoria*, liv. XVIII, tit. III.

table contrat innomé qui est intervenu entre les parties ; le vendeur
n'a transféré la propriété qu'à la condition que l'acheteur la lui transfé-
rerait, si telle condition se réalisait. Les Sabiniens, au contraire, moins
amateurs de nouveautés, s'en tenaient à la tradition. Il est vrai que la
vente a pris fin, mais pour faire place à la *lex commissoria,* qui est un
pacte adjoint *in continenti* à un contrat de bonne foi. La vente a encore
assez de puissance pour communiquer son action au vendeur qui agit
en résolution. La vente est un contrat de bonne foi, et dans un tel
contrat, l'interprétation doit être plus large que dans un contrat de
droit strict. Il faut voir autre chose que les termes dont les contractants
sont servis ; il faut surtout s'attacher à leur intention : *In emptis enim et
venditis,* dit Pomponius dans la loi 6, § 1, D., *de contrahend. empt.,
potius id quod actum, quam id quod dictum sit, sequendum est.* Si les
parties ont voulu que le vendeur fût délié de toute obligation envers
l'acheteur, à défaut de paiement à l'échéance, elles n'ont certes pas entendu que l'acheteur pût invoquer la réciproque, et prétendre que toutes
les obligations naissant de la vente ont pris fin en même temps. En agissant en vertu du pacte commissoire, le vendeur fait toujours valoir le
contrat, modifié seulement par la *lex commissoria. — Et quum lege id
dictum sit, apparet hoc duntaxat, actum esse ne venditor emptori, pecunia ad diem non soluta, obligatus esset, non ut omnis obligatio empti
et venditi utrique solveretur* (1).

En allant au fond des choses, il semble que la théorie des Proculéiens
eût dû l'emporter. « Sans doute, la doctrine des Sabiniens part de l'idée
» très-exacte qu'il faut consacrer les pactes adjoints *in continenti* à un
» contrat de bonne foi, et c'est bien ce qu'exprime le texte de Pom-
» ponius : *Quum lege id dictum sit.* Mais les Sabiniens oublient que les
» pactes adjoints, s'ils peuvent modifier la nature d'un contrat, ne sau-
» raient en altérer les éléments essentiels ; spécialement, qu'un pacte
» qui aboutit à supprimer le vendeur, supprime du même coup la vente
» tout entière, et que désormais le pacte, au lieu de s'ajouter au contrat,
» s'y substitue (2). » La vérité est que, par suite de la résolution de la
vente, il ne reste plus qu'un fait, une dation, puis un pacte obligeant
l'acquéreur à restituer la chose qu'il a reçue dans la prévision de tel ou
tel événement ; une *datio certa lege.* Or, comme le dit Papinien dans la
loi 8, *in fine,* D., *de præscriptis verbis : Nec videri nudum pactum inter-
venisse quotiens certa lege probaretur.* C'est donc en vertu d'un contrat,
qui s'est formé *re,* que l'acquéreur est obligé de restituer ; le contrat
qui lie ce dernier est un contrat innomé. Qui ne voit, en effet, que tous
les éléments du contrat *do ut des* se rencontrent dans l'hypothèse d'une

(1) L. 6, § 1, D., *de contrah. empt.,* liv. XVIII, tit. i.
(2) Accarias, *Théorie des contrats innomés,* 6ᵉ conférence.

vente résoluble? Dans l'échange, par exemple, n'est-il pas intervenu une *datio*, puis une convention obligeant l'échangiste qui a reçu à transférer à son coéchangiste la propriété de la chose qui fait l'objet de la convention ?

Quoi qu'il en soit, la doctrine des Sabiniens fut définitivement consacrée par des rescrits de Septime-Sévère et d'Antonin Caracalla, ainsi qu'il résulte de la loi 4, *pr.* D., *de lege commissoria*. Néanmoins, la théorie proculéienne ne fut pas bannie des lois : nous avons vu que la loi 2, C., *de pactis inter emptorem*, donne au vendeur qui veut exercer le rachat, le choix entre l'action *præscriptis verbis* et l'action *venditi*. Il est également permis de croire que l'action *præscriptis verbis* put être, dans la suite, employée pour faire valoir la résolution; car elle découlait des vrais principes, et comme le dit M. Accarias : « Si l'action *venditi* » ne fut pas repoussée, ce fut sans doute à cause des nombreuses auto-» rités qui l'avaient défendue; peut-être aussi parce qu'elle s'était im-» posée dans la pratique. » Il faut cependant reconnaitre que les textes spéciaux à la *lex commissoria* n'accordent au vendeur que l'action *venditi* et ne parlent pas de l'action *præscriptis verbis*. *Qui ea lege prædium vendidit, ut nisi reliquum pretium intra certum tempus restitutum erat, ad se reverteretur; si non precariam possessionem tradidit, rei vindicationem non habet, sed actionem ex vendito* (l. 3, C., *de pactis inter emptorem*).

Si les Proculéiens et les Sabiniens n'étaient pas d'accord sur l'espèce d'action dont il convenait d'investir le vendeur, ils s'entendaient néanmoins sur le genre. L'une et l'autre école ne lui donnait qu'une action personnelle, sauf à se séparer sur le choix de cette action ; ils repoussaient unanimement l'action réelle en revendication (1). Il ne faudrait pas, contre cette doctrine, argumenter de la loi 4, C., *de pactis inter emptorem*, qui, dans l'espèce d'une vente *sub lege commissoria*, prévoit l'hypothèse d'un vendeur agissant par la revendication. Peut-être doit-on voir dans la loi 4 une interpolation de Tribonien. Cette loi, qui émane d'Alexandre-Sévère, est écrite dans un style inconnu des jurisconsultes classiques; ce qui nous fait croire qu'elle n'a pas dû nous parvenir dans son intégrité primitive. Il n'y a que les compilateurs de Justinien qui aient pu employer l'expression *petitio* pour désigner la demande des intérêts : à l'époque d'Alexandre-Sévère, *petitio* était synonyme d'action réelle. Quoi d'étonnant alors que *rei vindicatio*, dans la pensée des rédacteurs du Code, ait désigné l'action tendant à faire rentrer la chose dans le patrimoine du vendeur? En admettant même que la loi 4 doive échapper au reproche de tribonianisme, il

____

(1) L. 4, D., *de lege commiss.*, liv. XVIII, tit. III; — l. 3, C., *de pactis inter*, liv. IV, tit. LIV.

me semble impossible d'admettre qu'elle vienne contredire la théorie précédemment exposée. D'abord, elle émane, comme la loi 3, C., *eod.*, du même empereur; il n'est pas vraisemblable que, dans ces deux rescrits adressés à deux personnes différentes, mais provenant de la même source, Alexandre-Sévère se soit donné un démenti aussi formel. Il faut donc chercher une conciliation; plusieurs ont été proposées : nous allons les passer en revue.

D'après Tiraqueau, Noodt et Pothier, la loi 3 prévoit l'hypothèse d'une *lex commissoria* ajoutée à la vente comme condition résolutoire; par suite de la tradition, la propriété a été acquise immédiatement à l'acheteur, et, comme elle ne saurait être transférée *ad tempus,* le non-paiement à l'échéance a pour effet d'obliger l'acheteur à la transférer au vendeur sur l'exercice de l'action *venditi.* Dans la loi 4, au contraire, il s'agirait d'une condition suspensive qui vient affecter le contrat; dès lors, le défaut de paiement au terme fixé n'aurait opéré aucune mutation de propriété : ainsi s'expliquerait pour le vendeur le droit d'agir en revendication. Mais les termes de la loi 4 elle-même répugnent à cette interprétation. Ils nous présentent un vendeur qui a préféré demander les intérêts, et qui, par là, s'interdit de faire valoir le pacte commissoire. Or, pour que l'action *venditi* soit légalement exercée, à l'effet d'obtenir les intérêts, il faudrait un contrat de vente valablement formé qui pût servir de base à l'action; ce qui est impossible, si nous supposons que la *lex commissoria* est suspensive, puisque la condition du non-paiement, venant à se réaliser, empêche le contrat de prendre naissance. Le vendeur qui, dans la loi 4, actionne l'acheteur en paiement des intérêts, ne peut le faire qu'en vertu d'un contrat de vente parfait *ab initio,* c'est-à-dire d'une vente à laquelle la *lex commissoria* a été jointe comme condition résolutoire, absolument comme dans la loi 3.

D'autres, parmi lesquels Voët et Brunnemann, distinguent selon les expressions employées par les parties. Les mots sont-ils directs, *verba directa,* par exemple, le vendeur a-t-il dit : *Emptio nulla sit, fundus sit inemptus,* il a manifesté clairement l'intention de redevenir propriétaire instantanément, par le seul défaut de paiement; c'est la revendication qui lui permet de faire valoir son droit envers et contre tous. Tel est le cas de la loi 4. Les paroles, au contraire, sont-elles plus vagues, indiquent-elles le retour de la propriété par une voie oblique, *verba obliqua,* par exemple, le vendeur a-t-il dit : *Fundus redeat, revertatur,* l'intention du vendeur est moins caractérisée; il n'a que l'action *venditi.* Tel est le cas de la loi 3. Je doute fort, quels que subtils qu'aient été les jurisconsultes romains, qu'ils aient poussé l'esprit des nuances à un degré aussi élevé. Quelle différence y a-t-il entre ces deux sortes d'expressions? Ne voit-on pas que si les termes ne sont pas toujours les mêmes, sous la plume des jurisconsultes, c'est qu'ils sont obligés d'obéir à une nécessité de style, pour éviter des répétitions fastidieuses. Quant à vouloir trouver une différence d'idées sous une différence de mots, alors que les uns et les autres sont de la synonymie la plus parfaite, il y a là quelque chose de peu sérieux et de peu digne d'attirer longtemps l'attention des jurisconsultes.

Une autre conciliation propose l'interprétation suivante : Tant que l'acheteur possède, l'action *venditi* en résolution est arbitraire; par conséquent, grâce au *jussus judicis* et à la possibilité de son exécution *manu militari*, le vendeur est certain de rentrer en possession de la chose vendue. Ce principe, une fois admis, nous conduit directement à la conciliation des lois 3 et 4, C., *de pactis inter emptorem*. En effet, de deux choses l'une : ou le vendeur a livré, ou il n'a pas livré; s'il a livré, et c'est l'hypothèse de la loi 4, deux actions, dont l'une exclut l'autre, s'ouvrent à son profit : l'action *venditi* ordinaire pour obtenir le paiement du prix, ou l'action *venditi* résolutoire tendant à la restitution de la chose vendue. C'est à l'exercice de cette dernière action que font allusion les termes suivants de la loi 4 : *vindicationem rei eligere*. Il est vrai qu'ordinairement *vindicatio* est synonyme d'action réelle ; mais il n'est pas téméraire de dire que dans la loi 4, ce mot équivaut au retour de la chose dans le patrimoine du vendeur. Les expressions employées par cette loi sont dues évidemment aux compilateurs de Justinien, qui sont loin de manier la langue du droit avec la même précision que les jurisconsultes classiques. Ajoutons qu'il n'est pas impossible de trouver le mot *vindicatio*, employé dans le sens d'action personnelle (§ 13, Inst., *de lege Aquilia*, liv. IV, tit. III; — Gaïus, liv. III, § 217; — 1. 7, C., *de revocandis donationibus*). — Que si, au contraire, le vendeur n'a pas livré, *si non precariam possessionem tradidit*, et c'est le cas de la loi 3, le vendeur n'a plus qu'une seule action, l'action *venditi* ordinaire pour obtenir son prix ou la résolution du contrat (1).

Cette conciliation, pour être ingénieuse, n'en est pas moins inadmissible. D'abord, elle vient se heurter contre les principes certains du droit romain, en matière de translation de propriété. Le vendeur qui abandonne la possession peut le faire de deux manières : ou bien en ne concédant à l'acheteur qu'une possession précaire, et alors il est resté propriétaire; ou bien en lui accordant la possession pleine et entière, avec l'intention de se dessaisir du *dominium*, *animo derelinquendi dominii...; possessionem non precariam*. Tel est précisément le cas de la loi 3. Que s'il ne fait aucune tradition, l'acheteur n'est pas devenu acquéreur, le vendeur n'est pas un aliénateur; partant, il a toujours la revendication (2). Il est donc inexact, dans le système de M. Léveillé,

_____

(1) M. Léveillé, *De la résolution pour inexécution des charges*.

(2) A moins qu'il ne s'agisse d'une *res mancipi* ; car, dans ce cas, la propriété est transférée par la mancipation, indépendamment de toute tradition. Sous Justinien, il

de prétendre que l'acheteur qui n'a pas livré n'a que l'action *venditi* ordinaire pour obtenir la résolution. Qu'a-t-il besoin d'action, puisqu'il possède et qu'il est propriétaire.

En second lieu, est-il vrai de dire que l'action *venditi* est arbitraire, tant que la chose est en la possession de l'acheteur? Oui, dit-on, parce qu'elle permettra au vendeur de ressaisir sa chose malgré l'acheteur; c'est par cette raison qu'on comprend l'utilité de la *lex commissoria* et sa fréquente intervention dans les contrats de vente. Autrement le vendeur n'aurait, en cas de condamnation, qu'une créance pécuniaire et devrait subir le concours des autres créanciers de l'acheteur *decoctus bonorum*. Ce motif, s'il était exact, conduirait à une conséquence que les jurisconsultes romains n'ont jamais admise : il faudrait dire que, toutes les fois qu'un créancier a droit à une translation de propriété, soit en vertu d'une stipulation ou d'un legs, soit pour toute autre cause, l'action qui lui appartient est arbitraire, qu'il peut obtenir condamnation à la chose même. Mais si ce principe était vrai sous la première période de la procédure romaine, il ne l'est plus sous la période formulaire : *Omnium autem formularum*, dit Gaïus, *quæ condemnationem habent, ad pecuniariam æstimationem condemnatio concepta est. Itaque, etsi corpus aliquod petamus, velut fundum, hominem, vestem, aurum, argentum, judex non ipsam rem condemnat eum cum quo actum est, sicut olim fieri solebat; sed æstimata re, pecuniam eum condemnat* (1). Le juge ne condamne qu'à une somme d'argent, alors même que la chose qui fait l'objet de la demande est un corps certain.

Mais, dit-on, la théorie de l'action arbitraire modifie le principe du système formulaire; elle permet au créancier d'obtenir condamnation à la chose même qui lui est due. Le paragraphe 31, aux Inst., *de actionibus*, mentionne plusieurs de ces actions dans lesquelles le juge peut ordonner la restitution, si mieux n'aime le défendeur subir condamnation; et il a soin d'ajouter que son énumération n'est pas limitative : *In his enim actionibus et cœteris similibus...* Est-il donc téméraire de compléter cette liste, et d'y ajouter l'action *venditi* résolutoire dirigée contre l'acheteur encore en possession ?

Sans doute, le texte du paragraphe 31 n'est qu'énonciatif, et rien ne fait obstacle à ce qu'on donne le caractère d'arbitraire à d'autres actions que celles qu'il énumère. Mais encore faut-il qu'un texte formel autorise le commentateur. N'oublions pas que le principe, sous la procédure formulaire, est la condamnation à une somme d'argent, que la condamnation à la chose même est l'exception; par conséquent, en cas de

---

n'est besoin de faire aucune restriction : le vendeur qui n'a pas livré, quel que soit l'objet vendu, est demeuré propriétaire.

(1) Gaïus, liv. IV, § 148.

4

silence du texte, c'est le principe qu'il faut appliquer. Que l'interprète ne s'écarte pas de cette règle, il est sûr de ne pas sacrifier à l'erreur, quelque séduisante qu'elle puisse être.   -

C'est ainsi que Gaïus, au livre IV, § 47, de ses *Commentaires*, nous autorise à dire que les actions *commodati et depositi* sont arbitraires; de même encore la loi 1, § 21, D., *depositi*.

Nous rangeons encore parmi les actions arbitraires, l'action *rei uxoriæ* (1) et l'action *finium regundorum* (2). Dans la loi 7, § 1, D., *de fundo dotali*, il s'agit d'une femme qui a donné en dot à son mari un immeuble auquel les immeubles de son mari devaient une servitude; la servitude a été éteinte par confusion. Mais que va-t-il arriver lors du décès du mari? *Officio de dote*, dit le jurisconsulte, *judicantis continebitur, ut redintegrata servitute, jubeat fundum mulieri vel hæredi ejus reddi.* De même la loi 4, § 3, D., *de finium regund.: — Sed etsi quis judici non pareat, in succindenda arbore, vel ædificio in fine posito deponendo, parteve ejus, condemnabitur.* Ces textes nous montrent bien le juge rendant un *jussus* qui évitera la condamnation pour le défendeur, si celui-ci exécute. Mais en matière de *lex commissoria*, où est le texte qui donne au juge le droit d'ordonner la restitution? Où est la loi qui établisse que, faute d'obéir au *jussus*, l'acheteur sera condamné? Tenons-nous-en donc au principe; l'action *venditi* résolutoire n'est nullement arbitraire. Partant, la théorie qui sert de base à la conciliation exposée ci-dessus des lois 3 et 4, C., *de pactis inter*, n'a pas de fondement.

Quel est donc le véritable sens de ces lois qui exercent depuis si longtemps la sagacité des commentateurs? Je crois, ainsi que je l'ai indiqué plus haut, qu'on la trouve dans la théorie de la translation de la propriété, d'après les Douze-Tables. La loi 3 prévoit évidemment l'hypothèse où le vendeur s'est dessaisi de la possession, *animo transferendi dominii;* il a livré une possession non précaire : *non possessionem precariam tradidit;* aussi a-t-il rendu l'acheteur propriétaire, et la seule action qu'il puisse exercer lors du non-paiement du prix, est l'action *venditi*. Quant à la loi 4, il est naturel de supposer qu'elle prévoit l'hypothèse inverse, celle où l'acheteur ne détient qu'à titre de précaire; dans ce cas, la *revendication* ne peut être déniée au vendeur. Sans doute, la loi 4 est un rescrit adressé à Julianus, tandis que la loi 3 l'est à Félix; de sorte qu'on pourrait prétendre, contre notre solution, que le rapprochement de ces deux textes est dû à un hasard de compilation. Mais cette objection n'affaiblit en rien la conciliation proposée. La loi 3 se suffit à elle-même, en ce sens qu'elle contient la question faite par Félix et la réponse faite par l'empereur. La loi 4, au contraire, ne rappelle pas

(1) L. 7, § 1, D., *de fundo dotali*, liv. XXIII, tit. v.
(2) L. 4, § 3, D., *finium regundorum*, liv. X, tit. i.

l'espèce proposée par Julien. Mais il est facile de voir qu'elle statue sur l'hypothèse contraire à celle de la loi 3. Alexandre-Sévère se borne à dire que la revendication ne pourra être exercée, non pas parce que les principes de la revendication s'y opposent, mais parce que le vendeur a opté en faveur du maintien du contrat en demandant les intérêts ; sinon, la revendication serait recevable. Or, il n'en était ainsi que lorsque le vendeur n'avait livré qu'une possession précaire ; autrement, il n'avait qu'une action personnelle. C'est donc que, dans le cas soumis par Julien à Alexandre-Sévère, il s'agissait d'un vendeur qui était demeuré propriétaire. — Le vendeur restait encore propriétaire, lorsque, malgré la tradition faite à l'acheteur, aucun terme n'avait été pris pour le paiement, ni aucune satisfaction équivalente fournie. Peut-être le rescrit dont s'agit statue-t-il sur cette hypothèse. Dans tous les cas, pour donner un sens à la loi 4, il faut bien admettre que l'action en revendication est susceptible d'être reçue en justice ; et ceci n'est possible que lorsque le vendeur est resté propriétaire.

En résumé, lorsqu'il y a lieu d'exercer le pacte commissoire, le vendeur ne peut faire valoir la résolution qu'à l'aide d'une action personnelle ; le non-paiement n'a pas, *ipso jure*, dépouillé l'acheteur : la revendication serait donc en vain intentée. En outre, l'action personnelle *venditi* n'aboutit, conformément à ce qui a lieu sous le système formulaire, qu'à une condamnation pécuniaire ; elle n'est jamais arbitraire, que l'acheteur ne possède plus, ou qu'il soit encore en possession. Telle est la véritable théorie du droit romain, au moins jusqu'à Justinien ; mais à partir de ce prince, la législation subit une transformation complète. Nous arrivons à la deuxième époque.

DEUXIÈME ÉPOQUE. — Le changement qui fut consacré à cette époque ne s'imposa pas subitement et sans transition : ce ne fut que progressivement et grâce à l'influence de jurisconsultes autorisés qu'on en arriva à abolir la règle primitive de l'impossibilité de transférer la propriété *ad tempus*. Au temps même de la jurisprudence classique, une école peu nombreuse, mais célèbre par le nom du jurisconsulte qui le premier produisit la théorie, essaya de détruire la doctrine en vigueur et lui porta les premiers coups. Le principe d'après lequel la propriété revient *ipso jure* à l'aliénateur, par suite de la réalisation de la condition résolutoire, se trouve formellement, mais timidement exprimé par Ulpien, dans la loi 29, D., *de mortis causa donationibus*. Cette loi suppose que le donateur a fait une donation à cause de mort ; ainsi conçue : *Ut jam nunc haberet ; redderet si convaluisset, vel de prælio, vel peregre rediisset.* Il a transmis définitivement la propriété au donataire, mais à la condition qu'elle lui ferait retour si, lui, donateur, revenait à la santé, ou s'il échappait à la mort dans tel combat, fût-il même blessé. Le texte ajoute : *Potest defendi in rem competere donatori, si quid horum contigisset ; interim autem ei cui donatum est.* Si l'évènement prévu se réalise, on peut soutenir que la revendication compète au donateur. — Pour justifier la solution d'Ulpien, il est nécessaire d'admettre que la propriété a passé *recta via* du donataire au donateur ; sinon, ce dernier n'aurait eu que l'action personnelle, une *condictio*, comme le dit formellement la loi 38, § 3, D., *de usuris.* La même opinion se trouve reproduite par Ulpien dans la loi 41, *pr.* D., *de rei vindicatione :* — *Si quis ha lege emerit, ut si alius meliorem conditionem attulerit, recedatur ab emptione, post allatam conditionem, jam non potest in rem actione uti.* En disant que la revendication n'appartient plus à l'acheteur, après l'accomplissement de l'*addictio in diem*, il décide par cela même qu'elle appartient au vendeur redevenu propriétaire. Bien plus, le même Ulpien, dans le livre XXVIII de son *Commentaire sur Sabinus*, invoque à l'appui de sa théorie l'opinion de Marcellus qui s'exprime dans les termes suivants, au livre V de son Digeste : *Pure vendito, at in diem addicto fundo, si melior conditio allata sit, rem pignori esse desinere, si emptor eum fundum dedisset.* — *Ex quo colligitur,* ajoute Ulpien, *quod emptor, medio tempore dominus esset ; alioquin nec pignus teneret.* La loi 8, D., *de lege commissoria*, ci-dessus rapportée, se place dans le même ordre d'idées. Il est vrai qu'Ulpien, lorsqu'il s'agit de la *lex commissoria*, ne donne au vendeur que l'action *venditi ;* mais souvenons-nous que le but du jurisconsulte, dans la loi 4, D., *de lege commissoria,* est de rappeler la controverse qui divisait les Sabiniens et les Proculéiens, ainsi que la décision des empereurs Antonin et Sévère ; il est certain qu'il n'eût fait nulle difficulté pour appliquer sa théorie au cas d'une vente faite avec *l·x commissoria :* décider autrement, eût été un manque de logique inexcusable de sa part.

On a prétendu — les Allemands surtout — que cette opinion isolée d'Ulpien était une doctrine générale admise sans contradiction. D'après M. de Vangerow, l'aliénateur a toujours pu exercer la revendication, en cas de réalisation de la condition résolutoire ; et, à l'appui de sa théorie, il invoque plusieurs textes tirés soit du Digeste, soit du Code. Sans vouloir entrer dans la réfutation du système de M. de Vangerow, ce qui nous entraînerait trop loin, qu'il nous soit permis de présenter ici quelques observations, qui tendent à confirmer notre appréciation sur la question qui fait l'objet de cette étude.

Et d'abord, si l'on a admis de tout temps le transport de la propriété *ad conditionem*, comment expliquer que les Romains des premiers temps aient employé le contrat de fiducie, pour permettre au débiteur ou au déposant, de reprendre la chose donnée en gage ou confiée en dépôt ? N'est-ce pas parce que les principes s'opposaient à ce que la propriété fît ainsi retour de plein droit entre les mains de l'aliénateur ? Qu'on lise, en outre, la loi 29, D., *de mortis causa*. S'il est universellement reconnu que le donateur redevient propriétaire par le seul fait de la réalisation de la condition, comment se fait-il qu'Ulpien ne donne pas son opinion sans hésitation ? Pourquoi la présente-t-il timidement, sous forme d'innovation ? *Potest defendi in rem actionem competere donatori*. Enfin, les textes sont tellement précis pour nier la possibilité de transférer la propriété *ad conditionem*, qu'il est impossible d'en atténuer la portée par quelque explication que ce soit (1).

Ainsi, l'opinion de M. de Vangerow est trop générale. Inexacte en ce qui concerne la période qui va jusqu'à Justinien, elle n'est vraie qu'à partir de ce prince. Sous Justinien, triomphe définitivement la théorie de la translation de propriété *ad tempus;* et, chose remarquable, le texte qui consacre ce triomphe est précisément le même, mais modifié, qui niait le plus énergiquement la possibilité de transférer à l'acquéreur un *dominium* conditionnellement ou temporairement résoluble. Ce texte, qui est la loi 2, C., *de donationibus quæ sub modo,* nous montre, sur le vif, Tribonien et ses assesseurs accommodant les anciens textes aux principes nouveaux. On peut dire, après avoir comparé le paragraphe 283 des *Fragments du Vatican*, et la loi 2, C., *de donationibus quæ sub modo,* que nous avons pris les rédacteurs du Code en flagrant délit de tribonianisme : *Si rerum tuarum proprietatem dono dedisti, ita ut post mortem ejus qui accepit ad te rediret, donatio valet : cum etiam ad tempus certum, vel incertum ea fieri potest, lege scilicet, quæ ei imposita est, consecranda* (2). Ils ont, en effet, conservé à la constitution interpolée les noms de Dioclétien et de Constance, qui sont en tête de la véritable constitution telle que nous l'ont conservée les *Fragments du Vatican.* — Quoi qu'il en soit, il n'en est pas moins vrai que la propriété retourne *ipso jure* de l'acquéreur à l'aliénateur. Sous Justinien, le vendeur qui se prévaut du pacte commissoire, attaque l'acheteur en revendication. Ce nouveau principe résulte également de la loi 26, C., *de legatis.* Il a été, en vain, contesté par des auteurs modernes, surtout par l'école allemande (3). Ce système, qui soutient qu'à toutes les époques de la jurisprudence romaine, l'aliénateur n'a pu exercer qu'une action personnelle, est obligé, pour plier à son interprétation les passages du Digeste dans lesquels Ulpien affirme déjà la doctrine qui a

---

(1) Vid., § 283, *Fragmenta Vaticana,* l. 15, D., *condictione causa data.* — La loi 26, C., *de legatis,* n'est pas moins décisive ; il résulte de cette loi que, jusqu'à Justinien, les legs transférant la propriété *ad tempus* étaient nuls.

(2) Je rappelle ici le texte du paragraphe 283, *Fragm. Vat.:* « Si stipendiariorum prædiorum proprietatem dono dedisti, ita ut post mortem ejus qui accepit ad te rediret, donatio irrita est, cum ad tempus proprietas transferri nequiverit. »

(3) Maynz. — *Éléments de droit romain.* — Riesser, *Giess. Zeitschrift.*

prévalu plus tard, de torturer les textes, d'ajouter même quelquefois des membres de phrase à la phrase des jurisconsultes. Enfin, il vient se heurter contre la loi 2, C., *de donationibus quæ sub modo*, et la loi 26, C., *de legatis*, qui accordent sans hésitation la revendication à l'aliénateur.

Nous avons, jusqu'à présent, déterminé quelle est l'action à l'aide de laquelle le vendeur fait valoir la résolution, après l'accomplissement de la *lex commissoria;* il est bon d'étudier maintenant les effets de cette résolution. Ils consistent, d'une manière générale, en ce que les parties sont obligées de se remettre, au moyen de restitutions réciproques, dans la position où elles auraient été si le contrat n'avait pas eu lieu.

Et d'abord, le vendeur a droit à la restitution de sa chose avec tous ses accessoires, *cum omni sua causa*. L'acheteur a-t-il fait des dégradations, il devra réparer le préjudice causé par sa faute (1). A-t-il le droit d'exercer des actions contre les tiers, à l'occasion de la chose ; par exemple, a-t-elle été volée, un tiers lui a-t-il causé un préjudice, *injuria;* l'a-t-il troublé dans sa possession, il devra céder au vendeur les actions de vol, de la loi Aquilia, les interdits qui lui compétaient (2). Enfin, l'acheteur doit restituer les fruits, déduction faite des charges de la jouissance (3), non-seulement ceux qui existent sur le fonds au moment de la restitution, mais encore ceux qu'il a perçus avant l'arrivée du pacte commissoire. Sans doute, la vente soumise à une résolution conditionnelle étant pure et simple, l'acheteur a fait siens les fruits intérimaires (4) ; mais, la vente une fois résolue, il ne peut plus les conserver : par conséquent, il doit les restituer, *quia nihil penes eum residere oportet ex re, in qua fidem fefellit.* Ce motif ne manque pas de valeur, mais il est insuffisant, pour expliquer à lui seul l'obligation de restitution imposée à l'acheteur. La même solution est, en effet, donnée pour la vente faite avec pacte d'*addictio in diem*, par les lois 4, § 4, et 6, *pr.* D., *de in diem addictione;* et pourtant, dans cette dernière hypothèse, la résolution est complétement indépendante du fait ou de la faute de l'acheteur. Le véritable motif se trouve dans cette règle du droit romain, à savoir, que celui qui intente une action, même de droit strict, tendant à une restitution, peut exiger tous les fruits perçus, même avant la *mora* (5). Toutefois, cette résolution est purement personnelle, et n'implique nullement la résolution de la propriété que l'acheteur a acquise sur les fruits intérimaires ; il a donc pu les céder va-

---

(1) L. 4, *pr.* D., *de leg. commiss.*, liv. XVIII, tit. III.

(2) L. 4, § 4, D., *de in diem addictione*, liv. XVIII, tit. II.

(3) L. 5, D., *de leg. commiss.*, liv. XVIII, tit. III ; — l. 35, D., *de hæred. petitione,* liv. V, tit. III.

(4) L. 2, § 1, D., *de in diem addictione*, liv. XVIII, tit. II.

(5) L. 38, §§ 1, 2, 4, 6, D., *de usuris,* liv. XXII, tit. I ; — l. 173, § 1, *de regulis juris,* liv. L, tit. XVII ; — l. 65, § 5, *de condictione indebiti,* liv. XII, tit. VI.

lablement à un tiers, sans que celui-ci ait à redouter la revendication du vendeur propriétaire. Et même, l'acheteur peut quelquefois garder les fruits. Ulpien, rapportant un avis de Nératius, lui accorde ce droit par une considération d'humanité, quand une partie du prix se trouve perdue pour lui (1). Mais dans quel cas perd-il une partie du prix? C'est une question qui trouvera sa solution plus loin.

Jusqu'à Justinien, le vendeur obtient la restitution, sur l'exercice de l'action personnelle *venditi*. Depuis la loi 2, C., *de donat. quœ sub modo*, c'est au moyen de la *revendication*. Est-ce à dire, cependant, qu'il ne peut plus se prévaloir du contrat, et, négligeant la revendication, se servir de l'action personnelle? Donner cette solution, serait, dans certains cas, refuser au vendeur le droit de remettre les choses dans la même situation que si la vente n'était pas intervenue. En effet, la revendication est impuissante à faire obtenir la réparation du préjudice causé par les dégradations survenues à la chose, du fait de l'acheteur; de même, il n'y a que l'action personnelle *venditi* qui permette au vendeur de se faire céder les actions qui appartiennent à l'acheteur relativement à la chose. En outre, le vendeur ne peut revendiquer qu'à la condition d'avoir été propriétaire et d'avoir transféré la propriété; or, si l'on suppose qu'il a vendu la chose d'autrui, et que l'acheteur de bonne foi ait usucapé *pendente conditione*, il ne peut agir en revendication: il n'a donc qu'une action personnelle pour forcer l'acheteur à restituer la chose; car celui-ci doit rendre tout le bénéfice qu'il a fait à l'occasion du contrat. Enfin, le vendeur ne peut exiger la restitution des fruits que par l'exercice de l'action personnelle: l'acheteur en est devenu, *medio tempore*, propriétaire incommutable; et pour que le vendeur puisse les revendiquer, il faudrait que la propriété lui soit revenue, non-seulement *ipso jure*, mais encore rétroactivement, ce qui n'avait pas lieu. Dans toutes ces hypothèses, l'action personnelle subsiste à côté de la revendication, et prête un utile concours au vendeur qui, sans elle, ne serait pas toujours indemne. C'est que le retour, de plein droit, de la propriété entre ses mains n'anéantit pas les obligations qui naissent du contrat de vente, à la charge de l'acheteur, et qu'il est libre d'exercer l'action *venditi*, toutes les fois qu'elle lui est plus favorable que la revendication.

Tels sont les effets de la résolution, au regard du vendeur. Au regard de l'acheteur, nous trouvons le même principe, à savoir, que la vente doit être considérée comme n'ayant pas eu lieu. Ainsi, l'acheteur a certainement le droit de se faire tenir compte des impenses *nécessaires* qu'il a pu faire sur la chose vendue. La loi 16, D., *de in diem addictione*, accorde formellement ce droit à l'acheteur dont le contrat est

---

(1) L. 4, § 1, D., *de leg. commiss.*, liv. XVIII, tit. III.

résolu par suite d'offres meilleures, et rien n'empêche d'étendre cette solution à l'acheteur avec pacte commissoire. Nous croyons même que l'exception de dol devrait être donnée à l'acheteur pour recouvrer ses impenses *utiles*, au moins jusqu'à concurrence de la plus-value; il est vrai que la loi 16 ne parle que des impenses nécessaires, ce qui semble exclure le droit d'être remboursé des impenses utiles; mais cette loi est un rescrit, qui ne statue, par conséquent, que sur les faits qui lui sont soumis. D'ailleurs, la loi 14, D., *de mortis causa donationibus,* tranche formellement la question dans notre sens.

En ce qui concerne les *arrhes* et tout ce qui a été donné à ce titre, tels qu'épingles, cadeaux, pots de vin, il faut refuser à l'acheteur le droit d'en obtenir la restitution : *De lege commissoria interrogatus, ita respondit : — Si per emptorem factum sit, quominus legi pareretur, et ea lege uti venditor velit, fundos inemptos fore, et id quod arrhæ vel alio nomine datum esset, apud venditorem remansurum* (1). Données comme témoignage de la perfection du contrat, et comme garantie d'exécution de la part de l'acheteur, celui-ci ne saurait les répéter, lorsque l'inexécution du contrat provient de son fait. On a cependant soutenu que l'acheteur ne perdait les arrhes qu'autant qu'il existait dans le contrat une clause spéciale mettant la perte à sa charge; et l'on argumente de textes qui montrent que, dans la pratique, on ajoutait à la vente une clause portant qu'à défaut de paiement du prix dans le terme convenu, les arrhes seraient perdus (2). Mais ce système méconnaît trop formellement la nature des arrhes et le principe écrit dans la loi 56, *pr.* D., *mandati vel contra,* à savoir, que les clauses insérées dans les contrats pour lever toute espèce de doute, ne portent aucune atteinte au droit commun. Le droit commun est formulé dans la loi 6, à notre titre, qui ne distingue nullement si la perte des arrhes a été ou non convenue, en cas de non-paiement.

Une autre question est relative aux *à-compte* que l'acheteur a payés au vendeur, en déduction du prix total. Un parti lui refuse la répétition en se fondant sur les mots *id quod arrhæ, vel alio nomine datum esset, apud venditorem remansurum,* de la loi 6 précitée, et sur la loi 4, § 1, *eod. titulo,* où Ulpien, rapportant une opinion de Nératius, décide que l'acheteur peut retenir les fruits, *quum pretium quod numeravit perdidit.* Cette opinion, à mon sens, ne doit pas être admise. Avant d'examiner les arguments de texte, il est bon de montrer qu'elle aboutit à des conséquences déplorables. Elle encourage l'acheteur, qui doit s'imposer des sacrifices pour arriver à payer son prix, sans être sûr néanmoins de pouvoir se libérer, à garder une inaction coupable, et à ne se

(1) L. 4, *pr.* D., *de leg. commiss.,* liv. XVIII, tit. III.
(2) L. 8, *eod.;* — l. 1, C., *de pactis inter.*

préoccuper nullement de l'exécution de son obligation. Si celui qui a fait tous ses efforts pour payer son vendeur, et qui encourt la résolution parce qu'il lui manquait quelques deniers pour parfaire la somme totale, perd à tout jamais les paiements partiels qu'il a faits, à quoi bon faire des démarches pour se procurer sa libération? Pour admettre que les Romains aient consacré une solution aussi injuste, il faut des textes indiscutables. Or, le système de nos adversaires est loin d'avoir une base aussi solide. Quand, dans la loi 6, Scævola nous dit que l'acheteur perd les arrhes et ce qu'il a donné *alio nomine*, il fait allusion à des accessoires qui ont le même caractère que les arrhes, tels que frais de contrat, sommes modiques données à titre de présents d'usage. Mais il n'entend certes pas parler des portions du prix qui n'ont pas le caractère d'arrhes. L'argument tiré de la loi 4, § 1, n'est pas plus sérieux. Nératius dit bien que l'acheteur gardera les fruits quand il aura perdu une partie du prix, mais sans nous dire quand cette perte se réalisera. Or, à cet égard, il est bon de croire que l'acheteur ne perd son prix, en cas d'inexécution, que lorsque cette perte a été convenue expressément dans une clause du contrat. Si le contrat est muet, pourquoi ne pas lui permettre de répéter ce qu'il a payé par anticipation? Enfin, le système de nos adversaires tombe complétement devant la loi 6, C., *de pactis inter emptorem.* Cette loi établit, d'une manière générale, que toutes les fois qu'un fonds a été vendu conditionnellement, l'acheteur qui viole le contrat doit restituer la chose avec les fruits ; mais le vendeur, de son côté, doit rendre les sommes qui lui ont été payées. *Et ideo aditus competens judex, fundum cujus mentionem facis, restitui tibi cum fructibus suis, sine ulla ludificatione, sua auctoritate perficiet; præcipue quum et adversa pars receptis nummis suis, nullam passa videri possit injuriam.* L'acheteur obtient cette restitution en opposant au vendeur l'*exception de dol ;* et, si le moyen d'une exception lui fait défaut, les principes lui accordent une action, la *condictio sine causa,* le vendeur détenant sans cause les écus qu'il a reçus.

Nous avons terminé l'étude des effets de la *lex commissoria* realisée, à l'égard des parties, dans l'hypothèse la plus ordinaire, celle où le vendeur, étant propriétaire, a transféré la propriété à l'acheteur. Mais il peut se faire que le vendeur soit un *non dominus,* et que l'acheteur, étant de bonne foi, ait besoin de l'usucapion pour consolider la propriété entre ses mains. Ou bien les délais de l'usucapion sont expirés au moment où le vendeur se prévaut de la résolution, ou bien l'acheteur est encore *in via usucapiendi.*

PREMIÈRE HYPOTHÈSE. *L'acheteur a usucapé lors de l'accomplissement de la* lex commissoria. — Dans ce cas, le véritable propriétaire a perdu le droit d'agir en revendication ; de ce côté, l'acheteur est sans crainte, mais l'usucapion n'a pas eu pour effet de changer les positions respectives des parties et de permettre à l'acheteur de garder à tout jamais la chose vendue ; c'est le contrat de vente qui l'a mis en possession : le contrat n'existant plus et cessant de produire ses effets par sa faute, il n'est pas fondé à s'en prévaloir. Que l'on se place avant ou après Justinien, le vendeur reprend sa chose sur l'exercice de l'action *venditi*.

DEUXIÈME HYPOTHÈSE. *L'usucapion* pro emptore *n'est pas encore accomplie quand se réalise le pacte commissoire.* — Il n'est pas douteux que le véritable propriétaire a conservé tous ses droits. Mais le vendeur qui reprend la possession de sa chose peut-il, au regard de ce dernier, prétendre qu'il est l'ayant cause de l'acheteur ? En d'autres termes, peut-il joindre à sa possession celle de l'acheteur ? Telle est la question qui avait fait difficulté, et qui néanmoins finit par être tranchée dans le sens de la possibilité de la jonction des possessions. Les raisons de douter sont (la question se pose dans le texte à l'occasion de l'action rédhibitoire) que la rédhibition est une résolution de la vente, et que, dès lors, les parties seraient mal venues à prétendre maintenir, contre les tiers, un contrat qu'elles n'ont pas voulu laisser subsister entre elles. Ulpien, cependant, se prononce en faveur de la jonction de possession (1) ; de même Javolénus, en ce qui concerne toutes les conditions résolutoires (2). Enfin, Africain donne la même solution précisément dans une espèce où il s'agissait d'une vente avec pacte commissoire. Ce qui le décide, c'est que le vendeur qui reprend sa chose doit être considéré comme la tenant en vertu d'une nouvelle vente ; c'est comme si un nouveau contrat était intervenu entre le vendeur et l'acheteur primitif. Dès lors, le vendeur est véritablement l'ayant cause de l'acheteur ; c'est un véritable auteur, et il n'y a aucune raison pour ne pas appliquer la théorie de la jonction de possession : *Vendidi tibi servum et convenit, ut nisi certa die pecunia soluta esset, inemptus esset; quod quum evenerit, quæsitum est quid de accessione tui temporis putares? Respondi id quod servatur quum redhibitio sit facta ; hunc enim perinde haberi, ac si retrorsus homo mihi venisset : ut scilicet si venditor possessionem postea nactus sit, et hoc ipsum tempus, et quod venditionem præcesserit, et amplius accessio hæc ei detur cum eo, quod apud eum fuit, a quo homo redhibitus sit* (3).

La même solution doit être donnée depuis la loi 2, C., *de donationibus quæ sub modo.* Sans doute, à partir de cette époque, la propriété fait retour au vendeur *ipso jure ;* par conséquent, il semble que le vendeur n'ait

(1) L. 13, § 2, D., *de adquirenda vel amittenda possessione,* liv. XLI, tit. II.

(2) L. 19, D., *de usucap. et usurp.,* liv. XLI, tit. III.

(3) L. 6, § 1, D., *de diversis temporalibus,* liv. XLIV, tit. III.

pas le droit de se prévaloir de la possession de l'acheteur, puisqu'il est impossible de faire intervenir l'idée d'une nouvelle vente faite par l'acheteur au vendeur. Mais n'oublions pas que la concession de l'action en revendication a été faite en faveur du vendeur. Il a la faculté de choisir entre l'action réelle et l'action personnelle, selon que l'une est plus avantageuse que l'autre. Il peut donc se placer sous l'application des anciens principes, qu'il n'a pas perdu le droit d'invoquer, et, se considérant comme l'ayant cause de son acheteur, profiter de la possession de ce dernier pour arriver à l'usucapion.

§ II.

Effets de la lex commissoria *réalisée à l'égard des tiers.*

Tant qu'il fut admis que l'aliénateur ne pouvait conférer à l'acquéreur une propriété conditionnellement ou temporairement résoluble, la vente avec pacte commissoire ne créait de relations juridiques qu'entre le vendeur et l'acheteur ; les tiers n'y étaient nullement intéressés : la *lex commissoria* ne pouvait leur occasionner aucun préjudice. Propriétaire incommutable, ayant la *plena in re potestas*, l'acheteur avait le droit de faire ce qu'il voulait de la chose; constitutions d'hypothèques, de servitudes et autres droits réels, étaient valables et devaient être respectés par le vendeur, lorsque, à défaut de paiement à l'échéance, il avait exercé la résolution. Il était dans la situation de tout acquéreur qui doit recevoir la chose grevée des droits réels qui s'y sont valablement assis du chef du précédent propriétaire. Et même, si l'acheteur avait lui-même vendu la chose, il n'avait aucun droit de suite contre elle, dans la main du tiers détenteur. L'aliénation était opposable au vendeur primitif, qui, par l'action *venditi*, ne pouvait plus demander que le prix de la chose, au lieu de la chose elle-même (1). C'était là un inconvénient sérieux, qui devenait plus grave encore si l'acheteur était insolvable ; le vendeur devait alors subir la loi du concours avec les autres créanciers, loi à laquelle il aurait échappé s'il avait pu se dire propriétaire. Aussi, dès les beaux temps de la jurisprudence classique, des jurisconsultes illustres, au nombre desquels était Ulpien, avaient-ils protesté contre cette théorie si peu favorable à l'aliénateur, et avaient-ils proposé de lui accorder un action en revendication, *utile* d'abord, puis enfin la revendication *directe*. Presque unanimement repoussé dans le principe, ce système fut admis plus tard et consacré définitivement par Justinien, dans la loi 2, C., précitée. Les conséquences de ce retour de plein droit de la propriété entre les mains du vendeur, sont diamétralement

---

(1) L. 19, D., *de donat. mortis causa*, liv. XXXIX, tit. VI.

opposées à celles qui se produisaient précédemment. Propriétaire, non pas irrévocable, mais sous condition résolutoire, l'acheteur n'a pu conférer plus de droits qu'il n'en avait lui-même. Voilà que la *lex commissoria* va porter atteinte aux droits des tiers. Les hypothèques, servitudes, qu'ils ont acquises, sont soumises à la même chance de résolution que le *dominium* de leur auteur; la résolution de son titre est suivie de l'anéantissement des droits réels consentis à ses ayant cause. C'est que l'aliénateur primitif ne reçoit plus sa chose de l'acquéreur; il la reçoit directement de la loi. En outre, peu importe au vendeur que l'acheteur à pacte commissoire ait revendu la chose; par le seul fait du non-paiement à l'échéance, il est redevenu instantanément propriétaire. Le tiers détenteur devra répondre à la revendication ; il devra même subir condamnation, s'il ne préfère restituer, sauf son recours en garantie contre l'acheteur. Par là encore, le vendeur évite les dangers qui auraient résulté pour lui de l'insolvabilité de son acheteur ; car c'est la chose due qu'il obtient: à plus forte raison, n'a-t-il pas à subir le concours des autres créanciers.

C'est une question assez délicate que celle de savoir si le retour de la propriété au vendeur s'opère avec effet rétroactif au jour du contrat, ou si, au contraire, le vendeur ne devient propriétaire que pour l'avenir. A mon avis, les textes tranchent la question dans le sens de la *non-rétroactivité*. Ainsi, Ulpien, dans la loi 4, D., *de lege commissoria*, nous dit que, par l'arrivée du pacte commissoire, *emptio finita est*. De même, dans la loi 4, § 3, D., *de in diem addictione : — Pure vendito et in diem addicto fundo, si melior conditio allata sit,* REM PIGNORI ESSE DESINERE, *si emptor eum fundum pignori dedisset. Ex quo colligitur, quod emptor,* MEDIO TEMPORE DOMINUS ESSET; *alioquin nec pignus teneret.* Ainsi, voilà des textes qui émanent d'Ulpien et de Marcellus, par conséquent de jurisconsultes qui admettaient la translation de propriété *ad tempus*. Si la propriété de l'acheteur avait été rétroactivement effacée; si le vendeur avait toujours été censé propriétaire, pourquoi exprimer cette idée que la vente a pris fin, que prend fin le gage qui a été constitué, que l'acheteur a été propriétaire dans l'intervalle? Il n'y aurait même pas eu de vente; le gage n'eût pas été valablement établi, puisqu'il l'aurait été *a non domino*.

Mais un texte qui établit bien nettement, selon nous, la non-rétroactivité du retour de la propriété au vendeur, c'est la loi 4, § 4, D., *de in diem addictione*, toujours du même Ulpien. Un tiers a, par exemple, tué *injuria* l'esclave vendu, avant l'arrivée du terme pris pour le paiement; l'action de la loi Aquilia a pris naissance entre les mains de l'acheteur. Survient l'accomplissement de la *lex commissoria*. S'il est vrai que le vendeur est devenu rétroactivement propriétaire de la chose vendue, c'est lui qui, de son chef, pourra exercer l'action de la loi Aquilia. Mais, bien loin de donner cette solution, la loi 4, § 4, D., *de in diem addictione*, statue que l'action appartient à l'acheteur; seulement, comme il doit vider ses mains entre celles de son vendeur, celui-ci a droit à la cession de l'action, et ce n'est que du chef de l'acheteur qu'il obtiendra réparation du préjudice. C'est donc que la propriété de l'acheteur n'a pas été rétroactivement anéantie. Le vendeur ne devient propriétaire que pour l'avenir.

Enfin, s'il était vrai que le vendeur, par l'effet de la réalisation de la *lex commissoria*, devient propriétaire, non-seulement pour l'avenir, mais encore dans le passé, il en résulterait que la vente serait effacée par là même, et que la tradition faite à l'acheteur l'aurait été sans cause. Une conséquence directe de ce principe, serait la nullité même de l'usucapion qui aurait pu s'accomplir, *pendente conditione*, entre les mains de l'acheteur; ce qui est évidemment inadmissible.

On peut faire à la théorie de la non-rétroactivité de la condition résolutoire dans les contrats, une objection tirée de la loi 9, *pr.* D., *de aqua et aquæ pluviæ*, ainsi conçue: *In diem addicto prædio, et emptoris et venditoris voluntas exquirenda est, ut sive remanserit penes emptorem, sive recesserit, certum sit voluntate domini factam aquæ cessionem.* Il s'agit, dans cette loi, d'une servitude de puisage à établir sur un fonds vendu avec *in diem addictio*. Le propriétaire du fonds dominant doit, s'il est prudent, prendre le consentement de l'acheteur et du vendeur. Or à quoi bon le consentement du vendeur, si le retour de la propriété entre ses mains ne s'effectue pas avec effet rétroactif? Je crois que ce texte peut s'expliquer sans qu'on soit obligé d'admettre que le vendeur acquiert rétroactivement la propriété. L'établissement de la servitude par le vendeur, au lieu d'être pur et simple, peut n'être que conditionnel; c'est-à-dire pour le cas où la propriété fera retour entre ses mains. Il n'est pas défendu à un non-propriétaire de constituer sur la chose qu'il ne possède pas encore, un droit réel de servitude ou d'hypothèque. Tant que la propriété est *in pendenti*, le droit réel est affecté de la même condition; mais que l'événement futur et incertain se réalise, la servitude prendra immédiatement naissance, du chef du constituant. Telle est l'hypothèse de la loi 9.

Plus favorable au vendeur que la théorie de l'ancien droit romain, la nouvelle doctrine protége moins l'intérêt des tiers. Lorsque le vendeur n'avait qu'une action personnelle, ceux qui s'étaient mis en relation d'affaires avec l'acheteur jouissaient de la sécurité la plus parfaite. Les hypothèques et autres droits réels qu'ils avaient acquis étaient définitifs; aucune chance d'éviction ne les menaçait lorsqu'ils s'étaient eux-mêmes portés acquéreurs. Désormais, au contraire, rien n'assure aux tiers la jouissance tranquille de leurs acquisitions. On aurait pu, cependant, remédier à ce que cette situation avait d'injuste, en organisant un système de publicité, qui aurait porté à leur connaissance le caractère du droit dont était investi l'acheteur. Mais, à cet égard, le droit romain présente une lacune équivalente à celle qui existe dans le régime hypothécaire, à Rome. Cette lacune n'a même été définitivement comblée, dans notre législation, que par la loi récente du 23 mars 1855.

§ III.

Effets de la lex commissoria, *condition suspensive.*

La condition sous laquelle la vente avait été conclue s'étant réalisée, le contrat devient pur et simple, aussitôt que le prix a été payé. Dès lors, la vente est soumise à toutes les règles qui gouvernent ce contrat.

DROIT FRANÇAIS

———▶─✱─◀———

De la Rétention, de la Revendication et du Privilége du Vendeur non payé.

————————

INTRODUCTION.

Le vendeur non payé est celui qui reste créancier du prix, après l'échange des consentements des parties. Tant que dure l'obligation de l'acheteur, le vendeur n'a pas reçu paiement, et peut mettre en mouvement les garanties qui lui sont accordées. Mais qu'il survienne une cause générale d'extinction des obligations, le vendeur est sorti de la classe des vendeurs non payés ; les garanties qu'il avait pu recevoir de la loi s'éteignent par voie de conséquence.

Le plus souvent, c'est le paiement qui donne satisfaction au vendeur, et anéantit, par là même, tous les accessoires de sa créance : soit le paiement volontaire, soit le paiement forcé par la voie des offres réelles suivies de consignation, soit le paiement avec subrogation. Dans ce cas, cependant, la créance, naissant de la vente, n'est éteinte, par rapport au vendeur, que pour être transportée sur la tête de celui qui a fourni les deniers ;

En second lieu, la novation ; qu'elle se produise par changement de chose due, de débiteur, de créancier ou de cause, à moins pourtant que, dans certaines hypothèses, le créancier ne se soit réservé expressément les sûretés de l'ancienne obligation ;

Enfin, en suivant l'énumération de l'art. 1234 Code civil, l'acceptilation, la compensation, la confusion et, en général, toutes les causes d'extinction des obligations. Nous ne parlons pas, à dessein, de la perte de la chose due ; car la perte de la chose due n'éteint que les dettes de corps certains : *genera non pereunt ;* elle n'est pas applicable aux dettes de choses qui se consomment par le premier usage ; or, dans cette catégorie, il faut nécessairement faire rentrer les dettes de sommes d'argent.

Certaines difficultés se produisent à propos de la novation. Dira-t-on que le vendeur a reçu paiement, lorsqu'au lieu du prix que l'acheteur n'était pas en mesure de payer, le vendeur a accepté des billets ou des lettres de change payables à une échéance déterminée? Pas de doute, si, en recevant ces billets, il a donné une quittance du prix contenant renonciation aux sûretés qui protégent sa créance ; la novation existe. De même, si la quittance en contient une réserve formelle, il est clair qu'il n'y a pas novation. Mais que décider si la quittance est pure et simple et ne s'explique ni sur le maintien, ni sur l'anéantissement des sûretés? Le droit du vendeur a-t-il dégénéré en simple droit de créancier chirographaire? La solution de la question nous paraît contenue dans l'art. 1272 Code civil. La novation ne se présume point ; il faut que la volonté de l'opérer résulte clairement de l'acte. Or, cette volonté est-elle nettement établie par la quittance? Non, puisqu'elle se tait sur les intentions des parties. Tout au moins, il y a doute, et ce doute suffit pour maintenir la créance primitive, car la novation doit s'étaler au grand jour. Il est plus naturel de supposer que le vendeur n'a accepté les billets que pour arriver plus sûrement au paiement de sa créance. Il ne les a reçus qu'à la condition que leur encaissement se réaliserait ; si la condition fait défaut, le vendeur redevient ce qu'il était, c'est-à-dire un créancier placé par la loi hors du droit commun (1).

Nous donnerions la même solution dans le cas où les parties, après avoir fixé un prix exigible, l'auraient converti plus tard en une rente constituée. Sans doute, la dette change de nature, car d'exigible qu'elle était, elle devient non exigible ; le débiteur n'a pas à craindre une demande en remboursement de la part du créancier. Aussi ne peut-on nier que l'un des éléments de la novation existe ; mais peut-être ne rencontre-t-on pas le second élément, l'intention de nover. Il faut, à cet égard, que l'intention soit explicite et résulte clairement des dispositions du contrat. Dans le doute, la novation ne se présume pas ; par conséquent, le vendeur doit être considéré comme ayant conservé ses sûretés. Il n'en serait différemment qu'autant que le nouvel acte s'expliquerait formellement sur ces garanties et porterait la renonciation du créancier.

(1) Il nous paraît certain que le vendeur qui, en échange du paiement de son prix, dont il a donné quittance, a reçu des lettres de change, sous réserve de ses droits jusqu'à leur paiement, ne peut se prévaloir des garanties qui lui sont accordées par la loi, sous prétexte que les lettres de change ne lui sont pas représentées acquittées, alors qu'il s'est écoulé plus de cinq ans depuis leur échéance.

En résumé, tant que l'acheteur n'est pas libéré de son obligation, son créancier est un vendeur non payé. C'est dans ces limites que celui-ci peut exercer les garanties que la loi lui donne. Ces garanties sont au nombre de trois : 1° le *droit de rétention*, sanctionné par les *actions possessoires* ou une action en *revendication*; 2° le *privilége*; 3° l'*action résolutoire*. Une étude complète des droits du vendeur non payé devrait donc embrasser chacun de ces droits. Nous renonçons cependant à traiter de l'action résolutoire; car, à elle seule, elle est digne de faire l'objet d'un travail spécial. Le cadre limité d'une thèse de doctorat nous oblige à ne nous consacrer qu'à l'étude de la rétention et du privilége.

5

PREMIÈRE PARTIE.

De la Rétention et de la Revendication.

Le droit de rétention est le droit en vertu duquel le vendeur conserve la possession de la chose vendue, aussi longtemps que l'acheteur reste débiteur du prix.

Il a son origine dans le droit romain. Nous l'avons vu consacré par la loi 13, § 8, D., *de actionibus empti*, et la loi 22, D., *de hœreditate vel actione vendita*. En droit français, il trouve son fondement dans ce principe, que, dans tout contrat synallagmatique, l'obligation de l'une des parties a pour cause l'obligation de l'autre. Si l'un des contractants est prêt à exécuter ses engagements, tandis que l'autre diffère l'accomplissement de son obligation, le premier n'est pas obligé d'exécuter la prestation qu'il a promise ; il n'y· sera contraint qu'autant que son cocontractant sera lui-même en mesure d'obéir à la convention, à moins que ce dernier n'ait été dispensé de l'exécution immédiate de son obligation. Tel est le principe qui se dégage de l'art. 1184 C. civ., et qui sert de base au droit de rétention. L'art. 1612 en fait une application spéciale au vendeur non payé.

Ce droit n'existe, en règle générale, que dans les ventes au comptant. Dans ces ventes, en effet, l'intention des parties est que le contrat soit exécuté en même temps des deux contractants ; le vendeur n'a pas voulu se livrer à la merci de l'acheteur, puisqu'il a exigé un paiement immédiat : l'acheteur ne peut donc contraindre le vendeur à exécuter son obligation, que s'il est prêt lui-même à remplir ses engagements. Le vendeur ne fera la délivrance que lorsqu'il aura touché son prix.

Dans les ventes à terme, au contraire, le vendeur n'a pas cru que la prudence lui conseillât de ne livrer sa chose que sur le paiement du prix stipulé. La solvabilité actuelle de l'acheteur lui a paru une garantie suffisante, puisqu'il a suivi sa foi ; la concession d'un terme est une renonciation au droit de se prévaloir de la possession. Par conséquent, il doit faire la délivrance, au lieu et dans le temps convenus entre les parties (art. 1612 C. civ.). Toutefois, il n'y a que le terme conventionnel qui ne dispense pas le vendeur de livrer la chose. Le terme de grâce accordé par la justice ne produit pas le même effet, et n'enlève pas au vendeur le droit de rétention. La justice ne peut anéantir un droit qui

résulte d'un contrat librement consenti, et qui est formellement reconnu
par la loi.

Cependant il arrive quelquefois que, même dans une vente à terme,
le vendeur ait la faculté d'opposer son droit de rétention à la demande
en délivrance. Ceci a lieu lorsque la solvabilité de l'acheteur, apparente
au moment du contrat, ne s'est pas maintenue depuis, de telle sorte
que le vendeur se trouve en danger imminent de perdre le prix
(art. 1613). Ce danger se révèle par l'état de faillite ou de déconfiture
de l'acheteur survenu depuis la vente. La loi suppose que si le vendeur
eût connu la situation précaire de son acheteur, il n'eût pas accordé
de terme pour le paiement, et eût gardé sa chose à titre de garantie. Il
en est de même, conformément à l'art. 1188 C. civ., lorsque l'acheteur
a, par son fait, diminué les sûretés qu'il avait données par le contrat
à son créancier ; par exemple, s'il a détérioré les immeubles hypothéqués à sa dette, ou qui sont, de plein droit, affectés par privilége au
paiement de son obligation. Dans ces trois cas, le vendeur a le droit de
retarder la délivrance jusqu'au jour du paiement, et, par conséquent,
de conserver la possession par devers lui ; il n'est pas certain en effet
qu'il sera payé à l'échéance. La délivrance ne devrait être faite que si,
malgré l'état de fortune peu rassurant de l'acheteur, le vendeur acqué-
rait la certitude de recevoir son paiement ; par exemple, si un tiers
venait s'obliger accessoirement à l'acheteur par le contrat de caution-
tionnement : de même, si les syndics lui offraient le paiement intégral
du prix d'acquisition. Que si la faillite ou la déconfiture se sont pro-
duites avant la vente, il semble résulter, *a contrario*, de l'art. 1613 que
le vendeur ne peut s'empêcher de délivrer la chose vendue. Mais les
arguments *a contrario* sont dangereux, parce qu'ils supposent la perfection chez le législateur et la prévision de tous les cas. Il faut surtout
consulter l'esprit de la loi. Or, nous savons que le législateur n'a pas
accordé le droit de rétention dans les ventes à terme, parce qu'il pense
que dans ces ventes le vendeur a foi dans la solvabilité de l'acheteur.
Ce motif nous donne la solution de notre question. Le vendeur a-t-il
connu le mauvais état des affaires de l'acheteur, il doit s'imputer à faute
de n'avoir pas vendu au comptant ; il devra donc faire la délivrance.
A-t-il ignoré le jugement déclaratif de faillite, ou l'insolvabilité de
l'acheteur non-commerçant, il est juste de supposer que la concession
d'un terme est due à sa bonne foi ; nous lui appliquerons par extension
la disposition de l'art. 1613.

Le droit de rétention est indivisible. Il porte sur la chose tout entière, et sur chaque fraction de la chose ; il garantit également la
créance tout entière et chaque portion de la créance. L'acheteur est-il
mort laissant plusieurs héritiers, l'un d'eux ne pourra pas retirer sa
part dans l'objet vendu, en offrant ce qu'il doit dans le prix ; il faudra

que tous les héritiers agissent de concert; ou, s'il n'y en a qu'un qui veuille retirer le tout, il devra payer entièrement le prix d'acquisition, en ayant le soin de présenter un mandat de ses cohéritiers, afin d'éviter au vendeur l'action récursoire des cohéritiers qui n'ont pas pris possession : de même, si la vente a été faite à plusieurs coacheteurs. Que si c'est le vendeur qui est mort laissant plusieurs héritiers, la chose vendue sera grevée de la rétention, tant que tous les héritiers n'auront pas été désintéressés.

Si le droit de rétention est, de l'avis unanime, un droit indivisible, le même accord ne règne plus quand il s'agit de déterminer sa nature. Confère-t-il au vendeur un droit réel, opposable non-seulement à l'acheteur : mais encore aux tiers, ou bien simplement un droit personnel, ne pouvant être invoqué que dans les relations du vendeur et de l'acheteur; sa réalité me semble résulter de sa nature même et du but en vue duquel il est conféré. La loi, en l'établissant, a voulu prémunir le vendeur contre l'insolvabilité de l'acheteur; c'est donc une sûreté qu'elle lui a fournie : or, si c'est une sûreté, comment ne pas admettre que le droit de rétention soit un droit réel? Si ce n'est qu'un droit personnel, quelle protection donnera-t-il au vendeur d'effets mobiliers, en cas de faillite de l'acheteur, puisque, ainsi que nous le verrons plus tard, la revendication, le privilége et, par analogie, l'action résolutoire, seront perdus; puisque le vendeur ne pourra plus, comme créancier chirographaire, venir qu'au marc le franc avec les autres créanciers? Que si la vente est faite sans terme à un non-commerçant, qui la revend à un acheteur de bonne foi, ce dernier ne pourra-t-il pas, le texte de l'article 1583 en main, revendiquer la chose et en acquérir la possession? Il est vrai que, dans ce cas, le privilége et l'action résolutoire seront maintenus; mais de quelle utilité lui seront-ils si le nouvel acheteur détériore et même fait disparaître la chose? Ce dernier argument n'existe-t-il pas avec toute sa force, lorsque c'est un immeuble qui a fait l'objet de la vente? Que si le vendeur est dépossédé violemment, ne pourra-t-il pas rentrer en possession par la voie de la réintégrande? Or, peut-on nier qu'un droit armé d'une action même possessoire contre les tiers soit un droit réel?

Ainsi, le vendeur qui jouit du droit de rétention peut l'opposer à ceux qui ont acquis du premier acheteur : ce dernier, étant propriétaire, a pu transmettre à autrui les droits qu'il avait, mais tels qu'il les avait; partant, à la charge de respecter la rétention du vendeur primitif. Cette solution doit être admise en matière immobilière aussi bien qu'en matière mobilière; elle est également vraie, non-seulement lorsque la première vente a été transcrite, de sorte que le second acheteur n'a pu recevoir la chose que grevée du privilége et de la résolution, mais même lorsque, aux termes de l'art. 7 de la loi du 23 mars 1855, le privilége et l'action résolutoire du premier vendeur sont anéantis par suite du défaut de transcription ou d'inscription en temps utile. De même, la rétention est opposable non-seulement aux créanciers chirographaires, mais encore aux créanciers privilégiés ou hypothécaires qui ont acquis leurs droits postérieurement, du chef du propriétaire de la chose détenue.

Une question délicate s'est élevée sur le point de savoir si, malgré le refus du créancier rétenteur, les autres créanciers de la personne à laquelle appartient la chose vendue peuvent la saisir valablement et la transformer en argent. En d'autres termes, le droit de rétention fait-il obstacle au droit de saisie? La négative peut être soutenue en présence de l'art. 609 du Code de procédure civile, aux termes duquel les créanciers du saisi, même le créancier locateur (dont le privilége a pour fondement un gage tacite, et qui, par conséquent, confère un droit de rétention), ne peuvent s'opposer à la vente sous aucun prétexte. La loi ne reconnaît au locateur, quand son gage est saisi par d'autres créanciers, que le droit de se faire payer par préférence sur le prix provenant de la vente des objets saisis; pourquoi en serait-il différemment des autres créanciers rétenteurs? « Les créanciers du saisi, dit l'art. 609, » pour quelque cause que ce soit, même *pour loyers échus,* ne pourront » former opposition que sur le prix de la vente. » — N'est-ce pas la preuve que le droit de rétention n'existe pas à l'égard des créanciers saisissants?

Ce système, conséquence directe de la théorie qui ne veut voir dans le droit de rétention qu'un droit personnel, est certainement inadmissible. L'art. 609 C. pr. n'a trait qu'à la saisie des meubles; partant, ses dispositions sont étrangères à la saisie immobilière, et la question de savoir si la rétention d'un immeuble fait ou non obstacle à la saisie des créanciers reste alors dans son intégrité. Qu'on remarque, en outre, que cet article est placé dans le titre de la *saisie-exécution;* il prévoit donc l'hypothèse où le meuble saisi est entre les mains du débiteur lui-même, et laisse complétement en dehors de son domaine l'hypothèse dans laquelle il peut y avoir droit de rétention, celle où la chose mobilière est possédée par un autre que le propriétaire. Dans ce cas, la *saisie-arrêt* (art. 557 C. pr.) est la seule voie qui soit ouverte aux créanciers; mais la saisie-arrêt est gouvernée par d'autres principes que ceux qui régissent la saisie-exécution. L'art. 609 doit donc être maintenu à la place qu'il occupe dans le Code de procédure; il faut en limiter l'application aux saisies-exécutions seulement.

Dira-t-on alors que les choses détenues par le vendeur, qui a sur elles un droit de rétention, ne sont point susceptibles de saisie parce que les créanciers saisissants, n'agissant qu'en qualité d'ayant cause de leur débiteur, ne peuvent pas avoir plus de droits que leur auteur n'en avait lui-même? On pourrait prétendre, en effet, que les créanciers ne peuvent saisir l'objet détenu tant que le créancier rétenteur n'est pas désintéressé ; les créanciers n'auraient alors qu'un seul moyen d'arriver à la saisie : ce serait de commencer d'abord par payer ce qui ést dû au vendeur.

Mais ce système est encore trop absolu, et va directement contre les textes du Code de procédure et du Code civil. Et d'abord, les art. 557 et 579 du Code de procédure permettent aux créanciers de saisir-arrêter les meubles de leur débiteur entre les mains des tiers détenteurs, quels qu'ils soient et indistinctement, et de les faire vendre après qu'ils ont été saisis et arrêtés. Voilà donc le droit de saisie reconnu aux créanciers d'un débiteur dont le meuble est affecté d'un droit de rétention. Quant aux immeubles, on ne peut pas les saisir-arrêter ; mais, en général, quand la propriété n'est pas litigieuse, ils peuvent être saisis même entre les mains des tiers : c'est ce que démontre l'art. 2204 du Code civil, qui permet aux créanciers de saisir tous les immeubles avec les accessoires immobiliers appartenant à leur débiteur, ainsi que l'usufruit de ces mêmes biens. Il est vrai que les articles qui suivent apportent des exceptions à ce principe ; mais parmi ces exceptions ne se trouve pas l'hypothèse où les immeubles du débiteur sont possédés par autrui : d'où il faut conclure qu'elle rentre dans la règle générale. Et qu'on n'objecte pas que les art. 681 et 712 du Code de procédure supposent qu'on ne peut saisir les immeubles qu'autant qu'ils sont en la possession du débiteur-propriétaire. Il est facile de répondre que si le Code de procédure se tait sur le cas où l'immeuble n'est pas en la possession du débiteur, c'est que ce cas est extrêmement rare, et que, comme toujours, le législateur a statué sur le *plerumque fit*.

Ainsi, le droit de rétention n'exclut pas le droit de saisie. L'un ne détruit pas l'autre ; ils se combinent au contraire. Mais la saisie ne peut être pratiquée qu'en respectant le droit de rétention ; car les créanciers saisissants n'agissent pas, à proprement parler, en leur propre nom : ce qu'ils exercent en faisant vendre les biens de leur débiteur, c'est le droit de ce débiteur auquel ils sont subrogés judiciairement (art. 1166, C. civ.). Au lieu que le débiteur vende lui-même les objets qui composent son patrimoine, cette vente est faite par ses ayant cause ; et de même qu'il n'aurait pu disposer que de la propriété sans toucher à la possession, de même les saisissants ne peuvent, par l'adjudication, transmettre à l'adjudicataire d'autres droits que ceux qui appartiennent au débiteur saisi (art. 717 C. pr.). L'adjudicataire ne pourra, dès lors, se mettre en possession qu'autant que le vendeur créancier rétenteur aura reçu satisfaction. De là la nécessité pour les créanciers saisissants d'avertir l'adjudicataire, soit dans le cahier des charges, s'il s'agit de la vente de l'immeuble, soit dans les affiches, si c'est un effet mobilier qui est vendu sur saisie, que l'adjudication ne sera prononcée que si le prix des enchères atteint le chiffre de la somme due au créancier rétenteur, et à la charge en outre par l'adjudicataire de payer son prix entre les mains de ce dernier, jusqu'à concurrence de ce qui lui est dû.

Que si la créance du vendeur est à terme et que le terme ait été stipulé dans son intérêt, on peut soutenir, par un argument d'analogie tiré de l'art. 2184, que l'adjudicataire ne sera pas obligé d'attendre l'échéance du terme pour demander la délivrance.

Le droit de rétention serait perdu pour le vendeur, si la vente de la chose, au lieu d'avoir été effectuée à la requête des créanciers poursuivants, avait été faite par le vendeur lui-même. Il est de principe que le droit de rétention s'éteint par le dessaisissement volontaire de la chose sur laquelle il portait; or la mise aux enchères par le créancier rétenteur emporte évidemment, de sa part, renonciation au droit de rétention. Toutefois, ce dessaisissement volontaire ne produira, dans l'espèce, aucun fâcheux résultat pour le vendeur; car, s'il ne peut prétendre retenir la chose jusqu'à ce qu'il soit désintéressé, il peut au moins venir sur le prix par préférence aux autres créanciers, en vertu du privilége que lui accorde soit l'art. 2102-4°, soit l'art. 2103 C. civ.

La dépossession forcée ne produit pas les mêmes effets; sans doute, la chose s'est échappée des mains du rétenteur : mais on ne peut pas voir là une renonciation à la sûreté qui résultait de la possession ; car, quoi de plus contraire à la volonté que la violence. Si le vendeur ne trouve pas une protection suffisante dans les autres sûretés qui lui appartiennent, il peut donc ressaisir la possession qu'il avait perdue, soit par la réintégrande, dans le cas où son droit de rétention frappait sur un immeuble, soit par la revendication, quand il portait sur un meuble.

§ Ier.

De la réintégrande.

C'est une action possessoire fondée non pas sur la possession, mais qui a pour but la possession. Reposant sur ce principe que nul, dans la société, ne peut se rendre justice à soi-même, elle est accordée à tout possesseur qui a été dépossédé par violence ou voie de fait. Ce n'est que l'application de la maxime *spoliatus ante omnia restituendus*. Il n'est pas même besoin d'examiner si la possession alléguée par le demandeur avait les caractères voulus pour autoriser la complainte ou action possessoire ordinaire. Il suffit d'avoir une possession naturelle ou de pur fait dont on a été dépouillé par violence ; il n'est pas nécessaire d'avoir une possession non précaire d'an et jour réunissant les caractères exigés soit par l'art. 2229 C. civ., soit par l'art. 23 C. pr.

C'est ce que décident de nombreux arrêts de la Cour de cassation (1), et les auteurs les plus recommandables dans la doctrine (2). Ainsi, on accorde sans difficulté la réintégrande à ceux qui possèdent pour autrui, dont le titre même de possession est une reconnaissance du droit supérieur d'autrui, aux détenteurs précaires, aux fermiers, aux créanciers antichrésistes. Nous l'accordons également à tout créancier rétenteur dont le droit a un immeuble pour objet ; par conséquent, au vendeur non payé. Le créancier rétenteur comme le fermier et l'antichrésiste n'ont certainement pas la possession civile *animo domini* requise pour l'exercice de la complainte. Mais la loi veut réprimer, avant tout, les voies de fait et la violence ; elle veut montrer à ceux qui seraient tentés de l'employer, qu'elle n'aboutit à aucun résultat, puisque celui qui se rend coupable d'une voie de fait illicite doit rétablir les choses dans leur ancien état. Dès lors, qu'est-il besoin d'avoir une possession non précaire pour avoir droit à la protection de la loi ? L'ordre public n'est-il pas également troublé par les violences apportées à une possession non précaire, et par les violences faites à une possession qui n'est pas *animo domini*? La violence est toujours la violence, même quand elle prétend faire respecter un droit ; ce n'est jamais un moyen légitime d'action.

La réintégrande requiert seulement dans la personne de celui qui l'intente une détention actuelle, c'est-à-dire la détention de la chose au moment où s'est perpétrée la violence qui donne lieu à l'action. Elle exige en outre une détention publique et paisible. Si toutes ces conditions sont réunies en la personne du vendeur, pourquoi lui refuser la réintégrande? Le vendeur pourra s'en prévaloir non-seulement contre les tiers, mais même contre l'acheteur devenu propriétaire. Ce dernier ne peut prendre possession de son immeuble qu'à la condition d'avoir préalablement désintéressé le vendeur; s'il pouvait expulser son créancier, que servirait à celui-ci son droit de rétention? Ce serait un droit privé de sanction ; un droit, par conséquent, sans énergie, d'aucun secours pour le vendeur, qui ne trouverait dans la loi aucun moyen de le faire respecter.

§ II.

De la revendication.

Les meubles sur lesquels le vendeur a un droit de rétention peuvent être sortis de sa possession, soit parce qu'un tiers s'en est frauduleuse-

---

(1) Req., 10 novembre 1819 ; — Req., 16 mai 1820 ; — Req., 18 février 1835 ; — Civ., 19 août 1839 ; — Req., 25 mars 1857 ; — Civ., 2 juillet 1862 ; — Req., 25 avril 1865.
(2) M. Bourbeau, *Traité des justices de paix*, n°s 284 à 290. — Aubry et Rau, t. II. § 189.

ment emparé, et, au cas de vol, il faut assimiler l'hypothèse où ils ont été perdus par le vendeur; soit parce que lui-même en a fait la délivrance à l'acheteur. Dans ces deux hypothèses, le droit de rétention trouve sa sanction dans la revendication, sauf restriction, dans le deuxième cas, lorsque la vente est à terme.

PREMIÈRE HYPOTHÈSE. *Du cas où les meubles grevés de la rétention ont été perdus par le vendeur ou volés entre ses mains.* — Le vendeur a trente ans pour revendiquer les effets mobiliers contre l'inventeur ou le voleur. On pourrait contester cette solution, en prétendant qu'il n'y a que le propriétaire d'un objet qui puisse le revendiquer contre les tiers; car l'action en revendication est une action réelle : mais n'oublions pas que, jusqu'à un certain point, le droit du vendeur créancier rétenteur est un droit réel opposable aux tiers ; que le droit de rétention serait une vaine garantie, si le vendeur ne pouvait se défendre contre les actes de dépossession involontaire de sa part. Remarquons d'un autre côté que la revendication n'a pas toujours pour but de protéger le droit de propriété; il arrive quelquefois qu'elle est donnée à celui qui n'a qu'un droit personnel, comme le créancier locateur (2102-1°). Elle est donnée à ce créancier comme garantie du droit qu'il a à la possession des objets qui garnissent la maison louée; et nous devons étendre cette solution à tous ceux qui ont le droit de garder une chose pour sûreté d'une obligation. Il y a en effet, en droit français, comme en droit romain, deux espèces de vol : le vol de la propriété, le vol de la possession. Quand la chose est soustraite entre les mains du propriétaire, il y a tout à la fois vol de la propriété et vol de la possession; quand elle est soustraite à un tiers qui a le droit de la détenir, il n'y a que vol de la possession.

L'action en revendication compète également au créancier rétenteur pendant trente ans, contre les tiers qui ont acquis la chose de mauvaise foi, du voleur ou de l'inventeur. Le point de départ de ces trente ans court du jour de la dépossession frauduleuse, en cas de vol; du jour de l'invention, en cas de perte : et cela, que la chose soit revendiquée entre les mains du voleur ou de l'inventeur, ou entre les mains des tiers; car, conformément à l'art. 2235 du Code civil, la possession de l'inventeur ou du voleur est utile pour celui à qui ils ont transmis la chose. Pour compléter la prescription, le possesseur à titre particulier peut joindre à sa possession celle de son auteur.

Que si la chose mobilière a été cédée à un acquéreur de bonne foi, la règle de l'art. 2279, aux termes duquel la possession vaut titre, est suspendue pendant trois ans; pendant trois ans le créancier rétenteur, sauf la modification introduite par l'art. 2280, peut revendiquer entre ses mains. Mais aussitôt que trois ans se sont écoulés depuis le jour de la perte ou du vol, tous les droits que des tiers avaient sur la chose sont éteints : le possesseur de bonne foi en devient propriétaire absolu. La revendication n'appartient plus au vendeur; son droit de rétention n'a plus de sauvegarde.

DEUXIÈME HYPOTHÈSE. *Du cas où, dans une vente mobilière au comptant, le vendeur non payé a fait la délivrance à l'acheteur.*—Le second paragraphe de l'art. 2102-4° reçoit alors son application : *Si la vente a été faite sans terme, le vendeur peut même revendiquer ces effets tant qu'ils sont en la possession de l'acheteur, et en empêcher la revente, pourvu que la revendication soit faite dans la huitaine de la livraison, et que les effets se trouvent dans le même état dans lequel cette livraison a été faite.*

Cette partie de l'art. 2012-4° est tirée de l'art. 178 de la Coutume de Paris : *Qui vend aucune chose mobiliaire sans jour et sans terme, espérant estre payé promptement, il peut sa chose poursuivre en quelque lieu qu'elle soit transportée, pour estre payé du prix qu'il l'a vendue.* — L'art. 178 de la Coutume de Paris n'était lui-même que l'écho des principes du droit romain. La vente, d'après cette législation, n'était pas par elle-même translative de propriété, mais créatrice d'obligations. La tradition n'enlevait même pas au vendeur le titre de propriétaire; cet effet n'était le résultat que du paiement du prix. Néanmoins certaines circonstances équivalaient au paiement de prix : c'était lorsque le vendeur, confiant dans la solvabilité de l'acheteur, avait suivi sa foi, soit en se faisant consentir des sûretés réelles ou personnelles, soit en lui accordant un terme; dans ce cas, le *dominium* passait du vendeur à l'acheteur, qui n'était plus soumis qu'à l'action personnelle résultant du contrat. Mais si la vente était intervenue sans qu'un terme fût concédé à l'acheteur, la propriété était restée sur la tête du vendeur, qui dès lors pouvait revendiquer entre les mains non-seulement de l'acheteur, mais encore contre les tiers détenteurs. Cependant cette revendication n'avait pas pour but d'anéantir le contrat; le résultat que se proposait le vendeur était de reprendre la possession de la chose vendue, et de se tenir sur la défensive en remettant les parties dans la situation qu'elles occupaient le jour de la vente. Ces principes furent adoptés par la Coutume de Paris, qui admet la disposition du droit romain sur ce point, appuyée sur les mêmes motifs. C'est ce qui résulte d'un passage de Pothier, qui, dans son *Commentaire sur la Coutume de Paris*, fait remarquer que celui qui a vendu sans terme peut revendiquer la chose vendue, *parce qu'il en est resté propriétaire*, nonobstant la tradition qu'il en a faite à l'acheteur. Et Dumoulin, expliquant ces mots de la Coutume : *pour être payé du prix*, dit que le vendeur peut revendiquer sa chose *pour la recouvrer et en demeurer saisi jusqu'à ce qu'il soit payé.*

Est-ce la même théorie qui a été consacrée par le Code civil dans l'art. 2102-4°? L'action en revendication de notre droit moderne est-elle la même que celle de notre ancien droit ; a-t-elle le même fondement, le même but : ou, au contraire, est-ce une action d'une nouvelle espèce qui s'est élevée sur les débris du droit romain et de notre ancienne jurisprudence ? Sur ce point, trois systèmes ont été proposés, que nous allons successivement passer en revue.

PREMIER SYSTÈME. — Ce système, qui est dû à Duranton, part de ce principe, que, dans notre droit, la translation de propriété est indépendante de la tradition et du paiement du prix. Aujourd'hui, en vertu des art. 711, 1138 et 1583 du Code civil, la propriété est transmise par le seul effet du consentement sur la chose et sur le prix. Partant, le vendeur, que la vente ait été faite à terme ou au comptant, n'est plus propriétaire : il n'est que créancier du prix. Si l'art. 2102-4° lui donne le droit de revendiquer quand l'acheteur a terme pour le paiement, cette action n'a certainement pas pour fondement un droit de propriété qui réside préalablement en sa personne ; elle n'a sa raison d'être que dans une *résolution du contrat,* résultant implicitement du jugement par lequel le tribunal permet au vendeur de ressaisir la possession de la chose qu'il a imprudemment livrée. Et qu'on n'objecte pas que l'article 2102-4° est inutile, puisque l'art. 1654 du Code civil prononce cette résolution en cas de non-paiement, aussi bien dans les ventes à terme que dans les ventes au comptant ; que cette résolution peut être poursuivie pendant trente ans, et non-seulement pendant huit jours ! L'article 1654 ne vise nullement la même hypothèse que celle qui est prévue par l'art. 2102 4°. L'art. 1654 est applicable lorsque la résolution n'est demandée que contre l'acheteur, lorsque l'action intentée est une action personnelle ; alors cette action existe dans les ventes à terme comme dans les ventes sans terme : le vendeur a trente ans pour l'intenter. Mais lorsque cette action doit rejaillir contre les tiers ; lorsqu'elle est affectée d'un caractère de réalité, c'est dans l'art. 2102-4° qu'il faut aller chercher les principes de l'action en résolution ; elle n'est admise que dans les ventes sans terme, et seulement pendant huit jours à partir de la livraison. En définitive, et pour conclure, la revendication organisée par l'art. 2102-4° n'est rien autre chose que *le droit de résolution exercé à l'encontre des créanciers de l'acheteur.* Rien de plus juste que cette résolution ne puisse être exercée que dans la huitaine de la délivrance ; sinon, elle serait extrêmement préjudiciable aux créanciers, qui, ayant vu la chose dans le patrimoine de l'acheteur, ont dû légitimement compter qu'elle serait affectée au paiement de leurs créances.

Ce système me paraît contraire à la généralité de l'art. 1654 du Code civil. Tout vendeur d'un meuble ou d'un immeuble peut agir en résolution, lorsqu'il n'a pas été payé, sans qu'il y ait lieu de distinguer entre les ventes mobilières et les ventes immobilières. La propriété de la chose n'entre donc dans le patrimoine de l'acheteur que grevée de cette résolution conditionnelle : ce qui revient à dire que l'acheteur n'est propriétaire que sous condition résolutoire ; que si les créanciers de l'acheteur acquièrent sur cette chose le droit de gage général de l'art. 2092, C. civ., ce droit de gage est lui-même résoluble, sous la condition suspensive que le prix ne sera pas payé au premier vendeur. En d'autres termes, les créanciers de l'acheteur ne peuvent acquérir sur la chose de leur débiteur plus de droits que celui-ci n'en a lui-même ; car *nemo plus juris in alium transferre potest quam ipse habet*. Par conséquent, tant que le vendeur primitif n'a pas été payé, les créanciers de l'acheteur sont exposés à voir leurs droits s'anéantir par l'effet de l'action résolutoire ; et la durée de cette action, si elle n'est régie par une disposition exceptionnelle, est soumise au droit commun, c'est-à-dire à la prescription trentenaire, conformément à l'art. 2262. Voilà ce qui résulte de l'art. 1654, dont la disposition est également applicable aux ventes immobilières et aux ventes mobilières. Donc, si nous ne trouvons pas un texte qui vienne y déroger lorsque la vente est au comptant et porte sur des effets mobiliers, force sera bien de nous en tenir au droit commun.

Cette dérogation, il semble impossible qu'elle soit écrite dans l'article 2102-4°. Il semble impossible qu'après avoir, dans l'art. 1654, exposé une règle qui, par la généralité de ses termes, paraît applicable à tous les cas, le législateur soit venu y apporter une exception dans l'art. 2102. S'il en était ainsi, avouons qu'il aurait mal choisi sa place et qu'il aurait été peu conséquent avec lui-même. Extrêmement favorable au vendeur dans le premier paragraphe de l'art. 2102-4°, puisqu'il lui accorde un privilége opposable évidemment aux créanciers de l'acheteur, le voilà qui se repent d'un mouvement de générosité trop vive et qui « se passionne tout à coup en faveur de ces créanciers, au point de retirer au vendeur les garanties qu'il a écrites dans tous les contrats synallagmatiques, et qu'il accorde à d'autres créanciers moins favorables que lui. » C'est en effet avec raison que l'auteur à qui nous empruntons ces lignes, Mourlon, fait remarquer combien il serait illogique de restreindre ainsi le droit de résolution entre les mains du vendeur, tandis que l'échangiste, le donateur qui a imposé l'accomplissement de certaines charges à son donataire, ont trente ans pour demander la résolution de leur contrat lorsque le coéchangiste, le donateur n'ont pas exécuté la prestation à laquelle ils s'étaient obligés. « Le vendeur d'effets mobiliers serait donc parmi ceux qui puisent leur droit dans un contrat synallagmatique, comme un paria indigne de la protection de la loi ? » Non, c'est le même esprit qui domine dans le premier et dans le deuxième paragraphe de l'art. 2102-4° ; c'est un esprit de faveur pour le vendeur, et non pas de protection pour le créancier; c'est contre eux que tout cet article 2102 a été écrit. Ils ne peuvent donc pas s'en prévaloir. Ce qui anime le législateur dans cet article 2102-4°, c'est un esprit de conservation; son but, c'est la protection, l'exécution du contrat de vente. Se peut-il alors qu'une pensée de destruction vienne s'y mêler, et qu'à côté d'une disposition qui a pour but d'arriver à la complète réalisation du contrat, nos rédacteurs en aient placé une autre qui vienne l'amortir brusquement et replacer les parties dans la même situation que si des rapports de droit n'étaient jamais intervenus entre eux. Ajoutons que si le motif invoqué par Duranton à l'appui de la restriction de l'action résolutoire (à savoir que les créanciers ont dû légitimement compter sur les fonds qu'ils ont trouvés dans le patrimoine de leur débiteur) était fondé en droit, la restriction devrait également porter sur le privilége. Or, nous verrons que le privilége peut être exercé à l'encontre des tiers tant que dure la créance du vendeur : c'est donc que l'intérêt des créanciers préoccupe médiocrement la loi dans notre article 2102-4°.

DEUXIÈME SYSTÈME. — Un second système, dû à Troplong, ne détruit pas l'art. 1654 par l'art. 2102-4° du Code civil; loin de s'anéantir l'un l'autre, ces deux articles se complétent l'un par l'autre, et en se combinant, donnent de sérieuses garanties au vendeur non payé. Que la vente ait eu lieu à terme ou au comptant, le vendeur a trente ans pour agir en résolution : voilà le domaine de l'art. 1654. En outre, mais pour le cas seulement où la vente a été faite sans terme et sous la condition d'agir dans la huitaine de la délivrance, il lui est permis d'exiger par la voie de l'action en *revendication* la restitution de la chose livrée. Sans doute, en vertu de l'art. 1583, la propriété est acquise à l'acheteur dès le moment où la vente a été parfaite, de sorte qu'il paraît impossible que le vendeur puisse revendiquer ; mais le vendeur qui se trouve dans les conditions prescrites par l'art. 2102-4° *recouvre instantanément* son droit de propriété, en vertu d'*une résolution qui a lieu de plein droit*, c'est-à-dire par la toute-puissance de sa volonté et par cela seul qu'il revendique. Il n'avait vendu qu'à la condition d'être payé immédiatement; cette condition ne se réalisant pas, la vente est considérée comme non avenue. « La » revendication, dit Troplong, suppose de plein droit qu'il n'y a pas eu » de vente valable et que l'aliénation n'a pas été consommée. »

De ce que le droit introduit par l'art. 2102-4° est un droit de revendication et non pas un droit de résolution, découlent deux conséquences importantes. Le vendeur n'aura pas besoin d'introduire son action par voie d'ajournement, ce qui occasionne des délais et des lenteurs. Il agira avec toute la promptitude d'un propriétaire; la procédure qu'il emploiera sera celle de la saisie-revendication, c'est-à-dire qu'au lieu de faire prononcer d'abord la résolution du contrat et d'obtenir ensuite la restitution de la chose, il la saisira directement, en vertu d'une ordonnance du président du tribunal rendue sur requête, conformément à l'art. 826 C. pr. — En outre, le vendeur ne soumettant aucune demande à la décision du tribunal, aucun délai de grâce ne pourra être accordé à l'acheteur; partant, rien ne fera obstacle à l'exercice du droit du vendeur.

Tel est le système de Troplong, et les conséquences auxquelles il conduit. Nous admettons bien, comme lui, l'impossibilité pour la justice d'accorder des délais de grâce, et le droit pour le vendeur de procéder par la voie de la saisie-revendication. Mais cette saisie-revendication suppose-t-elle nécessairement une résolution légale et de plein droit de la vente, de telle sorte que l'acheteur soit censé n'avoir jamais été propriétaire de la chose vendue? La loi met-elle le sort du contrat entre les mains du vendeur, qui peut, à son gré, le maintenir ou le résoudre de plein droit? C'est ce qui nous paraît inadmissible.

Remarquons d'abord combien ce système est dur pour l'acheteur. Voilà un vendeur qui, confiant dans la solvabilité de l'acheteur, lui fait la délivrance de la chose vendue; il exécute lui-même le contrat, il donne à entendre que toute idée de destruction est loin de sa pensée ; puis, tout à coup, il se ravise, et, sans même avoir prévenu l'acheteur, sans l'avoir mis en demeure de remplir son obligation, il anéantit par sa seule volonté un contrat qui est l'œuvre de deux consentements. Mais alors ne vaut-il pas mieux que l'acheteur se défie de la marque de déférence que lui témoigne le vendeur en lui offrant la délivrance ? Qu'il repousse ce présent perfide; car, s'il l'accepte, il s'expose à voir le contrat résolu de plein droit, parce qu'il plaît au vendeur; s'il le rejette au contraire, le vendeur ne jouira plus de droits aussi exorbitants: il devra passer par les lenteurs d'une instance ordinaire en résolution, et l'acheteur malheureux, mais de bonne foi, verra la justice prendre ses malheurs en considération et lui accorder un ou plusieurs délais de grâce.

Ce droit exorbitant, que Troplong donne au vendeur, peut-il au moins s'autoriser des précédents législatifs? Notre ancien droit a-t-il admis que, dans les ventes sans terme, le vendeur était investi du pouvoir de résoudre, à son gré, le contrat? Mais n'avons-nous pas vu que, loin d'avoir pour but l'anéantissement des obligations respectives du vendeur et de l'acheteur, le vendeur, qui revendiquait, se proposait seulement de reprendre la possession qu'il avait perdue? Avant comme après la revendication, la vente subsistait dans tous ses effets; elle était maintenue pour et contre chacun des contractants.

Notre ancien droit proteste donc contre cette interprétation de l'article 2102-4°. Le Code civil lui-même y résiste avec énergie. Les principes certains en matière d'obligation s'opposent à ce que l'une des parties puisse à elle seule donner la mort à un contrat. Les conventions légalement formées, dit l'art. 1134, tiennent lieu de loi à ceux qui les ont faites ; elles ne peuvent être révoquées que de leur consentement mutuel, ou pour les causes que la loi autorise. Si le vendeur et l'acheteur y consentent, le contrat n'existe plus : voilà le droit. Dire que le vendeur seul peut l'anéantir est contraire au droit ; ce qui n'est pas moins contraire au droit, c'est de prétendre que cet anéantissement se produit avec effet rétroactif, alors que dans le cas où les parties s'accordent pour révoquer leur contrat, cette révocation ne peut se produire que pour l'avenir et non pour le passé ; alors que les droits acquis à des tiers doivent être respectés.

Ainsi, les contrats ne peuvent être révoqués que par le consentement mutuel des parties. Il est vrai que l'une d'elles peut demander la résolution quand l'autre ne satisfait pas à ses obligations ; mais elle ne la prononce pas elle-même : elle s'adresse à la justice qui, plus bienveillante que ne le serait le vendeur, s'il était à la fois juge et partie, examine avec attention les causes qui ont empêché l'exécution de l'obligation, et donne un délai si celui qui se plaint de l'inexécution peut attendre, et si celui qui n'a pas exécuté en est digne. — Bien plus, il est loisible aux parties de convenir que, faute par l'une d'elles de remplir son engagement, le contrat sera résolu de plein droit. Mais est-ce à dire que l'inaccomplissement à l'échéance du terme aura pour conséquence immédiate la résolution ? Non ; tant que la partie n'a pas été mise en demeure par une sommation, elle peut prévenir la résolution en désintéressant son créancier. Ce n'est qu'après la sommation qu'il est trop tard, et que la résolution doit être prononcée.

Il semble que Troplong ait méconnu singulièrement les règles ; car le vendeur, à lui seul, sans que le droit de résolution de plein droit ait été convenu entre lui et l'acheteur, et sans qu'aucune sommation soit intervenue, prononce la résolution du contrat. Pour autoriser une solution aussi exceptionnelle, il faudrait un texte non moins formel que positif ; ce texte n'est certainement pas l'art. 2102-4º, car c'est précisément lui qui est en litige. Dire qu'il autorise cette résolution de plein droit, c'est résoudre la question par la question.

Ira-t-on le chercher dans l'art. 1657 C. civ., aux termes duquel la résolution de la vente a lieu de plein droit et sans sommation au profit du vendeur, après l'expiration du terme convenu pour le retirement ? Argumentera-t-on de cet article pour dire qu'il n'est pas contraire à l'esprit général du Code de prétendre que le vendeur est, dans notre espèce, libre de résoudre le contrat ou de le maintenir ? Mais cet article 1657 est exceptionnel, et, par conséquent, il ne doit pas être étendu en dehors des cas qu'il prévoit. Il statue sur l'hypothèse où un terme a été convenu pour que l'acheteur prenne livraison de la chose vendue ; s'agit-il de cela dans notre article 2102 ? Restons donc dans le droit commun, puisque rien ne nous autorise à en sortir ; et convenons que le système de Troplong, pas plus que celui de Duranton, ne donne la véritable pensée du législateur.

TROISIÈME SYSTÈME. — Reste un troisième système, dû à MM. Vuatrin et Valette. La revendication de l'art. 2102-4° n'est pas l'action résolutoire exercée à l'encontre des créanciers de l'acheteur ; de même, elle ne suppose pas la résolution de plein droit de la propriété entre les mains de l'acheteur : c'est une véritable revendication, fondée non pas sur le droit de la propriété, car le vendeur a cessé d'être propriétaire, mais sur le droit de rétention qui appartient au vendeur, aux termes de l'art. 1612 C. civ. La revendication n'est pas toujours une action par laquelle on se prétend propriétaire ; elle appartient, par exemple, au créancier locateur qui pourtant n'est investi que d'un droit personnel ; elle permet au créancier qui a un certain droit de possession d'une chose, de recouvrer la possession qu'il a perdue, dans les limites de l'art. 2279 C. civ. Le vendeur revendique, non pas comme propriétaire, mais comme possesseur. En d'autres termes, bien que reposant sur un fondement autre que la revendication de l'ancien droit, elle n'en arrive pas moins au même résultat, à savoir le retour de la possession entre les mains du vendeur, et le maintien des obligations résultant du contrat de vente ; c'est la sanction du droit de rétention. qui, sans elle, serait un droit destitué de tout effet, puisque le vendeur sans terme, qui aurait cédé à un mouvement irréfléchi en faisant la délivrance, n'aurait aucune protection contre les actes par lesquels l'acheteur détériorerait, anéantirait même son gage, ou le ferait passer entre les mains de possesseurs de bonne foi. En définitive, c'est une action qui tend à la sauvegarde du droit de résolution et du privilége.

Ce système n'a pas seulement le bonheur de s'appuyer sur un texte indiscutable, l'art. 1612, et de ne contrarier en rien les principes les plus certains du Code civil; il est, en outre, le seul qui explique raisonnablement les conditions auxquelles est subordonné l'exercice de la revendication.

Ainsi, si la revendication n'est recevable que dans les ventes sans terme, c'est que le droit de rétention n'existe pas dans les ventes à terme. Dans ces ventes, le vendeur a consenti dès le début à suivre la foi de l'acheteur et à ne conserver que les garanties de droit commun, le privilége et l'action résolutoire.

Si le vendeur ne peut revendiquer que pendant huit jours, c'est que ce délai lui est suffisant pour apprécier la solvabilité de son débiteur; s'il laisse écouler plus de huit jours à partir de la délivrance, la loi voit dans son inaction une renonciation tacite au droit de rétention : son silence équivaut à la concession d'un terme; la loi présume qu'il a foi en la solvabilité de l'acheteur.

Si le droit de revendiquer lui est refusé lorsque la chose n'est plus dans le même état que lors de la tradition, qui ne voit que cette condition est une conséquence directe et nécessaire de la nature de la revendication? Que veut le vendeur qui revendique, sinon remettre les choses dans le même état qu'au moment de la délivrance? Or, ceci lui est matériellement impossible lorsque l'objet vendu a changé d'état. Les choses ne sont plus entières; partant, la revendication n'est pas recevable. Quant à la question de savoir si l'objet vendu est encore dans le même état, c'est une question de fait qui sera résolue par les tribunaux. On peut dire, cependant, que la chose ne sera plus dans le même état lorsqu'elle ne sera plus reconnaissable, soit parce qu'elle a été confondue avec d'autres objets dont on ne peut plus la distinguer, soit parce que les détériorations qu'elle a subies sont telles, qu'elle n'existe plus avec sa physionomie primitive. Dans ce cas, il est évident que la revendication est impossible. De même, si l'acheteur lui a fait, par son travail, subir des modifications telles que c'est une *nova species* qui a été créée. Permettre au vendeur de revendiquer, dans cette hypothèse, serait aller contre l'intention de la loi; les parties ne peuvent plus se remettre dans la position respective qu'elles occupaient lors du contrat et avant la tradition. Si le vendeur pouvait reprendre la possession de la chose vendue, il profiterait du travail de l'acheteur: il recouvrerait plus qu'il n'a donné; et alors même que la chose n'aurait pas augmenté de valeur, la revendication est encore inadmissible, parce que la vérification de ce point de fait aurait donné lieu à des débats que ne comporte point une simple action en reprise de possession.

Enfin, la dernière condition d'exercice de l'action en revendication, à savoir que la chose soit encore en la possession de l'acheteur, trouve son explication dans le principe de l'art. 2279 C. civ.: *En fait de meubles, possession vaut titre.* Le tiers possesseur de bonne foi d'un meuble a un droit supérieur à celui de l'ancien propriétaire; à plus forte raison triomphe-t-il de ceux qui n'ont qu'un droit de gage ou un simple droit de rétention. C'est une autre différence avec la revendication de l'ancien droit qui non-seulement pouvait être exercée après l'expiration du délai de huit jours depuis la délivrance, mais même entre les mains des tiers détenteurs, en quelque lieu qu'elle fût transportée. Notre ancien droit, en effet, n'admettait pas que le seul fait de la possession de bonne foi fît acquérir la propriété au possesseur. Mais, aujourd'hui, les principes sont changés. Si l'acheteur a connu la première vente, et s'il a su que le premier vendeur n'était pas payé, il est de mauvaise foi: sa possession ne peut alors s'abriter derrière l'art. 2279. La revendication est recevable, à la condition, néanmoins, qu'elle soit exercée dans la huitaine de la délivrance faite au premier

6

acheteur, et dans les termes de l'art. 2102-4°. Cette possession de bonne foi doit en outre s'appuyer sur un titre translatif de propriété, pour que l'art. 2279 soit applicable. Mais peu importe que ce titre soit onéreux ou gratuit. Le tiers qui possède de bonne foi la chose vendue, en vertu d'une donation ou d'un legs, est à l'abri de la revendication du vendeur.

En sera-t-il de même du locateur d'un immeuble dont la créance a pour gage les meubles vendus sans terme et livrés à son locataire? Le privilége du locateur fait-il obstacle à la revendication, ou, au contraire, appliquera-t-on la distinction que fait l'art. 2102-4° lorsque ce privilége est en présence du privilége du vendeur. Si l'on étend la solution de cet article à la revendication qui a pour fondement le droit de rétention, on devra décider que le vendeur non payé revendiquera valablement, si le locateur a connu que la vente avait été faite sans terme, et que le prix n'a pas été payé; en un mot, le privilége du locateur n'entraîne pas la perte de la revendication, lorsque le locateur est de mauvaise foi. Au cas contraire, c'est-à-dire si le locateur est de bonne foi, la revendication ne pourra pas se produire au préjudice du créancier locateur.

La tradition historique semble favorable à ceux qui soutiennent que la revendication du vendeur prévaut sur le privilége du locateur. Pothier, en effet, s'exprime dans des termes qui ne laissent aucun doute : « Si une personne vend des meubles à mon locataire, sans jour et sans terme, et que, dans l'espérance de recevoir son argent comptant, elle les laisse enlever et porter en la maison que mon locataire tient de moi, pourrai-je empêcher qu'elle ne les revendique peu après, faute de paiement? Je pense que non ; car le vendeur était supposé avoir vendu sans terme et au comptant, et par conséquent n'avoir voulu se dessaisir de la chose qu'autant qu'on le paierait : on ne peut pas dire qu'il ait consenti à ce qu'elle fût obligée à mes loyers. » La rédaction elle-même de l'art. 2102-4° laisse à penser que le vendeur peut revendiquer, alors même que les objets vendus sont affectés, en vertu d'un gage tacite, au privilége du locateur. En effet, après avoir posé le principe que le vendeur non payé jouit tantôt du privilége, tantôt de la revendication, à la condition que la chose soit, dans les deux cas, en la possession de l'acheteur, l'art. 2102-4° vient apporter une exception à cette règle, et restreindre l'exercice du privilége au profit du locateur de bonne foi. Si la restriction ne porte que sur le privilége et n'a nullement trait à la revendication, celle-ci est donc soumise à la règle de droit commun ; et comme le locataire est toujours en possession, rien ne s'oppose à l'exercice de la revendication.

Que le locataire ait la possession des objets grevés du privilége : c'est ce qu'il est inutile de contester ; mais ce qui n'est pas moins évident, c'est que le locateur a, de son côté, une espèce de possession sur les meubles qui garnissent sa maison. Il les possède *jure pignoris*, et cela est si vrai, qu'il a le droit de les revendiquer pendant quinze ou quarante-cinq jours, lorsque le locataire a voulu les soustraire à son droit de gage. Voilà donc une possession qui, jointe à la bonne foi, engendre un droit réel au profit du locateur. Ce droit réel est opposable au propriétaire lui-même qui ne peut plus revendiquer au préjudice du locateur : comment ne serait-il pas opposable au créancier rétenteur. Il est vrai que la solution contraire était donnée dans l'ancien droit, et elle était logique dans une législation où les droits réels sur les meubles ne s'acquéraient pas et ne se perdaient pas par le fait de la possession ; mais de quelle valeur peut-elle être aujourd'hui que la possession de bonne foi met fin à tous les droits réels qui grevaient précédemment la chose mobilière? L'extinction de l'action en revendication, en présence du privilége du locateur de bonne foi, me paraît une conséquence nécessaire du principe nouveau introduit par l'art. 2279 C. civ.; il est certain que Pothier eût été d'un avis tout différent, si la règle qu'établit cet article eût été en vigueur dans l'ancien droit. Que m'importe alors le silence de l'art. 2102-4° relatif à la revendication? que m'importe surtout que cet article consacre notre solution lorsqu'il s'agit du privilége du vendeur? Je n'y vois aucune raison de donner une solution différente dans les deux cas; il est vrai que le législateur ne parle que du privilége du vendeur : est-ce à dire que la revendication soit soumise à des règles différentes? Mais le paragraphe 3 de l'art. 2102-4° n'est qu'une conséquence du principe posé dans l'art. 2279; seulement c'est une conséquence expresse, tandis que notre solution relative à la revendication n'en est qu'une conséquence implicite. Quoi qu'il en soit, l'art. 2279 n'y pousse pas moins nécessairement dans l'un et l'autre cas; décider autrement, ce serait manquer de logique, et faire injure au législateur.

En résumé, le droit de rétention, portant sur les meubles vendus, a pour sanction la revendication, à condition : 1° que la vente soit sans terme ; 2° que cette action soit exercée dans les huit jours qui suivent la délivrance ; 3° que la chose soit encore en la possession de l'acheteur ; 4° enfin, qu'elle soit dans le même état que lors de la tradition. Dans ce cas, de même que lorsque la chose a été perdue par le vendeur ou volée entre ses mains, le créancier rétenteur ne procède pas par la voie ordinaire. Il ne débute point par un exploit d'ajournement, car cette procédure entraîne des lenteurs qui pourraient permettre à l'acheteur de faire disparaître le meuble en litige pendant la durée du procès, soit en le détruisant, soit en le livrant à un acquéreur de bonne foi. A cet effet, il procède par la voie de la saisie-revendication, dont les règles sont écrites au Code de procédure (art. 826 à 831). Il présente une requête au président du tribunal de première instance, qui rend une ordonnance, et en vertu de cette ordonnance, il saisit directement la chose qui fait l'objet de son droit de rétention. Toutefois, cette saisie-revendication n'est possible qu'autant que l'effet grevé de la rétention est un meuble corporel; qu'arrivera-t-il si c'est une créance qui a été cédée au comptant, et si, sans attendre le paiement, le cédant a livré le titre de la créance? Le Code de procédure est muet sur la saisie des choses incorporelles: on peut, il est vrai, saisir des rentes sur particuliers; mais ces créances sont les seules qui soient susceptibles de saisie. Le cédant devra alors faire connaître, par exploit d'huissier, au cédé qui a accepté la cession par acte authentique, ou à qui elle a été signifiée, qu'il est encore créancier du prix, et qu'il s'oppose à ce qu'il paie entre les mains du cessionnaire, tant que celui-ci ne sera pas libéré. Dès lors, le cédé sera prévenu, et, s'il est prudent, il ne paiera entre les mains du cessionnaire qu'autant qu'il aura main-levée de l'opposition; sinon, les paiements qu'il fera ne seront point opposables au cédant. La situation peut se compliquer, par exemple, d'une nouvelle cession faite par le cessionnaire à un second cessionnaire qui remplit les formalités de l'article 1690, avant que le cédant primitif ait fait valoir ses droits. — On pourrait croire qu'en vertu de l'art. 2102-4° le droit de rétention du cédant primitif est destitué de tout effet, car la revendication n'est pas donnée contre les tiers acquéreurs de bonne foi. Mais il faut bien se garder de donner cette solution, car l'art. 2279, dont l'art. 2102-4° n'est qu'une application, ne protége que les tiers acquéreurs de bonne foi de meubles corporels; il ne s'étend pas aux acquéreurs de meubles incorporels. Partant, le cédant primitif a le droit de revendiquer contre les ayant cause de son cessionnaire, tout comme contre le cessionnaire lui-même; il fera opposition entre les mains du cédé, et lui défendra de payer au cessionnaire, tant que lui, créancier opposant, n'aura pas reçu satisfaction.

Les règles précédentes, relatives au droit de rétention et à l'exercice de la revendication, reçoivent certaines modifications des textes du Code de commerce, en cas de faillite de l'acheteur.

Et d'abord, le droit de rétention existe-t-il au profit du vendeur? Ceci n'est pas douteux en présence de l'art. 577 C. comm. : « Pourront être retenues par le vendeur les marchandises, par lui vendues, qui ne seront pas délivrées au failli et qui n'auront pas encore été expédiées, soit à lui, soit à un tiers pour son compte. » La législation commerciale est même plus libérale que le droit civil, car il est permis au vendeur de se prévaloir de la rétention, même quand l'acheteur a pris un terme pour le paiement; cette solution est autorisée par la généralité des termes de l'art. 577, qui ne distingue pas entre les ventes au comptant et les ventes à terme, et par l'art. 1613 C. civ., sur lequel nous nous sommes déjà expliqué; au surplus, la célérité des affaires commerciales est telle, que les ventes au comptant sont excessivement rares. Maintenir la rétention dans les limites du droit commun, c'eût été, pour ainsi dire, la supprimer en matière commerciale, d'autant plus que, telle qu'elle est organisée par l'art. 577 C. comm., elle ne viole pas le grand principe de l'égalité entre les créanciers, puisque, l'objet vendu n'ayant jamais été en la possession du failli, ses autres créanciers n'ont pas dû fonder sur lui des espérances de paiement.

Mais si le droit de rétention est plus étendu en droit commercial qu'en droit civil, il en est différemment de l'action qui le sanctionne, c'est-à-dire de la revendication. L'art. 2102-4° n'est d'aucun secours pour le jurisconsulte qui l'étudie; il doit se référer aux dispositions du Code de commerce, qui seul contient les règles y relatives. L'art. 2102-4° C. civ. y renvoie lui-même dans son texte final; il n'est rien innové aux lois et usages du commerce sur la revendication. C'est donc le Code de commerce qui va nous servir de guide dans la dernière partie de notre étude du droit de rétention accordé au vendeur.

Un principe qui domine toute la matière, c'est que la revendication établie par le n° 4 de l'art. 2102 du Code civil, au profit du vendeur d'effets mobiliers, n'est point admise en cas de faillite. Ce principe, écrit dans l'art. 550 C. comm., est reproduit par le *principium* de l'art. 576, d'après lequel la revendication n'est pas recevable, lorsque la tradition aura été effectuée dans les magasins du failli, ou dans ceux du commissionnaire chargé de les vendre pour le compte du failli. Ainsi, aussitôt que les objets vendus sont à la disposition de l'acheteur, le vendeur ne peut plus les suivre entre ses mains, si le jugement déclaratif de faillite intervient après la délivrance. Désormais, son droit de rétention reste inerte; il en est même complétement dépouillé, puisque toute revendication lui est interdite.

L'esprit qui a présidé à la rédaction du titre des faillites faisait un devoir au législateur de s'écarter, dans ce cas, des règles du droit commun. Le crédit d'un commerçant se fonde en effet, le plus souvent, sur les marchandises qui garnissent ses magasins : les tiers qui contractent avec lui, voyant pour sûreté de leurs créances un gage considérable, traitent en toute sûreté, et si, plus tard, ils se voyaient évincés par un créancier qui leur soustrait les biens sur lesquels ils avaient compté pour recevoir paiement, les relations commerciales en recevraient une profonde atteinte; le crédit, si nécessaire au commerce, serait arrêté dans son développement, la richesse sociale elle-même s'arrêterait dans son cours. Ce motif, cependant, si sérieux qu'il paraisse, ne suffit pas pour justifier la restriction apportée à l'exercice de la revendication. Il est rare en effet, quand on traite avec un commerçant, qu'on aille examiner s'il a plus ou moins de marchandises dans ses magasins; et même procédât-on à cette enquête, qu'on acquerrait difficilement la certitude qu'elles sont légitimement sa propriété : comment savoir si elles ne s'y trouvent pas à titre de dépôt ou par consignation? Le véritable motif, c'est que la loi veut l'égalité entre tous les créanciers du débiteur failli, et que cette égalité serait violée si le vendeur pouvait obtenir un paiement intégral, en exerçant préalablement la revendication. Ajoutons que la nature même des opérations commerciales s'oppose à ce que le vendeur se prévale du droit commun. Le commerçant achète pour revendre, et le plus souvent les marchandises ne font que traverser ses magasins; le vendeur, dès lors, a dû les considérer comme perdues, puisqu'elles peuvent être revendues d'un moment à l'autre : si elles ne l'ont pas été, cette circonstance ne doit pas lui profiter, puisqu'elle tient au pur effet du hasard, peut-être même à la connivence de l'acheteur.

Ces motifs, on le voit, sont assez satisfaisants par eux-mêmes, pour que la loi ait placé le créancier vendeur dans la même situation que les autres créanciers du failli. Mais quelles sont les ventes auxquelles nous devons appliquer les art. 550 et 576 C. comm.? Ce sont d'abord, et sans aucun doute, toutes les ventes qui constituent de la part du vendeur et de l'acheteur un acte de commerce. De même, et quoiqu'on l'ait contesté, les ventes qui ne sont commerciales que du côté de l'acheteur; le texte de l'art. 550 ne fait d'abord aucune distinction : la revendication est écartée par cela seul que l'acheteur est en faillite, ce qui suppose évidemment qu'il est commerçant. Quant à l'esprit de la loi, il nous conduit également à cette solution, car tous les créanciers civils ou commerciaux du failli doivent être sur le pied de l'égalité la plus parfaite; qu'importe alors que Troplong vienne dire que la qualité de l'acheteur ne peut pas rejaillir sur le vendeur et enlever à celui-ci le bénéfice du droit commun? Ce que cet auteur croit être un axiome, est démenti par les principes généraux du droit. Au contraire, on peut poser comme règle que la qualité de l'acheteur exerce une influence considérable sur la nature du droit du vendeur. Si je traite avec un mineur ou une femme mariée non valablement autorisés, est-ce que j'aurai acquis un droit définitif? Ne sera-t-il pas soumis à une cause d'annulation, résultant précisément de la qualité de mon cocontractant? Aucune raison sérieuse ne milite donc en faveur du système préconisé par Troplong. Que la vente constitue un acte de commerce de la part du vendeur et de l'acheteur, ou de la part de l'acheteur seul, le droit de revendication est toujours perdu en cas de faillite du débiteur.

Mais devons-nous aller plus loin, et décider pareillement lorsque l'acte n'est commercial que du côté du vendeur? Par exemple, l'acheteur, bien que commerçant, n'a pas acheté pour revendre : c'est une riche galerie de tableaux dont il a fait l'acquisition. La revendication sera-t-elle possible s'il tombe en faillite? A ne consulter que les termes de l'art. 576 C. comm., cette vente est régie par l'art. 2102-4° C. civ.; en effet, le Code de commerce n'y parle que des marchandises, et il semble difficile de ranger dans cette catégorie des choses qui ne sont pas destinées à être revendues; d'autre part, l'un des motifs qui ont inspiré le législateur dans la rédaction de l'art. 576, à savoir que le vendeur a dû s'attendre à ce que les choses qui ont fait l'objet du contrat disparaissent promptement, ne se rencontre pas dans l'espèce. Pourquoi, dès lors, refuser la revendication au vendeur? Ces raisons ne me paraissent pas concluantes, et je crois que cette hypothèse, comme les deux précédentes, tombe sous l'application des principes du droit commercial. Ce n'est pas dans l'art. 576 C. comm. qu'il faut aller chercher la solution de la question; cet article n'est qu'une application de la règle que la revendication n'est pas admise en matière de faillite spéciale aux marchandises, c'est-à-dire aux choses qu'on achète pour revendre. Il ne faut pas en conclure, *a contrario*, que la revendication est recevable si l'objet vendu doit rester en la possession de l'acheteur commerçant : car cette hypothèse est directement prévue par l'art. 550 C. comm., qui pose la règle générale. La revendication établie par le nᵒ 4 de l'art. 2102 C. civ., au profit du vendeur d'effets mobiliers ne sera point admise en cas de faillite. L'acheteur est-il en faillite? Toute la question est là; et le rejet ou l'admission de la revendication dépendent de la réponse affirmative ou négative que l'on y fait; il n'y a point à se préoccuper de la nature commerciale ou non commerciale de la chose vendue. Ce que veut la loi, c'est que tous les créanciers civils ou commerciaux du failli prennent une part égale dans l'actif de leur débiteur : elle ne veut pas que les uns soient traités plus favorablement que les autres; la revendication du vendeur porterait atteinte à cette égalité; elle lui enlève le droit de l'exercer. Est-il nécessaire d'ajouter que, le plus souvent, ces objets mobiliers, quoique non destinés à la revente, ont augmenté le crédit de l'acheteur? Qui ne voit que la possession de ces galeries de tableaux, de ces riches objets de luxe et d'art ont contribué à rendre plus confiants les tiers qui se sont mis en relation d'affaires avec lui? Dès lors, permettre au vendeur de revendiquer serait les tromper dans leur attente, les frustrer d'un droit qu'ils ont légitimement acquis.

En résumé, lorsque l'acheteur a été déclaré en faillite postérieurement à la délivrance des objets vendus, alors même que le jugement déclaratif interviendrait avant l'expiration du délai de huitaine exigé par l'article 2102-4ᵒ, la revendication du vendeur ne peut plus se produire au préjudice de la masse des créanciers. Cette délivrance résulte de l'entrée des marchandises dans les magasins du failli, ou dans ceux du commissionnaire chargé de les revendre; de même si la chose se trouve, non dans des magasins, mais dans un emplacement quelconque, tel qu'un chantier ou une cour dont l'acheteur a la disposition. La revendication serait encore impossible, aux termes de l'art. 576 C. comm., si la chose était entrée dans un dépôt public d'où elle pût sortir à la dis-

crétion de l'acheteur. Dans tous ces cas, on ne peut nier que la délivrance ait été faite et que le vendeur soit dessaisi de la possession ; car,
aux termes de l'art. 1604 C. civ., « la délivrance est le transport de la
chose en la puissance et possession de l'acheteur ».

Une question délicate est celle de savoir si l'on doit considérer comme
magasin de l'acheteur le parterre d'une forêt où gît une coupe de bois
vendue soit par l'État, soit par tout autre propriétaire. Le droit de
revendication du vendeur est-il perdu ou subsiste-t-il encore à l'égard
de la masse des créanciers de l'acheteur failli ? La question me semble
devoir être résolue par une distinction. La coupe a-t-elle été adjugée à
un adjudicataire qui a l'habitude de s'établir dans la forêt, d'y exploiter
la coupe, de la façonner aux usages pour lesquels il la destine ? L'emplacement, quoique appartenant au vendeur, équivaut, aux yeux des
tiers, au magasin de l'acheteur : c'est là qu'ils voient l'adjudicataire tra-
vailler ; c'est là qu'il serre « ses marchandises, soit pour les tenir en
dépôt, soit pour les livrer au commerce en les mettant en vente » (1).
Que si, au contraire, il a été convenu que les bois ne resteraient sur le
parterre de la coupe que pendant le temps nécessaire à l'adjudicataire
pour les enlever, on ne peut pas dire que ce soit là le magasin de l'acheteur ; survenant la faillite avant leur enlèvement, le vendeur peut les
revendiquer, et par là se créer une situation préférable à celle des
autres créanciers.

De même, la jurisprudence de la Cour de cassation (2) décide que le
propriétaire d'une forêt ne peut plus revendiquer les bois par lui vendus
lorsque, conformément à la convention, les bois dont il s'agit ont été,
sur un emplacement appartenant au vendeur, en partie carbonisés et en
partie dressés en fourneaux pour subir la même réduction. Suivant la
Cour, l'emplacement mis à la disposition de l'acheteur doit être considéré comme son magasin, dans le sens de l'art. 576 C. comm.

Dans tous les cas où les marchandises sont entrées dans les magasins
de l'acheteur, la revendication est impossible, à la condition que le jugement déclaratif de faillite ait été rendu postérieurement à cette entrée.
La solution contraire devrait être donnée au cas où l'acheteur n'a acquis
la possession qu'après la décision du tribunal de commerce ; le vendeur
pourrait alors revendiquer. En effet, le jugement déclaratif de faillite a
pour conséquence de fixer les droits de la masse des créanciers sur les
biens du failli, tels qu'ils existent à cette époque. Ceux-ci n'ont pour
gage de leurs créances que ce qui se trouve à ce moment dans le patrimoine du débiteur ; en un mot, le jugement déclaratif clôt les magasins

(1) Mourlon, *Examen critique du Commentaire de Troplong sur les priviléges*, t. I,
n° 141.

(2) Arrêts des 9 juin 1845 et 4 août 1852.

du failli. En outre, le failli est dessaisi et n'a plus la disposition de ses biens ; dès lors, il ne peut conférer aucun droit à ses créanciers sur les biens qui viennent désormais grossir son actif : ces derniers ne peuvent prétendre qu'ils ont traité en vue d'un patrimoine qui n'était pas réalisé au moment où le commerçant s'est engagé. Par conséquent, les syndics ont reçu les marchandises grevées du droit de revendication. Les magasins dans lesquels elles ont été déposées ne sont plus les magasins du failli : ce sont ceux de la faillite.

Il peut même se présenter telles hypothèses où le failli lui-même sera considéré comme déposant, cas auxquels la revendication ne sera pas refusée au vendeur ; par exemple, quelques jours avant le jugement déclaratif de faillite, l'acheteur a pris possession des marchandises à lui expédiées. Mais en les examinant, il ne les a pas trouvées conformes à l'échantillon, de sorte qu'il les a laissées pour compte au vendeur. Celui-ci revendiquera certainement, et même il revendiquera à titre de propriétaire ; car la vente a été faite sous la condition que les marchandises seraient agréées par l'acheteur. Une véritable condition résolutoire a été apposée à l'existence du contrat, et la condition se réalisant, la vente est censée n'avoir jamais existé ; le vendeur est présumé avoir toujours été propriétaire.

Il résulte également de l'art. 576, que la revendication est possible tant que les marchandises ne sont pas entrées dans les magasins du failli ; par conséquent lorsqu'elles *sont en route*, c'est-à-dire lorsque, bien qu'expédiées, elles n'ont pas cependant été remises au destinataire : la revendication est possible. A cet égard, la revendication du droit commercial est plus favorable que la revendication du droit civil ; tandis que celle-ci n'existe que dans les ventes sans terme, celle-là peut être exercée même dans les ventes à terme, puisque le droit de rétention, qui en est le principe, appartient au vendeur dans l'un et l'autre cas : l'une ne sanctionne le droit de rétention que pendant huit jours à partir de la délivrance ; l'autre, au contraire, n'est prescrite par aucun délai. Alors même que plus de huit jours se sont écoulés depuis le moment où l'expédition a été faite, la revendication compète au vendeur, pourvu que les marchandises n'aient pas été reçues par l'acheteur dans ses magasins.

Toutefois, le droit de revendication des marchandises *in transitu* n'est pas absolu. Il subsiste aussi longtemps que les marchandises qui voyagent n'ont pas été l'objet d'une revente ; mais que le destinataire les revende *sans fraude*, qu'il n'y ait aucune connivence entre le nouvel acheteur et son vendeur pour tromper le vendeur primitif, la revendication périt pour celui qui en était investi : néanmoins il ne suffit pas que le second acheteur soit de bonne foi ; il faut en outre qu'il ait acquis la certitude que son vendeur était propriétaire, qu'il ait vu la *facture*,

c'est-à-dire l'acte qui constate la vente primitive, et la *lettre de voiture* ou le *connaissement*, c'est-à-dire l'acte qui constate l'expédition. Sous l'empire de l'ancien art. 578 du Code de commerce, la lettre de voiture, que possédait l'acheteur, n'avait pas besoin d'être signée de l'expéditeur. De là des surprises possibles, qui avaient pour conséquence d'entraîner l'extinction de la revendication entre les mains du vendeur. Lors de la révision du titre des faillites en 1838, on fit remarquer les dangers qui compromettaient ainsi les droits du créancier; et la nécessité de la signature fut exigée par le législateur, sur la lettre de voiture. Cette signature doit figurer également sur le connaissement. Cette proposition résulte non-seulement de l'esprit de la loi, mais encore du texte de l'art. 576, et des paroles de M. Meynard, sur la proposition de qui les mots « signé par l'expéditeur » ont été ajoutés au texte de l'article. Voici comment il s'exprimait dans la séance de la Chambre des députés du 24 février 1835 : « Le connaissement est délivré par le capitaine du
» navire : mais il livre un, deux, trois, quatre duplicata : il n'a pas de
» motifs d'en refuser un au destinataire animé de mauvaises intentions;
» et si celui-ci en fait la demande au capitaine, ou le fait demander par
» un correspondant, le connaissement sera remis sans difficulté. Quant
» à la lettre de voiture, il y a un danger semblable; car rarement l'expé-
» dition se fait par le vendeur à l'acheteur : on se sert habituellement
» de l'entremise d'un commissionnaire-chargeur, qui, sur la demande
» du destinataire, peut aussi envoyer une copie de lettre de voiture.
» Tout cela se fait à l'insu et sans le consentement de l'expéditeur.
» Par le sous-amendement, toutes les fois que l'expéditeur n'aura pas
» signé la lettre de voiture, il sera impossible au failli de vendre légale-
» ment, par conséquent, le plus souvent, d'opérer une fraude. »

Si la revente n'a pas été faite *in transitu* dans les conditions de l'article 576 C. comm., le principe recouvre son empire. Le vendeur peut, en revendiquant avant que les marchandises soient complétement à la disposition de son acheteur, sauvegarder son droit de rétention. Mais, pour cela, plusieurs conditions sont nécessaires :

1° *Il faut d'abord que le prix n'ait pas été payé, soit en espèces, soit autrement;* par exemple si le vendeur et l'acheteur sont en compte courant. — Mais l'acceptation par le vendeur de lettres de change n'équivaut pas à un paiement véritable; si donc elles ne sont pas payées à l'échéance, on ne peut pas refuser la revendication au vendeur, à moins que l'acceptation de ces lettres de change n'ait été faite *animo novandi*, ce qui devra d'ailleurs résulter clairement des dispositions du contrat.

2° *Il ne faut pas que les syndics jugent à propos de payer le prix.* — Ce droit appartient certainement aux syndics; le vendeur n'a pas évidemment à s'en plaindre. Quant à la masse des créanciers, elle y trouve quelquefois son intérêt : si, par exemple, le failli avait fait ce qu'on appelle un bon marché, et si, depuis la vente, les marchandises ont augmenté de valeur. Cependant les syndics n'effectueront pas d'eux-mêmes ce paiement; ils devront se faire autoriser à cet effet par le juge-commissaire (art. 578 C. comm.). La circonstance qu'un terme aurait été stipulé pour le paiement, et que ce terme ne serait pas encore échu, n'empêcherait pas les syndics d'arrêter la revendication du vendeur; seulement ils devront donner caution que le prix sera payé à l'échéance.

3° *Le vendeur, pour réussir, doit prouver l'*identité *des marchandises.* — L'ancien art. 580 du Code de commerce se montrait plus exigeant. Non-seulement la revendication ne pouvait être exercée que sur les marchandises qui étaient reconnues être identiquement les mêmes, mais il fallait en outre que les balles, barriques ou enveloppes dans lesquelles elles se trouvaient lors de la vente n'eussent pas été ouvertes, que les cordes ou marques n'eussent été ni enlevées ni changées, et que les marchandises n'eussent subi, en nature et qualité, ni changement, ni altération. Le code de 1838 n'exige plus que l'identité, et encore cette condition ne résulte-t-elle pas littéralement du texte du nouvel art. 576. Mais cet article ne reproduisant pas les conditions restrictives de l'ancien art. 580, nous devons en conclure qu'il suffit que les marchandises soient reconnaissables, que leur identité soit certaine.

La question de savoir si cette identité existe ou a été détruite, présentera quelquefois certaines difficultés. Voici, par exemple, des marchandises qui ont subi un changement en nature : la revendication est-elle recevable? Je crois, avec M. Renouard (1), qu'il y a une distinction à faire : « Aujourd'hui, comme sous la loi antérieure, la dénaturation, » si elle provient du fait de l'homme, empêche la revendication, car » elle détruit l'identité; de plus, elle suppose presque nécessairement » la tradition réelle et la prise de possession. Mais l'altération de l'objet » sans le concours de la volonté de l'homme, et par le seul effet des » lois physiques ou des cas fortuits, amène un tout autre résultat. On » décidera facilement sous la loi actuelle, comme on le faisait, non sans » effort de raisonnement, sous le texte de l'ancien art. 580, que ce » genre de dénaturation n'empêche pas la revendication; ainsi, on » peut revendiquer des liquides aigris ou en vidange, des denrées fer- » mentées ou avariées. » Il n'y aurait pas lieu à revendication, si des matières liquides ou sèches ont été mélangées ou confondues : elles ne sont plus reconnaissables, dans l'unité qu'elles forment avec celles auxquelles elles ont été mélangées; dès lors, la revendication n'a plus de fondement.

Qu'arrivera-t-il s'il est survenu une diminution dans la quantité, ou si la chose vendue a péri en partie? Le vendeur pourra-t-il empêcher

(1) T. II, p. 366.

que même ce qui reste de la chose vendue entre dans les magasins de l'acheteur, sauf à se présenter comme créancier de la partie du prix correspondante à la partie de la chose qui a péri ; ou n'aura-t-il que le droit d'invoquer son titre de créancier pour la totalité, à la masse de la faillite ? M. Bravard est de ce dernier avis : d'après lui, le vendeur est déchu complétement de son droit de revendication, et cette solution est logique dans le système qui ne voit dans la revendication qu'un effet de la résolution du contrat. Si la revendication est impossible pour les marchandises qui ont péri, et cela n'est pas contestable, elle ne peut pas être recevable quant à celles qui existent encore ; car, d'un côté, le vendeur qui se présente comme créancier invoque le maintien du contrat, et, d'un autre côté, lorsqu'il revendique, il se prévaut de sa résolution. Ceci est contradictoire : ou revendiquez pour la totalité, ou arguez de votre qualité de créancier pour le tout. Pour nous, qui estimons que l'action en revendication n'est autre chose que la sanction du droit de rétention, il nous est impossible de nous ranger à l'opinion de M. Bravard. On ne peut pas reprendre la possession d'une chose qui a été détruite ; voilà pourquoi le vendeur sera admis à la masse des autres créanciers du failli, proportionnellement à la valeur représentative des marchandises perdues. Mais les marchandises qui subsistent étant susceptibles de possession, rien autre chose que leur entrée dans les magasins du failli, ou leur revente faite sans fraude *in transitu*, sur facture et lettre de voiture signée de l'expéditeur, ne fait obstacle à leur revendication. La loi commerciale exige, il est vrai, l'identité des marchandises ; mais elle ne requiert pas leur intégralité. Le nouvel art. 576 C. comm. est muet sur cette condition qui se trouvait écrite dans l'ancien art. 580.

4° Le vendeur qui veut revendiquer doit restituer à la masse les à-compte qu'il a reçus de l'acheteur (art. 576). — Cette obligation semble, au premier abord, fournir un argument à ceux qui prétendent que la revendication suppose la résolution préalable de la vente. Si le vendeur est tenu de cette restitution, c'est évidemment que, survenant la résolution rétroactive du contrat, il a reçu les à-compte sans cause ; les syndics, au nom de la masse, agissent en vertu d'une véritable *condictio indebiti*. Mais ce raisonnement manque de force, parce qu'il est possible d'expliquer autrement la condition imposée par l'art. 576 C. comm. Le vendeur qui revendique ne doit pas garder les à-compte qu'il a reçus, parce qu'il n'est pas juste qu'il conserve la possession de la chose vendue comme garantie de sa créance, en même temps que la portion du prix qu'il a pu recevoir. Cette portion du prix appartient à la masse ; le vendeur n'y a aucun droit : l'équité ainsi que la loi lui font un devoir de la restituer à la faillite. Une considération qui établit irréfutablement, à mon sens, que le fondement de la revendication commerciale n'est pas, comme l'a pensé M. Bravard, la résolution tacite et de plein droit, du contrat précédemment formé, c'est que si la vente des marchandises revendiquées, effectuée à la requête des syndics entre les mains du vendeur, donne un prix supérieur à la créance protégée par le droit de rétention, cet excédant n'appartiendra pas au vendeur, mais à la masse des créanciers. Si, pourtant, la vente avait été résolue, le vendeur aurait reconquis son titre de propriétaire, et nul autre que lui, après la réalisation des marchandises revendiquées, n'aurait pu prétendre à l'excédant du prix. De même et réciproquement, si ce prix était inférieur à la créance du vendeur contre l'acheteur, on devrait lui refuser le droit de se présenter à la faillite pour la différence. Ces conséquences du système de M. Bravard sont tellement inadmissibles, qu'elles doivent nous mettre en garde contre le principe qui lui sert de point de départ. Le vendeur qui, par la revendication, arrête les marchandises *in transitu*, agit comme créancier rétenteur ; et comme le créancier rétenteur n'a de droit que sur la chose vendue, il doit vider ses mains entre celles des syndics représentant la masse : il se créerait une situation par trop favorable, s'il lui était permis de garder à la fois et la chose entière et une portion du prix.

5° *Enfin, le vendeur est tenu de rembourser à la masse tous les frais qu'elle a pu faire relativement à la chose revendiquée* (art. 576 C. comm.), tels qu'avances faites pour fret ou voiture, commission, assurances et autres déboursés de même nature. — Cette condition se comprendrait encore si le vendeur revendiquait comme propriétaire, et si aucune faute n'était imputable à l'acheteur ; mais il revendique comme créancier rétenteur : son action est nécessitée par la faute de l'acheteur qui n'a pas payé le prix. Si des frais ont été faits, qu'ils soient perdus pour l'acheteur ; ce serait plus juridique et peut-être plus équitable. Toutefois, la loi a considéré que la revendication était une faveur assez grande pour le vendeur, qui se place, par là, dans une situation privilégiée ; les créanciers chirographaires du failli sont assez malheureux de ne pouvoir se faire payer sur les marchandises revendiquées en route. La législation commerciale n'a pas voulu encore ajouter à ces rigueurs ; la revendication sera recevable, mais à la condition que la masse n'en éprouvera d'autre préjudice que celui résultant de la non-entrée des objets vendus dans les magasins de l'acheteur. Si des dépenses ont été faites par le failli à leur occasion, elles ne doivent pas être perdues pour la faillite, ni, par conséquent, profiter au vendeur ; celui-ci sera tenu d'en rendre compte aux syndics.

Lorsque les conditions d'exercice de la revendication sont réunies, et que le vendeur est prêt à satisfaire aux obligations qui lui sont imposées, rien ne peut entraver la marche de son action. Elle doit être formée, aux termes de l'art. 579 C. comm., entre les mains des syndics, qui peuvent

ou acquiescer à la demande ou la contester. S'ils la reconnaissent fondée, il leur est interdit de l'admettre sans l'approbation du juge-commissaire. Que s'il y a contestation, parce que la revendication du vendeur ne leur paraît pas satisfaire aux principes déposés dans l'art. 576 C. comm., le tribunal de commerce sera saisi de la difficulté, et jugera, après avoir entendu le juge-commissaire, si la prétention du vendeur doit être admise ou rejetée.

DEUXIÈME PARTIE.

Du Privilége.

Si aucune autre garantie que le droit de rétention ne protégeait le vendeur, celui-ci ne serait, le plus souvent, qu'un créancier chirographaire, car grand nombre de ventes se font à terme, et même dans celles qui ont lieu au comptant, le vendeur, cédant à des nécessités sociales, abandonne à son acheteur la possession qui lui assurait le paiement.

La loi lui donne alors un *privilége*, droit qui, ainsi que son nom l'indique, *privata lex*, lui permet de faire vendre la chose entre les mains de son débiteur, et même quelquefois entre celles des tiers détenteurs, afin de le convertir en argent, et de se faire payer sur le prix par préférence aux autres créanciers. Ce privilége est également accordé au vendeur de meubles et au vendeur d'immeubles : il a le même fondement dans l'un et l'autre cas; mais la réglementation n'est pas la même. Nous aurons, dans deux chapitres séparés, à étudier ces deux priviléges; mais auparavant, il est bon de remonter à leur origine et d'indiquer, en peu de mots, à quelle législation nous en sommes redevables.

Le privilége du vendeur était inconnu en droit romain; si, dans quelques cas très-rares, certains textes accordaient une hypothèque tacite et privilégiée, ce n'était point le droit commun. Au surplus, le vendeur était investi de sûretés suffisantes; les vendeurs vigilants trouvaient dans les principes de quoi se mettre en garde contre l'insolvabilité des acheteurs.

C'est dans notre ancien droit français que nous devons chercher l'origine du privilége accordé au vendeur non payé. Mais il importe de distinguer entre les pays coutumiers et les pays de droit écrit; car le privilége ne s'y introduisit pas en même temps, ni de la même façon.

Dans les pays de droit coutumier, c'est d'abord le privilége du vendeur de meubles qui se fait jour. Nos anciens jurisconsultes, comprenant la faveur du contrat de vente, ne voulurent pas laisser dans la catégorie des créanciers chirographaires celui par le fait duquel la chose se trouve dans le patrimoine du débiteur; ils remarquèrent avec raison que le vendeur ne s'est dessaisi de son droit de propriété qu'à la condition de recevoir l'équivalent de la valeur dont il s'est dépouillé. Admettre les autres créanciers de l'acheteur en concours avec le vendeur, c'eût été appliquer avec trop de rigueur le principe de l'égalité entre tous les créanciers ; c'eût été les faire profiter injustement de l'enrichissement survenu à leur débiteur; déprécier enfin un contrat si nécessaire à la richesse sociale. Aussi l'art. 177 de la Coutume de Paris, reproduit par l'article 458 n° 2 de la Coutume d'Orléans, accorde-t-il formellement un privilége au vendeur d'effets mobiliers non payés : *Et néanmoins encores qu'il eust donné terme si la chose se trouve saisie sur le débiteur par autre créancier, il peut empescher la vente, et est preferé sur le prix aux autres créanciers*. Les mêmes motifs auraient dû amener nos anciennes Coutumes à gratifier également du privilége le vendeur d'immeubles, la vente d'immeubles étant aussi utile et aussi favorable que la vente d'effets mobiliers. Cependant, cette disposition des Coutumes de Paris et d'Orléans, adoptée peu à peu par la presque unanimité des pays de droit coutumier, resta, dans le principe, spéciale au vendeur d'effets mobiliers; le vendeur d'immeubles ne fut point traité aussi favorablement. Et la raison en est facile à comprendre : Les immeubles étant susceptibles d'hypothèque, rien n'empêchait le vendeur, qui avait des craintes pour l'avenir, de stipuler une hypothèque sur la chose vendue. Si le contrat était muet à cet égard, il ne devait s'en prendre qu'à lui ; le droit lui offrait une garantie : que ne s'en était-il pas servi? Au surplus, il n'avait même pas besoin, le plus souvent, de se faire consentir une hypothèque : les contrats passés par-devant notaire emportant d'eux-mêmes hypothèque au profit du créancier, le vendeur en forme authentique se trouvait, *ipso facto*, créancier hypothécaire, indépendamment de toute stipulation. Tout autre était la situation du vendeur, lorsque la vente portait sur des effets mobiliers; c'était une maxime généralement reconnue, que *meubles n'ont pas de suite par hypothèque ;* et si quelques Coutumes l'entendaient en ce sens que les meubles ne pouvaient être hypothéqués au point de vue du droit de suite, d'autres, et c'était le grand nombre, refusaient l'hypothèque même au point de vue du droit de préférence. Il en résultait que le vendeur n'avait plus la faculté, comme en matière immobilière, de stipuler une hypothèque sur les objets vendus ; à plus forte raison cette hypothèque ne découlait-elle pas des contrats notariés. Voilà pourquoi il parut urgent à nos anciens jurisconsultes de donner au vendeur d'effets mobiliers une garantie qu'il n'avait pas le loisir de stipuler. Quant au vendeur d'immeubles, il fut laissé dans les termes du droit commun ; car le droit commun lui permettait de veiller lui-même à la conservation de ses droits. Toutefois, on pouvait prédire que le privilége du vendeur d'effets mobiliers ne resterait pas longtemps isolé. Plusieurs tentatives furent faites pour en investir le vendeur d'immeubles : les Parlements résistèrent, il est vrai, pendant quelque temps ; mais un arrêt du Parlement de Paris de 1660 fixa la législation sur ce point : désormais le privilége du vendeur d'immeubles ne fut pas contesté.

Dans les pays de droit écrit, la génération du privilége ne procéda pas de la même manière ; à l'inverse de ce qui se passa dans les pays de coutume, ce fut le privilége du vendeur d'immeubles qui prit naissance le premier. Il est curieux d'étudier comment, en partant des principes du droit romain, on en arriva à conférer au vendeur ce droit réel sur l'immeuble vendu. Nous connaissons la théorie du droit romain sur la translation de propriété. La tradition jointe au paiement du prix ou à une satisfaction quelconque, telle que le dation d'un fidéjusseur, dessaisissait le vendeur et conférait à l'acheteur le titre de propriétaire. Il en était de même lorsque l'acheteur avait pris terme pour le paiement : le vendeur n'avait plus que l'action personnelle ; dans ce dernier cas, il était exposé à courir le risque de l'insolvabilité de l'acheteur ; la tradition avait été peut-être une imprudence de sa part. Pour parer à cet inconvénient, le vendeur avait le soin de convenir que l'acheteur ne détiendrait la chose qu'à *précaire*. Ce pacte de *précaire* permettait au vendeur de reprendre la chose quand il le voulait ; car la possession *animo domini* ne résidant pas en la personne de l'acheteur, c'est lui, vendeur, qui était demeuré propriétaire : l'acheteur ne détenait que pour le compte d'autrui, et n'avait que le droit de percevoir les fruits de la chose, jusqu'au jour où le concédant la lui retirait.

La clause de précaire fut universellement reçue dans notre ancienne pratique française ; non-seulement elle passa dans le style des notaires, mais même elle fut toujours présumée dans le silence des parties (1). Toutefois, elle subit une importante modification dans ses effets ; dans la législation romaine, elle empêchait la propriété de passer sur la tête de l'acheteur ; dans nos pays de droit écrit, au contraire, elle ne produisit qu'une hypothèque privilégiée au profit du vendeur. « Aujourd'hui, nous » dit Despeisses (2), cette clause n'empêche pas la translation de la » propriété, et elle n'opère qu'une hypothèque spéciale et privilégiée en » vertu de laquelle le vendeur a le droit de faire vendre la chose sur » laquelle *il a ledit précaire*. » — De même Dolive (3) : « Elle n'est pas en » usage dans le commerce pour empêcher l'effet de la vente en la tra- » dition de la chose vendue, mais pour en faciliter l'exécution par la » sûreté du paiement du prix convenu. Elle ne va pas à détruire la nature » du contrat auquel on l'attache, mais à conserver les intérêts du vendeur » qui se dépouille de son bien sans prendre de l'argent. Ainsi faut-il avouer » que son effet n'est pas d'empêcher la translation de la propriété et de

---

(1) Dolive, liv. IV, ch. x. — Castellaa, liv. VII, ch. v.
(2) T. I, section vi, n° 19.
(3) *Questions notables*, ch. XVII.

7

» la possession civile et de la tenir en surséance jusqu'à l'entière satis-
» faction du prix, mais bien d'acquérir au vendeur, pour sa sûreté, une
» hypothèque spéciale et privilégiée qui lui donne le droit de saisir et
» mettre en criée la chose vendue séparément des autres biens de son
» débiteur, pour, des deniers qui proviendront de cette vente judiciaire,
» être payé préférablement à tous autres créanciers de son débiteur. »
Tel était le langage unanime des jurisconsultes des pays de droit écrit;
chez eux, le mot *précaire* désignait l'hypothèque privilégiée du vendeur.
Cette hypothèque privilégiée devint bientôt le droit commun du Midi.
Le Parlement de Toulouse refusa cependant de l'admettre en 1590, à
moins qu'elle n'eût été expressément stipulée; mais, quarante ans plus
tard, le 29 mars 1630, il déclara, au contraire, que le vendeur est privilégié, indépendamment de toute clause formelle à cet égard. A Gre-
noble, en 1644 et 1652, le vendeur est débouté de sa prétention; mais,
trois ans après, en 1655, on voit le Parlement rendre une décision contraire. Le même principe fut reconnu, en Provence, dans un arrêt
de 1657, rendu contrairement à une autre décision de 1655.

Quant aux ventes d'effets mobiliers, elles ne jouissent pas, dans le
principe, de la même faveur, et voici pourquoi : Les pays de droit écrit
donnaient à la maxime : *meubles n'ont pas de suite par hypothèque*,
une autre signification que les pays de coutume; ils entendaient par là,
que les meubles ne sont pas susceptibles d'hypothèque quant au droit de
suite. On peut cependant acquérir sur eux un droit de préférence :
aussi le vendeur pouvait-il lui-même, et par convention, pourvoir à ses
intérêts. Peu à peu, cependant, à cause de l'analogie de situation, et
sous l'influence des pays coutumiers, on admit un privilége au profit du
vendeur de meubles, et l'arrêt, du 12 septembre 1628, du Parlement de
Toulouse reconnut formellement le principe. Cette jurisprudence s'établit insensiblement et finit par prévaloir dans le dernier état du droit.

Ainsi, près de deux siècles avant l'œuvre de codification de 1804, notre
droit français, après être parti dans les différentes provinces de principes complétement opposés, arrivait au même résultat. Le privilége du
vendeur était définitivement consacré dans toute espèce de ventes, mobilières ou immobilières. Une institution qui avait mis si longtemps à
prendre racine sur le sol national ne devait pas disparaître devant l'œuvre
entreprise par des praticiens qui tous avaient vécu sous l'empire de
notre ancienne législation et avaient pu en apprécier les bienfaits. Le
Code civil, comme ses devanciers, établit un privilége au profit du vendeur de meubles (art. 2102-4°) et au profit du vendeur d'immeubles
(art. 2103-1°).

Ce privilége, dans les deux cas, a le même fondement; il repose sur
cette idée éminemment équitable, que le vendeur ne doit pas subir le
concours des créanciers sur une chose qui lui a appartenu et qui, par

son fait, a cessé d'augmenter son patrimoine pour grossir celui de l'acheteur. Le vendeur aliène l'entière propriété de la chose qu'il a vendue;
mais, dès qu'il cesse de l'avoir, la loi, au même instant, l'affecte par privilége à la sûreté de sa créance. On a pourtant contesté que telle soit la
nature du privilége du vendeur; on a prétendu qu'il trouvait son fondement dans une retenue du droit de propriété faite par le vendeur : celui-
ci n'en aliènerait pas l'entière propriété dont il est investi; il conserverait, à titre de privilége, une espèce de démembrement du droit de propriété destiné à assurer le paiement de sa créance. En d'autres termes,
la loi ne lui ferait pas acquérir un privilége; il le rétiendrait lui-même.
Nous n'adoptons point cette manière d'envisager le privilége du vendeur. S'il était vrai que le privilége est une retenue d'une partie de la
propriété, comment se fait-il qu'il soit primé par tous les priviléges généraux de l'art. 2101? On ne comprendrait pas que certains créanciers
exerçassent leur droit sur une valeur qui n'est pas dans le patrimoine de
leur débiteur. En ce qui concerne le privilége du vendeur d'immeubles,
ce système me paraît inadmissible en présence de l'art. 2113 C. civ.,
aux termes duquel le privilége qui n'est pas inscrit en temps utile dégénère en une simple hypothèque. Si ce n'est qu'une fraction du droit de
propriété, il doit rester tel, quels que soient les événements postérieurs;
aucun fait autre que la volonté expresse du vendeur ne peut avoir
l'énergie de transformer un droit de propriété en un droit de créance.
J'ajoute qu'il est inconciliable avec les termes de l'art. 1583 du Code civil,
d'après lequel la propriété est transférée au regard de l'acheteur et de
ses ayant cause par le seul consentement. Il est vrai que la loi du
23 mars 1855 maintient la propriété sur la tête du vendeur tant que le
contrat de vente n'a pas été transcrit; mais il n'en est ainsi qu'à l'égard
des tiers, et nous verrons plus loin que par tiers il faut entendre, non
pas ceux qui ont traité avec l'acheteur, mais ceux qui sont entrés en
relation d'affaires avec le vendeur. La théorie qui voit dans le privilége
du vendeur une retenue du droit de propriété ne peut donc se soutenir
à aucun point de vue. C'est un droit réel dérivant de la loi; c'est une
cause de préférence attachée par le législateur à la qualité même du
droit dont le vendeur est armé contre l'acheteur.

CHAPITRE PREMIER.

PRIVILÉGE DU VENDEUR D'EFFETS MOBILIERS NON PAYÉS.

(C. civ., art. 2102-4°.)

Ce privilége est accordé au vendeur d'effets mobiliers, que l'acheteur ait pris un terme pour le paiement, ou que, la vente ayant été faite au comptant, le prix n'ait pas été versé immédiatement ; qu'il s'agisse de meubles individuels, ou de meubles pris comme universalité, que le contrat ait porté sur des meubles corporels, ou sur des meubles incorporels. Cette dernière proposition a pourtant été contestée ; on a prétendu, en argumentant des art. 533, 534 et 535 du Code civil, que les mots « effets mobiliers » ne doivent s'entendre que des meubles par leur nature, de ceux qui sont susceptibles d'une véritable possession. Mais, outre que l'esprit de l'art. 2102-4° répugne à cette interprétation, attendu que le vendeur d'un meuble incorporel est aussi favorable que le vendeur d'un effet mobilier corporel, la lettre de la loi nous vient en aide, et suffit pour démontrer le peu de fondement juridique de cette doctrine. L'art. 2102-4° n'établit aucune distinction ; il s'en réfère, par conséquent, au sens des mots « effets mobiliers » tel qu'il est déterminé au chapitre II du titre *de la Distinction des biens.* Or l'art. 535, à ce titre, est ainsi conçu : « L'expression biens meubles, celle de mobilier, ou d'effets mobiliers, comprennent généralement tout ce qui est censé meuble d'après les règles ci-dessus établies. » C'est un renvoi à l'art. 527, qui comprend dans la catégorie des meubles, ceux qui sont tels par leur nature ou par la détermination de la loi. Il faut donc accorder le privilége à celui qui a vendu un des meubles énumérés par l'art. 529, tels que créance, actions ou intérêts dans les compagnies de finance, de commerce ou d'industrie, rentes perpétuelles ou viagères soit sur l'État, soit sur des particuliers. Ce privilége appartient également au cédant de l'achalandage d'un fonds de commerce, ou d'un office ministériel. Mais la cession des offices étant soumise à une législation particulière, nous renvoyons à la fin du chapitre, l'étude des questions intéressantes que soulève ce privilége.

La loi n'impose qu'une seule condition à l'exercice du privilége du vendeur d'effets mobiliers non payés : c'est que la chose soit encore en la *possession* du débiteur. Il faut, comme le disait l'art. 177 de la Coutume de Paris, que la chose soit saisie sur le débiteur. Tant que l'objet vendu fait partie du patrimoine de l'acheteur, il est au pouvoir du vendeur de poursuivre sur lui le paiement de sa créance, et de venir sur le prix par préférence aux autres créanciers. Mais une fois qu'il en est sorti au profit d'un tiers qui le détient *jure domini*, il ne peut plus être question de privilége; ce point est hors de doute lorsque l'acquéreur est de bonne foi, c'est-à-dire a ignoré que la chose fût grevée du privilége du vendeur. La possession avec juste titre et bonne foi fait acquérir au possesseur la propriété pleine et entière, franche et quitte des droits réels de propriété ou de nantissement (2279). A supposer que le privilége du vendeur d'effets mobiliers soit affecté du caractère de réalité, ce qui n'est pas, ainsi que nous le démontrerons bientôt, il n'en serait pas moins éteint, d'après la maxime « en fait de meubles, possession vaut titre. » — Le privilége est encore également perdu lorsque le tiers acquéreur est de mauvaise foi; sans doute il ne peut pas invoquer l'art. 2279, mais il est protégé par l'art. 2102, qui exige pour l'exercice du privilége que le meuble soit encore en la possession du débiteur. Or, bien que le second acquéreur soit de mauvaise foi, on ne peut nier qu'il ait la possession et même la possession civile, car il détient *animo domini;* bien plus, il est propriétaire, et cela suffit pour que le privilége du vendeur trouve devant lui un obstacle insurmontable : on ne peut pas dire, comme le demandait l'art. 177 de la Coutume de Paris, que la chose est saisie sur le débiteur (1).

Il semble que le privilége existe encore dans le cas où l'acheteur primitif ayant vendu l'objet à un second acquéreur, n'en a pas encore fait tradition; en effet, il est encore en possession, et cela seul doit suffire pour l'exercice du privilége du vendeur primitif. Cette doctrine, qui était exacte sous l'empire de notre ancien droit, alors que la tradition dessaisissait le vendeur de son droit de propriété, doit être repoussée depuis que le Code civil (art. 711, 1138, 1583) a consacré le principe de la translation de la propriété, soit des immeubles, soit des meubles, par le seul consentement. Dire que le vendeur non payé peut exercer son privilége sur l'objet revendu, mais non livré par son acquéreur, c'est dire que le vendeur a retenu son droit de propriété; c'est contester formellement le titre de créancier que la loi lui donne, pour lui reconnaître le titre de propriétaire : un créancier ne peut réaliser les biens qui sont le gage de sa créance, qu'autant qu'ils appartiennent encore à son débi-

_____

(1) Le second acheteur ne sera pas cependant à l'abri de toute atteinte. Si la revente faite par le premier acheteur a créé ou augmenté son insolvabilité; si, d'autre part, il a contracté, connaissant l'état précaire de sa fortune, avec un second acheteur qui a participé à la fraude dans le but de frustrer les créanciers de son vendeur, les conditions d'exercice de l'action paulienne se trouveront réunies, et le vendeur primitif, agissant aux termes de l'art. 1167, fera rescinder la vente consentie par son débiteur. Dès lors, la chose rentrant dans le patrimoine de ce dernier, il pourra faire valoir son privilége.

teur (2092). Celui qui, au contraire, est investi du droit de propriété, peut rechercher sa chose en quelque main qu'elle soit. Or, le vendeur de meubles créancier du prix est absolument dans la même situation que les créanciers chirographaires, quant à l'application de l'art. 2092 du Code civil. Les créanciers chirographaires ne sauraient certainement élever la prétention de se faire payer sur le prix provenant de la revente du meuble vendu, mais non livré par leur débiteur. Le vendeur créancier privilégié n'a pas plus de droit que les créanciers chirographaires. Et qu'on ne vienne pas dire que le vendeur est investi d'un droit plus étendu que celui des créanciers chirographaires; qu'il est armé d'un droit réel. Sans doute sa créance est plus favorable; la loi lui assigne un rang privilégié dans le concours qui s'élève entre tous les créanciers de l'acheteur. Mais là s'arrête la protection de la loi; elle ne va pas jusqu'à lui permettre de suivre le meuble grevé du privilége entre les mains des tiers détenteurs. En d'autres termes, le privilége du vendeur d'effets mobiliers non payé ne donne au vendeur qu'un droit de préférence; mais contrairement à la règle suivie en matière de priviléges immobiliers, elle ne donne aucun droit de suite, c'est-à-dire que le vendeur privilégié à l'égard de la masse ne l'est plus à l'égard des tiers qui ont acquis la propriété de la chose grevée. Opposable lorsque le conflit s'élève entre le vendeur et les autres créanciers de l'acheteur, le privilége cesse de l'être lorsque la lutte s'établit entre le vendeur et un tiers acquéreur; dans ce conflit du droit personnel et du droit réel, c'est le droit réel qui sort vainqueur. Tel est le principe certain qui se dégage de tous les textes du Code relatifs aux priviléges et hypothèques. Or, que devient ce principe dans le système qui permet au vendeur de saisir la chose revendue, mais non livrée par le premier acheteur? Il est formellement méconnu, puisque nos adversaires aboutissent directement à donner un droit de suite au vendeur. Un système qui viole aussi ouvertement toutes les règles du Code civil n'aurait pas dû trouver la faveur qu'il a rencontrée dans la doctrine. Il est vrai qu'outre la lettre judaïque de l'article 2102, on prétend encore l'étayer sur l'art. 2279, qui exige le fait de la possession par le tiers, pour que les droits réels, tels que ceux de gage et de nantissement sur la chose mobilière, soient anéantis. Mais cet argument échappe encore; admissible, si le privilége du vendeur d'effets mobiliers était un véritable droit réel, il doit être rejeté lorsque le principal caractère de la réalité, c'est-à-dire le droit de suite fait défaut, lorsque ce qui domine dans le droit du vendeur est avant tout et essentiellement l'élément personnel.

Ainsi, le vendeur a perdu son privilége lorsque la chose a été livrée par l'acquéreur primitif à un second acheteur, ou lorsque, sans avoir été livrée, un contrat translatif de propriété est intervenu entre le premier et un second acheteur. Tout, cependant, n'est pas consommé,

Dans l'un et l'autre cas, il est temps encore, pour le vendeur, de faire valoir son droit de préférence si le prix n'a pas été payé par le second acheteur. Ce qui est enlevé au vendeur, c'est le droit de saisir la chose entre les mains du tiers détenteur. Mais, au regard des créanciers du premier acheteur, le privilége subsiste malgré la revente ; peu importe, quant au droit de préférence, que la chose n'appartienne plus au débiteur commun. Le privilége, existant par lui-même dès sa naissance, et s'exerçant, non pas sur la chose, mais sur la valeur qu'elle représente, vit avec toute son énergie aussi longtemps que cette valeur se trouve dans le patrimoine du débiteur, et est facilement reconnaissable : *pretium succedit loco rei*. Il n'est définitivement perdu que si le prix a été versé au premier acheteur ; car, une somme d'argent étant une chose qui se consomme par le premier usage, il est difficile de déterminer, dans la caisse de l'acheteur, les écus qui proviennent de la revente. De même, si le premier acheteur a cédé à un tiers la créance provenant de la revente, pourvu que cette cession ait été signifiée au débiteur cédé ou acceptée par lui dans un acte authentique, conformément à l'art. 1690 C. civ. ; désormais c'est le cessionnaire qui a un droit exclusif au paiement du prix. De même, enfin, si la créance du prix a été judiciairement attribuée à d'autres créanciers par voie de saisie-arrêt validée en justice ; car, à partir de ce moment, elle devient la propriété des créanciers saisissants.

Mais, à part ces événements qui éteignent la créance du premier acheteur, et, par voie de conséquence, le privilége du premier vendeur, ce privilége subsiste tant que l'action en paiement grossit le patrimoine du débiteur. Le vendeur originaire a conservé le droit de frapper la créance de saisie et de se faire payer sur le prix par préférence à tous autres créanciers. Ce point a cependant été contesté. Sans doute, a-t-on dit, le privilége s'exerce sur le prix de l'objet vendu ; le créancier ne demande pas l'objet en nature, mais sa transformation en valeur pécuniaire, au moyen de quoi il sera payé le premier. Toutefois, pour qu'il en soit ainsi, il faut que la vente qui réalise cette valeur présente certaines garanties : elle ne doit pas avoir été faite à l'amiable, sous le manteau de la cheminée, sans le concours d'aucun étranger et sans officier ministériel. C'est la vente aux enchères publiques qui permet l'exercice du privilége. Or, dans notre espèce, la vente a été faite de gré à gré, sans aucune garantie ; l'acheteur originaire a cédé l'objet, mais sous de mauvaises conditions : en conséquence, la créance ne peut pas être affectée au privilége. — Ce raisonnement ne doit pas nous arrêter longtemps ; nous nous emparons d'abord de cette concession faite par nos adversaires, à savoir que le privilége ne s'exerce que sur le prix de l'objet. Mais alors, qu'on nous montre un texte qui exige que ce prix soit déterminé par des enchères publiques. Le n° 4 de l'art. 2102 garde sur ce point un silence absolu. Ce serait donc ajouter aux conditions de la loi que de demander l'intervention d'un officier public pour la vente des effets mobiliers. J'ajoute qu'on se fait étrangement illusion quand on croit que les ventes publiques font monter le prix à des proportions plus considérables que les ventes à l'amiable; le plus souvent, au contraire, les objets vendus aux enchères publiques sont acquis à vil prix, de sorte que le danger signalé n'existe presque jamais. Mais, alors même que l'acheteur aurait revendu au-dessous de leur valeur réelle les objets par lui acquis, cette circonstance, comme le disent MM. Aubry et Rau, ne saurait jamais être un motif pour dénier au vendeur, d'une manière absolue, tout droit de préférence, et pourrait tout au plus donner lieu à une contestation sur la somme à laquelle il aurait droit à titre de privilége (1).

Le privilége est-il perdu lorsque la chose n'est plus entre les mains de l'acheteur, qui l'a prêtée à un commodataire, ou confiée à un mandataire ou à un dépositaire? La question ne peut pas faire de difficulté; ces personnes ne sont pas des possesseurs, mais bien des détenteurs précaires; leur titre même est une reconnaissance du droit de l'acheteur; ils n'ont pas la possession civile exigée par l'art. 2102-4°, mais la possession naturelle, le fait même de la détention sans *animus domini*. Partant, le privilége du vendeur peut atteindre l'objet entre leurs mains, puisque l'acheteur en conserve la possession par leur intermédiaire.

Le même accord n'existe plus lorsque l'acheteur a donné en gage à un de ses créanciers les objets mobiliers dont il doit encore le prix. La presque unanimité des auteurs admet, dans ce cas, l'existence du privilége. Troplong soutient, au contraire, que le privilége est éteint d'une manière absolue et à l'égard de tous les créanciers indistinctement. En effet, dit-il, le gagiste n'est pas un procureur; il possède pour lui-même et, dans tout ce qui n'est pas relatif à la prescription, il possède réellement et utilement. L'acheteur ne conserve plus sur cette chose une possession suffisante; d'où il résulte que le vendeur auquel son prix est encore dû, n'a plus qu'une créance ordinaire. Troplong invoque encore à son appui l'autorité de Ferrière et de Brodeau. — Dans ce débat, nous nous rangeons du côté de la majorité des auteurs. A notre avis, le privilége du vendeur peut être paralysé par le privilége du créancier gagiste, mais il n'est certainement pas anéanti par lui. Il est hors de doute qu'il y a dépossession de la part de l'acheteur primitif; mais en vain celui-ci a-t-il perdu la possession matérielle, il n'en a pas moins

(1) Ce qui prouve surabondamment qu'il n'est pas besoin que l'objet ait été revendu aux enchères publiques pour que la créance du prix soit affectée au privilége du vendeur primitif, c'est ce qui a lieu en matière de cession d'office. Le cédant a incontestablement privilége sur le prix de la revente de l'office; et cependant tout le monde reconnaît que la vente aux enchères publiques est inadmissible dans l'espèce par des motifs d'ordre public.

conservé la possession de droit; l'*animus domini* réside en sa personne. C'est lui, qui, à titre de propriétaire, est investi de tous les attributs utiles de la possession. Lorsqu'une chose a été donnée en nantissement, c'est le propriétaire qui possède au point de vue de la prescription, de l'acquisition des fruits. Le créancier gagiste, au contraire, ne détient la chose que pour la conservation de son droit, *jure pignoris*. Au regard du débiteur, le gagiste est un détenteur précaire, tout comme le procureur, le dépositaire, l'emprunteur; toutefois avec cette différence que le gagiste a le droit de faire vendre l'objet qu'il détient. Mais, à part cette faculté, qui est la sauvegarde de son droit de gage, il possède pour autrui, et n'a que le fait corporel de la possession qui subsiste civilement entre les mains de l'acheteur. Nous nous trouvons donc dans les termes de l'art. 2102-4°. Quant à l'opinion de Ferrière et de Brodeau, loin de servir d'appui au système de Troplong, elle lui fait, au contraire, complétement défaut, et se tourne contre lui. Ces auteurs, en effet, ne se préoccupent nullement de la question de savoir si le privilége du vendeur d'effets mobiliers est anéanti par la constitution de gage qui porte sur l'objet vendu; ils étudient, au contraire, le conflit qui peut s'élever entre le privilége du vendeur et celui du créancier gagiste. Nous n'avons point à rapporter la solution qu'ils donnent, car elle n'est d'aucune utilité au débat. Qu'il nous suffise de faire remarquer que, d'après eux, la lutte s'établit quelquefois entre un vendeur d'effets mobiliers, et un créancier auquel ces objets mêmes ont été donnés en gage. Mais s'il y a lutte, c'est donc que le privilége du vendeur existe même en face du privilége du créancier gagiste; c'est donc que la constitution de gage faite par l'acheteur originaire sur l'objet vendu n'a pas pour effet d'anéantir la créance privilégiée du vendeur. — Enfin la question nous semble formellement tranchée par l'art. 2102-4° lui-même, qui, posant la question que Ferrière et Brodeau posaient dans l'ancien droit, reconnaît par là même l'existence du privilége du vendeur, bien que la chose ait été donnée en gage à un de ses créanciers par l'acheteur. Ce qui est vrai, c'est que le privilégo du créancier gagiste primera quelquefois le privilége du vendeur, lorsque le créancier aura été de bonne foi, c'est-à-dire aura ignoré que le prix des objets était encore dû au vendeur (art. 2279, 2102-4°, *in fine*). Mais si le créancier gagiste est de mauvaise foi, le privilége du vendeur existera dans toute son intégrité. La constitution de gage n'aura en rien diminué la sûreté que la loi donne au vendeur.

Aucune autre condition que la possession n'est requise pour l'exercice du privilége. Celui-ci ne périt que lorsque la chose vendue a cessé d'appartenir à l'acheteur, où bien lorsqu'elle est si complétement et si absolument détruite, qu'il n'en existe plus aucune trace, aucune partie visible ou saisissable; en d'autres termes, lorsqu'elle n'est plus *recon-*

naissable. Mais tant qu'elle n'est point sortie du patrimoine de l'acheteur, sous quelque forme qu'elle s'y trouve, et si graves que soient les modifications qu'elle a subies, elle continue d'être le gage exclusif du vendeur. Par exemple, Primus a vendu à Secundus deux blocs, l'un de marbre, l'autre de bronze, avec lesquels il a fait deux statues; le privilége ne sera pas perdu. Cette solution n'a pas cependant été admise par tous les auteurs, et deux systèmes principaux se sont fait jour; mais tous les deux ont, selon nous, méconnu le véritable esprit de la loi.

D'après Duranton, pour savoir si le privilége continue d'exister lorsque la chose vendue a subi des changements qui ont modifié sa nature primitive, il faut faire la distinction établie par les art. 570 et 571 du Code civil. Le travail est-il plus considérable que la matière, c'est une propriété nouvelle qui a été créée : une *nova species* absorbe l'ancien objet, et comme la nouvelle propriété résultant du travail de l'acheteur a plus de valeur que l'ancienne, celle-ci disparaît complétement pour se confondre dans l'unité de l'objet créé. Le privilége est éteint. Est-ce au contraire la matière qui est plus considérable que le travail, la chose n'a pas sensiblement changé de nature. Le droit de propriété résultant du travail n'a pas assez d'énergie pour attirer à lui le droit de propriété plus considérable qui existait auparavant grevé du privilége. Le privilége est conservé. Si ingénieuse que soit cette distinction, nous ne croyons pas qu'elle ait été dans les intentions du législateur. Remarquons en effet que la question traitée dans les art. 570 et 571 n'est pas la même que celle qui nous occupe. Dans les art. 570 et 571, il s'agit de déterminer à qui appartient le droit de propriété sur un objet nouveau créé par un spécificateur avec la matière d'autrui. Ici pas de question de propriété, puisque c'est avec sa propre chose que le propriétaire a fait ou fait faire une *species nova*. Ce qui s'agite, c'est la question de savoir si le vendeur a conservé ou perdu son privilége. Dans le premier cas, l'équité est toujours satisfaite, car une indemnité sera payée soit au spécificateur, soit au maître de la matière. Dans le second, comment fixer une indemnité, et si elle est fixée, quels moyens donner au vendeur pour s'en assurer le paiement. Donc l'analogie fait complétement défaut, et dès lors pourquoi conclure à l'application des art. 570 et 571 du Code civil, dans une question à laquelle ces articles sont absolument étrangers?

Troplong, à son tour, propose une solution qu'il emprunte aux textes du droit romain. La chose transformée peut-elle revenir à son espèce primitive, le privilége est maintenu; au contraire, n'est-elle pas susceptible d'être ramenée à son ancienne forme, le privilége se trouve éteint. De même, d'après une théorie exposée par Cujas, les mutations subies par la chose vendue emportent l'extinction du privilége, lorsqu'elles empêchent cette chose de subsister dans son espèce : *Mutatio quæ parit novam speciem et priorem perimit quæ pignori nexa erat, procul dubio pignus perimit.* Ce système est si contraire à l'équité, que nous le rejetons absolument. N'oublions pas que si le privilége a son fondement dans le droit sacré de la propriété, il s'appuie également sur l'équité naturelle. Or ne serait-elle pas blessée au premier chef, si les créanciers de l'acheteur étaient appelés à concourir avec le vendeur sur la valeur dont il n'a consenti à se dépouiller que sous la condition qu'il en recevrait le prix. Prenons ce que Cujas appelle un exemple de *mutatio ex subjecto in non subjectum.* Je vous vends une barque qui est détruite plus tard par une tempête. La force dissolvante des éléments a été telle qu'on ne retrouve plus que les planches. Si l'on applique le principe de Troplong, le vendeur ne pourra plus exercer son privilége; car c'est une barque qu'il avait vendue, et ce ne sont plus que des planches disjointes que l'on retrouve. Et pourtant n'est-ce pas grâce à lui que cette chose vient augmenter le patrimoine du débiteur? La barque n'existe plus, il est vrai, mais ces planches n'ont-elles pas été comprises dans le contrat de vente; n'ont-elles pas été jadis la propriété du vendeur? Permettrez-vous aux autres créanciers de s'enrichir injustement de sa dépouille?

Telle est pourtant la conséquence inique à laquelle on arrive avec les principes du droit romain. Mais poursuivons. Je vous ai vendu un bloc de marbre et un bloc de bronze; de ces deux blocs, vous avez fait deux statues. Le privilége sera-t-il perdu dans les deux cas? Non, en ce qui concerne la statue de bronze, car elle peut toujours revenir à sa forme primitive; mais tout sera consommé relativement à la statue de marbre. On se demande, en vérité, si cette solution est juridique. Pour inique, elle l'est incontestablement; on ne voit pas la raison de distinguer entre les deux hypothèses. Mais il suffit d'étudier l'ancienne jurisprudence et l'esprit général de notre code, en matière de privilége et d'hypothèque, le texte enfin de l'art. 2102, pour se convaincre du peu de fondement de ce système. Il fut jugé, dans l'ancien droit, que le privilége du vendeur pouvait être utilement exercé sur le sucre raffiné avec les cassonades qui avaient fait l'objet de la vente. De même l'espèce suivante fut jugée par le Parlement de Rouen : Un marchand avait vendu des draps à crédit; avec ces draps l'acheteur fit un lit et des chaises. Le vendeur avait-il perdu son privilége? Le Parlement de Rouen décida la négative, et permit au vendeur de se faire payer par préférence sur le prix provenant de la vente du lit et des chaises, déduction faite de la plus-value résultant des franges et du bois. La jurisprudence de nos anciens Parlements était donc loin d'admettre le système de Troplong, renouvelé de Cujas. Tout nous porte à penser que le Code civil n'a pas voulu changer cette jurisprudence. En effet, le régime hypothécaire tout entier proteste contre une pareille innovation. Quelles que soient les modifications survenues à l'immeuble, alors même qu'elles lui ont fait perdre sa nature et sa destination, les priviléges et hypothèques subsistent toujours. Sur un sol nu vous avez construit; l'hypothèque s'étend à l'amélioration. Une maison grevée d'un privilége ou d'une hypothèque vient à être détruite, le privilége et l'hypothèque continuent néanmoins d'affecter le sol. Pourquoi ne pas croire que c'est le même esprit qui domine dans la matière des priviléges mobiliers? Pourquoi ne pas appliquer à ces priviléges la même règle qu'aux priviléges immobiliers? Rien pourtant n'est plus naturel en présence du texte de l'art. 2102-4°. S'agit-il de de l'exercice du privilége : cet article n'exige qu'une seule condition, à savoir la possession des objets vendus par l'acheteur; mais la possession de ces objets, en quelque état qu'ils soient, pourvu qu'on puisse constater leur identité. S'agit-il, au contraire, de l'exercice de la revendication, la loi se montre plus exigeante; il ne suffit pas qu'on puisse suivre la trace de la chose vendue dans le patrimoine de l'acheteur; il ne suffit plus qu'elle soit reconnaissable, il faut, dit le texte, que les effets se trouvent *dans le même état dans lequel la livraison a été faite*. Cette antithèse nous montre bien que cette condition n'est pas requise pour l'exercice du privilége, et la raison en est facile à comprendre. La revendication s'attachant à l'objet lui-même, ne peut atteindre que cet objet avec son intégrité primitive; le privilége, au contraire, affecte non pas la chose, mais sa valeur, dans toutes les transformations qu'elle subit. Partant, il suit toujours cette valeur sous les différentes formes qu'il plaît à l'acheteur de donner à la chose; il n'y a dans cet ordre d'idées que la perte de la chose ou sa confusion avec le surplus des biens du débiteur qui puisse entraîner l'extinction du privilége.

Lorsque la chose vendue a été travaillée et façonnée par l'acheteur, et qu'il est résulté une plus-value des changements qu'elle a subis, cette plus-value est-elle comprise dans le privilége, ou faut-il l'en déduire? On l'en déduisait dans l'ancien droit, et ceci paraît raisonnable; car le privilége du vendeur n'est légitime qu'à la condition d'être limité à la chose vendue; en l'étendant au delà, on attribue au vendeur tout le bénéfice du travail de l'acheteur, à l'exclusion des autres créanciers de l'acheteur, ce qui paraît peu équitable. Cependant Duranton et Troplong n'admettent pas cette limitation du privilége dans les cas où ils le déclarent conservé. Sur ce point, nous sommes d'accord avec ces jurisconsultes; car cette déduction de la plus-value, résultant du travail de l'acheteur, pourrait donner lieu à des difficultés d'autant plus regrettables que les intérêts engagés en cette matière sont ordinairement de bien faible importance. Ce qui nous confirme dans notre opinion, c'est ce qui a lieu relativement au privilége du vendeur d'immeubles : ce privilége ne s'étend certainement pas à la plus-value qui résulte des constructions et améliorations faites sur l'immeuble; mais alors, la loi détermine les formalités à l'aide desquelles cette plus-value sera constatée. Rien de semblable en ce qui concerne le privilége du vendeur d'effets mobiliers; c'est donc qu'il s'accroît de toute la plus-value résultant des travaux.

S'il arrive fréquemment que les objets mobiliers se transforment dans le patrimoine de l'acheteur, tout en conservant leur nature de meuble, il arrive non moins fréquemment que cette transformation s'analyse dans la perte du caractère mobilier qui appartenait à la chose vendue. Le meuble peut passer à l'état d'immeuble, et la question se présente alors de savoir si le changement d'état n'a pas pour effet d'anéantir le privilége?

L'affirmative n'est pas douteuse, lorsque les effets mobiliers deviennent immeubles *par nature*. Par exemple, l'acheteur a employé les pièces de bois qui avaient fait l'objet de la vente à la construction d'un édifice. Dans ce cas, ce ne sont plus des meubles que l'on retrouve, mais des objets qui sont confondus dans une unité immobilière; ils n'ont pas une existence indépendante de la maison : le privilége est perdu tant à l'égard des créanciers chirographaires que des créanciers hypothécaires de l'acheteur.

Mais où de sérieuses difficultés commencent, c'est lorsque les objets mobiliers sont devenus *immeubles par destination*. Primus a acheté des animaux, des ustensiles aratoires, et les a attachés à l'exploitation d'un fonds dont il est propriétaire. Que devient alors le privilége du vendeur non payé? S'il n'y avait dans nos codes que l'art. 2102-4° du Code civil, la difficulté n'existerait pas. Le privilége du vendeur serait évidemment éteint à l'égard de tous les créanciers de l'acheteur, comme cela a lieu dans le cas où les meubles sont devenus immeubles par nature. Mais les art. 592 et 593 du Code de procédure viennent compliquer singulièrement la situation. L'art. 592 pose en principe que les meubles qui, par leur incorporation à un immeuble, ont revêtu le caractère immobilier, ne peuvent être saisis mobilièrement. Ils ne sont susceptibles que d'une saisie immobilière, parce qu'ils sont de véritables immeubles. Toutefois, vis-à-vis du vendeur, ces objets ont conservé leur nature de meuble, et celui-ci n'a pas besoin de suivre la procédure de la saisie immobilière pour obtenir paiement; il procèdera par voie de saisie-exécution (article 593). Qu'est-ce à dire, sinon que l'incorporation de ces objets à un immeuble ne leur a pas communiqué le caractère d'immeuble; sinon que le vendeur a conservé son privilége, puisqu'à son égard la chose existe toujours comme meuble dans le patrimoine de l'acheteur?

Cette proposition est généralement admise à l'égard des créanciers chirographaires de l'acheteur; la plupart des auteurs décident que le privilége du vendeur leur est opposable. Le désaccord n'existe surtout que vis-à-vis des créanciers hypothécaires. Certains auteurs soutiennent qu'à leur regard le privilége est éteint; et, sur ce point, une controverse fort vive s'est produite. Mais les solutions données par les partisans de ce dernier système sont tellement divergentes que nous devons nous tenir en garde, et ne les accepter que si elles résistent à un examen sérieux et réfléchi des principes du droit.

Un premier système prétend que l'immobilisation par destination a pour effet de conserver le privilége vis-à-vis de tous les créanciers chirographaires, mais que le privilége n'est point opposable aux créanciers hypothécaires antérieurs à l'immobilisation. Sans doute, dit-on, les meubles ne sont point susceptibles d'hypothèque (art. 2119). Mais que ces meubles soient incorporés à un immeuble, et aussitôt ils prennent le caractère de la chose principale à laquelle ils accèdent; ils deviennent eux-mêmes immeubles, susceptibles d'hypothèque (art. 2118): s'ils sont susceptibles d'hypothèque, ils tombent sous l'application de l'art. 2133 du Code civil, aux termes duquel l'hypothèque acquise s'étend à toutes les améliorations survenues à l'immeuble hypothéqué. Partant, il n'y a plus de place pour le privilége du vendeur : il doit céder le pas à l'hypothèque, qui s'est assise sur les objets mobiliers aussitôt qu'ils ont perdu leur nature primitive.

Cette raison n'est que spécieuse. Si nous devions l'accepter, elle nous conduirait à des conséquences qui sont rejetées par ceux-là mêmes qui l'invoquent pour étayer leur doctrine; nous devrions décider que le privilége n'est pas même opposable aux créanciers chirographaires de l'acheteur : la chose n'existant plus en tant que meuble, le privilége du vendeur serait éteint, et l'objet nouveau, étant entré dans le patrimoine de l'acheteur en qualité d'immeuble, sans affectation spéciale, serait devenu immédiatement le gage commun de tous les créanciers (art. 2092 C. civ.). Les partisans du système que nous combattons sentent si bien la force de cette argumentation, qu'ils font tous leurs efforts pour maintenir le privilége en face des créanciers chirographaires. Ces créanciers, disent-ils, sont les ayant cause de l'acheteur; or, entre l'acheteur et le vendeur, la chose ayant conservé sa nature mobilière, aux termes de l'art. 593 du Code de procédure civile, il en doit être ainsi par rapport aux créanciers chirographaires, représentés par leur débiteur. Au contraire, les créanciers hypothécaires n'ont pas suivi la foi de l'acheteur; ils sont des tiers ayant un droit distinct et indépendant du droit de leur débiteur, par lequel ils ne sont pas le moins du monde représentés. Que leur importe alors que la chose soit considérée comme mobilière dans les rapports du vendeur avec l'acheteur? Quant à eux, la chose est réellement ce qu'elle est, c'est-à-dire un immeuble; partant, leur droit hypothécaire est entier et ne doit en rien souffrir du privilége du vendeur.

Il est vrai que l'hypothèque est indépendante des agissements du débiteur; elle subsiste, quelles que soient les modifications que subisse le droit de propriété en sa personne. Mais son indépendance ne va pas plus loin. Pour sa naissance, comme pour son extension, elle est liée au droit de propriété du débiteur. Si elle continue d'exister, bien que le constituant ait perdu tous ses droits sur la chose grevée, elle ne peut commencer à vivre qu'autant que la propriété existe sur la tête du constituant : elle ne peut s'accroître qu'autant que s'accroît elle-même la propriété immobilière du constituant ou du tiers détenteur. Elle n'augmente, en un mot, que parce que le patrimoine immobilier du débiteur augmente et s'accroît. Or, peut-on soutenir, en présence de l'art. 593 du Code de procédure, qu'au regard du vendeur créancier du prix, les meubles soient entrés dans le patrimoine immobilier de l'acheteur? La négative n'est-elle pas évidente? Prétendre, dès lors, que ces meubles sont entrés dans l'hypothèque, c'est, comme l'a dit Mourlon, prétendre qu'il peut y avoir un effet sans cause. L'art. 593 C. pr. lui-même ne tranche-t-il pas la question? Si les meubles avaient été immobilisés dans l'intérêt des créanciers hypothécaires, aurait-il, sans restriction et dans tous les cas, accordé au vendeur le droit de saisir, par la voie mobilière, les meubles transformés en immeubles par destination. Il ne lui eût concédé cette faculté qu'autant que l'immeuble auquel l'incorporation a été faite, aurait été libre de toute hypothèque. Or, les termes de l'art. 593 sont absolus. Quelle que soit la qualité des créanciers en présence desquels il se trouve, le vendeur créancier jouit du bénéfice de la saisie-exécution. Son privilége est donc opposable aux créanciers hypothécaires antérieurs à l'immobilisation.

Tout au moins ne s'efface-t-il pas devant les hypothèques postérieures, si, lors de l'établissement de ces droits réels, les créanciers postérieurs ont ignoré le droit du vendeur? C'est ce qu'admet un autre système qui, comme nous, reconnaît le maintien du privilége à l'égard des créanciers chirographaires et des créanciers hypothécaires, dont le droit a pris naissance avant le fait de l'incorporation. Mais ce système ne me paraît pas plus admissible que le premier, et pour les mêmes motifs. Les meubles immobilisés sur le fonds, conservant, dans l'intérêt du créancier qui les a vendus, et pour sûreté de sa créance, leur caractère mobilier, ne sont point susceptibles d'entrer dans une hypothèque qui lui soit opposable. En ce qui concerne l'acheteur, les meubles, quoique immobilisés, conservent leur nature tant que le prix est encore dû; l'immobilisation existe, pour ainsi dire, sous condition suspensive et ne se réalise que du jour de l'avènement de la condition, c'est-à-dire par le paiement du prix. Or, l'hypothèque est affectée de la même condition; elle doit s'asseoir sur des immeubles, et doit avoir une base solide. En un mot, l'acheteur n'a pu conférer de droit définitif sur des meubles qui ne seront immobilisés qu'autant que le prix sera payé.

Marcadé a répondu à cet argument en prétendant qu'il soit faux qu'un tiers ne puisse avoir plus de droit que n'en aurait eu l'acheteur;

et il cite l'hypothèse où quelqu'un aurait acheté le meuble de l'acheteur et en aurait été mis en possession de bonne foi. L'acheteur primitif n'aurait pas été à l'abri de l'action résolutoire ni du privilége, tandis que le second n'a rien à craindre à cause de sa bonne foi. « Si, ajoute-t-il, il en est de même du créancier dont ce meuble est devenu le gage mobilier, pourquoi en serait-il autrement de celui dont il est devenu, par son immobilisation, le gage hypothécaire? » Mais Marcadé se trompe étrangement, et fait ici une fausse application des règles de l'analogie. Si le tiers de bonne foi peut se retrancher derrière l'art. 2279 C. civ., pour se mettre à l'abri des droits de résolution et de privilége, si le créancier gagiste l'emporte sur le vendeur dans le concours qui s'établit entre eux, est-ce à leur bonne foi seulement qu'ils le doivent? L'article 2279 n'exige pas seulement la bonne foi pour que les droits réels d'hypothèque ou de nantissement soient éteints sur les meubles, pour que la propriété et le nantissement mobiliers soient acquis, il requiert en outre le fait de la possession; ce n'est pas la bonne foi toute seule, mais la bonne foi jointe à la possession qui met le second acheteur à l'abri du privilége, qui, par conséquent, confère à ce second acheteur plus de droit que n'en avait le premier acquéreur. — Quant au créancier qui n'a acquis qu'un droit d'hypothèque, peut-il comparer sa situation à la situation de celui qui a acquis la propriété ou le droit de gage? Évidemment non; car l'hypothèque est insusceptible de possession. Non-seulement le créancier hypothécaire ne possède pas son hypothèque, mais il ne possède même pas la chose affectée à la sûreté de sa créance. De quel secours est alors la bonne foi du créancier hypothécaire, puisque la bonne foi, sans la possession, est une protection insuffisante? D'autant plus que cette bonne foi n'est pas si évidente; comme le dit Mourlon, un créancier vigilant n'accepte jamais un gage, qu'il ne se soit préalablement assuré que le bien qu'on lui offre pour sa sûreté a été entièrement payé, à supposer qu'il ait été acheté par le propriétaire avec qui il traite : *curiosus esse debet creditor.*

Enfin, comment ne pas admettre l'existence du privilége, même en présence des créanciers hypothécaires postérieurs à l'immobilisation, lorsqu'on reconnaît qu'il est opposable aux créanciers antérieurs? Est-il logique que ces hypothèques, primées par le privilége du vendeur, priment à leur tour les hypothèques postérieures qui l'emportent elles-mêmes sur ce privilége? C'est là un cercle dont on ne peut guère sortir, et qui s'accorde mal avec la maxime : *Si vinco vincentem te, a fortiori te vincam.*

Un troisième système, consacré par un arrêt de la Cour de cassation du 9 juillet 1847, a imaginé une autre distinction. Les meubles sont-ils immobiliers, de telle sorte qu'ils ne puissent revenir à leur état primitif sans détériorer le fonds, le privilége du vendeur est éteint. Il est maintenu, au contraire, si cette nouvelle transformation peut se produire sans effort, sans qu'on soit obligé d'employer la violence pour faire cesser l'immobilisation. Ainsi, le privilége sera perdu sur les tableaux qui font corps avec la boiserie ; il continuera d'exister sur les bestiaux ou ustensiles aratoires attachés à l'exploitation de l'immeuble. — Nous croyons encore cette interprétation erronée, car l'immobilisation créée par le Code civil, le Code de procédure, la détruit par exception dans l'intérêt particulier du vendeur, et il la détruit dans tous les cas, aussi bien lorsque l'immobilisation est matérielle que lorsqu'elle est purement fictive. La distinction établie par la Cour de cassation nous paraît donc arbitraire, et comme telle inadmissible.

Le privilége du cédant d'un office ministériel est soumis à des règles particulières que nous avons réservées jusque-là. Les offices, en effet, ne sont point une propriété ordinaire constituant, dans leur entier, un élément du patrimoine du titulaire. Il résulte de l'art. 91 de la loi du 28 avril 1816, que les officiers ministériels n'ont pas le droit de se choisir directement un successeur ; ce droit n'appartient qu'au chef de l'État. Les titulaires n'ont que la faculté de présenter leurs successeurs à l'agrément de ce dernier, qui peut ou non le refuser. L'office ministériel s'analyse donc en un double élément : l'un qui en fait une fonction publique, et qui, par conséquent, n'est pas dans le commerce, l'autre qui n'est que le droit de présentation, constituant au profit du titulaire, ses héritiers et sa veuve, et non au profit de ses créanciers (C. cass., 23 mai 1854), une véritable propriété, soumise à une réglementation et à des causes de résolution particulières. Ainsi, ce qui est dans le patrimoine du titulaire, c'est la valeur pécuniaire du droit de présentation. C'est cette valeur seule qui peut faire l'objet d'une convention intéressée ; c'est elle seule qui peut servir d'assiette au privilége. Ce n'est pas évidemment sur le titre même de l'office que porte le privilége, car l'office délégation de la puissance publique faite par le chef du pouvoir au nouveau titulaire, n'est pas un bien qui tombe dans notre patrimoine, qui soit susceptible de propriété privée, et qui puisse faire l'objet d'un contrat de vente. C'est pour n'avoir pas bien compris cette distinction, que quelques décisions judiciaires ont refusé d'accorder le privilége du vendeur au cédant d'un office ministériel. Mais aujourd'hui, la jurisprudence la plus constante place le cédant d'un office dans les termes du droit commun, c'est-à-dire que le droit de présentation, chose incorporelle qui tend *ad quid mobile*, étant essentiellement mobilier, le titulaire qui l'a transmis à un acheteur conserve sur cet effet mobilier un privilége, tout comme si l'objet qui fait partie du contrat eût été un meuble corporel. Toutefois, ce privilége n'existe qu'autant que la créance de l'ancien titulaire résulte d'un acte écrit, antérieur à la nomination de son successeur, qui établit réguliè-

8

rement les conditions de la cession. D'après un arrêt de la chambre civile de la Cour de cassation du 23 janvier 1843, une convention postérieure ou un jugement arbitral, portant fixation du prix de cession, ne suffirait point pour constituer le privilége.

Ce privilége ne peut pas, pour son exercice, être subordonné à la condition que l'office soit encore en la possession du débiteur. C'est surtout en cette matière que le privilége s'exerce sur le prix. Il existe donc lorsque le débiteur a cédé lui-même son droit de présentation, et il ne peut s'exercer qu'à ce moment. Mais que le premier titulaire soit diligent et veille à la conservation de son droit ; qu'il fasse immédiatement une saisie-arrêt entre les mains du second cessionnaire, car il sera trop tard pour se prévaloir du privilége si celui-ci a payé son prix au premier cessionnaire, ou si ce dernier en a disposé sans fraude par voie de transport-cession ou autrement. La jurisprudence décide que le privilége est perdu alors même que le paiement ou l'acte de disposition de la créance se sont produits avant la prestation de serment, et même avant la nomination du second cessionnaire (1).

De même, le titulaire primitif ne pourra point recourir à la procédure ordinaire pour réaliser son gage. La saisie-exécution et la vente aux enchères publiques sont ici impossibles, grâce à la nature juridique particulière des offices. L'ordre public est intéressé au plus haut degré à ce qu'ils soient occupés par des hommes dignes, à tous égards, de la confiance générale ; et les enchères publiques sont loin de présenter les garanties que donne le choix du chef de l'État. Il serait dangereux que le titre tombât entre les mains du plus offrant et dernier enchérisseur : l'intérêt du titulaire primitif et des créanciers du premier cessionnaire y trouverait peut-être son avantage, mais l'intérêt général en serait presque toujours gravement affecté. Le système que nous avons déjà combattu, et qui n'admet le privilége sur le prix de la revente qu'autant qu'il a été déterminé par le feu des enchères, ne peut certainement pas être soutenu quand il s'agit de privilége du cédant d'un office ministériel.

Nous appliquons encore à ce privilége le principe développé plus haut, à savoir qu'il s'éteint quand la chose sur laquelle il frappe vient à périr, par conséquent lorsque le droit de présentation n'existe plus dans le patrimoine du cessionnaire. Il en est ainsi, d'après l'art. 91 de la loi de finances du 28 avril 1816, lorsque le titulaire a été *destitué*. Ordinairement le gouvernement accorde au titulaire destitué ou à ses héritiers et ayant cause une certaine somme représentative de la valeur de la charge. Mais le titulaire primitif ne peut élever la prétention de se faire payer sur cette somme par préférence aux autres créanciers, car la

(1) Cass., 8 novembre 1842 ; 15 janvier 1845 ; 16 janvier 1849 ; 11 décembre 1855 ; 21 juin 1864. — Pau, 6 juillet 1864.

chose grevée du privilége, c'est-à-dire le droit de présentation, ne se retrouve plus parmi les biens du titulaire destitué. On ne peut donc pas dire que, dans l'espèce, il y a une chose vendue ; les deux autres éléments constitutifs de la vente n'existent pas davantage. Le consentement fait évidemment défaut, car le nouveau titulaire est nommé par le gouvernement sans présentation ; le prix est également absent, puisque le prix est la valeur fixée par la volonté des deux contractants et qu'il n'y a pas de contrat.

Mais nous ne croyons pas devoir assimiler à la destitution la démission volontaire ou même forcée du premier cessionnaire. Si le gouvernement, en acceptant cette démission, impose au successeur qu'il nomme l'obligation de verser une certaine somme à répartir entre qui de droit, elle sera attribuée par préférence au cédant, dont le privilége est maintenu. Dans ce cas, en effet, le droit de présentation n'est pas perdu, puisque cette extinction n'est l'effet que de la destitution. En outre, on ne peut pas voir dans la renonciation que fait le titulaire au droit de présenter un successeur, une renonciation à la valeur pécuniaire de ce droit. Il est de principe que les renonciations ne doivent pas se présumer facilement : *nemo facile præsumitur juri in favorem suum introducto renuntiare.* Puisque cette valeur vient augmenter l'actif du débiteur, pourquoi ne servirait-elle pas à désintéresser le créancier vendeur ?

Ajoutons que, dans l'hypothèse prévue par la loi du 28 avril 1816, où le chef de l'État réduit le nombre des fonctionnaires en supprimant sans destitution préalable un ou plusieurs offices ministériels, à charge par les membres de la corporation dont faisait partie le titulaire de l'office supprimé, de payer une indemnité représentative de la valeur de cet office, le privilége continue de subsister sur cette indemnité ; car il n'y a même pas, dans ce cas, renonciation au droit de présenter un successeur.

Quel est le rang du privilége de vendeur d'effets mobiliers non payés, dans le conflit qui peut s'élever lors de la distribution des deniers du débiteur entre lui et les autres créanciers privilégiés soit de l'art. 2101, soit de l'art. 2102 du Code civil ? Sans vouloir entrer dans les longues explications que nécessiterait l'étude approfondie de ce sujet, nous allons exposer le système qui nous paraît le plus juridique.

Supposons d'abord que le vendeur se trouve en présence des créanciers ayant un privilége général sur les meubles, et subsidiairement sur les immeubles, aux termes de l'art. 2101. Le privilége du vendeur d'effets mobiliers sera primé par le privilége des frais de justice, mais il primera tous les autres, tels que frais funéraires, frais quelconques de dernière maladie, salaires des gens de service, fournitures de subsistances. Les frais de justice doivent être payés avant tous les autres, car ce sont eux qui ont réalisé le gage commun. « La cause la plus privilégiée, disait

Pothier, est celle des frais de justice, *car ils sont faits pour la cause commune de tous les créanciers.* » Par le même motif, le privilége du vendeur d'effets mobiliers passe avant les quatre autres priviléges de l'art. 2101 ; c'est grâce au contrat de vente qu'une nouvelle valeur est venue augmenter l'actif du débiteur ; c'est grâce au vendeur qu'une nouvelle chose se trouve comprise dans le gage des autres créanciers.

Mais comment régler le concours du privilége du vendeur avec les autres créanciers à privilége spécial de l'art. 2102 ?

Le conflit pourra s'élever d'abord entre plusieurs vendeurs successifs de la même chose. Primus vend à Secundus un mobilier qu'il n'a pas payé et qu'il a revendu à Tertius, qui doit encore son prix. Primus sur ce prix viendra-t-il avant Secundus ; ou, au contraire, est-ce Secundus qui primera Primus ? MM. Aubry et Rau donnent la préférence au second vendeur, par ce motif que le premier n'a pas de droit de suite, et que ce serait lui accorder ce droit de suite que de lui permettre de venir sur le prix par préférence à Secundus. Pour nous, nous adoptons la solution contraire ; ce qui constituerait un véritable droit de suite pour Primus, ce serait s'il pouvait revendiquer le mobilier entre les mains de Tertius. Mais ce n'est pas de cela qu'il s'agit dans notre hypothèse. Le privilége de Primus a toujours sa raison d'être, car c'est par son fait que la créance du prix augmente le patrimoine de Secundus ; décider le contraire, ce serait permettre aux créanciers de Secundus de s'enrichir au détriment de Primus. Le privilége peut donc s'exercer sur le prix de reventes ultérieures. En d'autres termes, de deux vendeurs successifs de même objet dont le prix est encore dû, c'est le premier vendeur qui est préféré.

Examinons le débat qui s'élève entre le vendeur et les autres créanciers privilégiés de l'art. 2102 : tels que le locateur, le créancier gagiste, le créancier conservateur de la chose, l'aubergiste et le voiturier. Ces divers priviléges peuvent être classés en deux catégories : la première comprenant les priviléges fondés sur un nantissement exprès ou tacite ; la deuxième comprenant un privilége fondé sur la conservation de l'objet dans le patrimoine du débiteur par le créancier. En ce qui concerne les premiers, la solution nous est fournie par l'art. 2102-4° lui-même ; celui dont le privilége a pour fondement un gage tacite ou exprès est-il de bonne foi, il est protégé par l'art. 2279 C. civ., et le privilége du vendeur ne lui est pas opposable ; il lui est opposable au contraire, si ce créancier est de mauvaise foi, c'est-à-dire a su que la chose mobilière fût grevée du privilége. C'est d'après cette distinction que le privilége du vendeur primera les priviléges du locateur, du créancier gagiste, de l'aubergiste et du voiturier, ou sera primé par eux. Quant au créancier conservateur de la chose, il prime toujours le vendeur, car ce sont ces travaux qui ont conservé son gage.

Le privilége du vendeur d'effets mobiliers n'est pas admis en cas de faillite de l'acheteur (art. 550 C. comm.). Nous n'avons pas à déduire les motifs de cette restriction à l'art. 2102-4°; ce sont les mêmes qu'en matière de revendication. Quels que soient les effets mobiliers qui aient fait l'objet de la vente, que l'acte soit commercial des deux côtés, soit du côté de l'acheteur ou du vendeur seulement, le créancier n'a droit qu'à un dividende; il est compris dans la masse des créanciers chirographaires du failli. Néanmoins le jugement déclaratif de faillite ne peut pas avoir d'effet rétroactif, ni faire tomber les opérations régulièrement consommées devant un tribunal civil. Le privilége du vendeur sera donc exercé nonobstant la faillite du débiteur, et contrairement à l'art. 550 C. comm., si la faillite n'a été déclarée qu'après une contribution ouverte au greffe du tribunal civil, et un règlement provisoire colloquant le vendeur comme privilégié (1).

La disposition qui précède est applicable au privilége du vendeur d'un office ministériel, lorsque, dans des cas heureusement très-rares, le titulaire s'est livré à des opérations commerciales qui ont abouti à la constatation de la cessation de ses paiements par le tribunal de commerce.

CHAPITRE II.

DU PRIVILÉGE DU VENDEUR D'IMMEUBLES.

. Ce privilége est certainement de toutes les garanties que la loi accorde au vendeur non payé, celle qui mérite le plus notre attention, non-seulement à cause de son importance, mais encore eu égard aux nombreuses difficultés dont la matière est hérissée. Les hommes les plus recommandables dans la science du droit ont fait de vaillants efforts pour éclairer d'une vive lumière certains points laissés beaucoup trop dans l'ombre par le législateur; de remarquables monographies ont été écrites pour clore des débats qui existent depuis la promulgation du Code civil. Et cependant la lumière n'a pas encore jailli, les controverses passionnent encore les jurisconsultes. Nous n'avons pas la prétention, nous qui venons après des maîtres si illustres, d'élucider un sujet dont un auteur, aimé de la jeunesse, a dit qu'il était « fatal à tous ceux qui l'abordent pour la première fois ». Nous allons cependant en entreprendre l'étude, trop heureux, si, dans ce labyrinthe de difficultés, nous ne perdons pas le fil conducteur qui doit nous faire trouver l'issue.

(1) Arrêt. Cour de Paris, 4 décembre 1856.

SECTION PREMIÈRE.

DU PRIVILÉGE CONSIDÉRÉ EN LUI-MÊME.

Pour arriver à la connaissance de ce privilége, il faut savoir quels sont les créanciers auxquels il appartient, quelle est l'étendue de la créance privilégiée, quels sont enfin les objets grevés du privilége.

Aux termes de l'art. 2103-1°, ce privilége appartient à celui qui est créancier en vertu d'un contrat de vente : le principe est donc facile à formuler. Toutes les fois qu'une personne aura transféré ou se sera obligée à transférer la propriété d'une chose à une autre personne, moyennant un prix dont celle-ci est demeurée débitrice, la loi juge la qualité de la créance telle, qu'elle investit le créancier d'un privilége, aussitôt la naissance de la créance. Le principe est le même, quel que soit le nom qu'il ait plu aux parties de donner à l'opération intervenue entre elles. Pourvu que l'élément qui y domine lui donne le caractère de contrat à titre onéreux, et qu'on y retrouve la *res*, le *pretium* et le *consensus* nécessaires pour que le contrat soit une vente, le créancier peut invoquer le privilége : *nam contractus non ex nomine, sed ex re legem accipiunt.* Peu importe également que la vente ait été constatée par acte authentique ou sous seing privé ; c'est la transmission de la propriété que la loi a voulu protéger. Or la propriété n'en est pas moins transférée par acte sous seing privé, que par acte authentique. D'ailleurs, ce n'est pas l'acte écrit qui est translatif de propriété ; la cause génératrice de cette translation se trouve dans le consentement : il suffit qu'il y ait consentement sur la chose et sur le prix pour qu'il y ait vente ; partant, pour qu'il y ait privilége.

C'est à l'aide de ce principe que nous allons résoudre certaines questions qui ont fait naître le doute parmi les jurisconsultes.

Et d'abord, l'échange peut-il donner lieu au privilége du vendeur ? Non, sans aucun doute, lorsque les deux échangistes, étant l'un et l'autre propriétaires de la chose échangée, ont fait un échange but à but, c'est-à-dire sans stipuler aucune soulte au profit de l'un ou de l'autre. Le contrat est terminé ; personne n'est créancier, personne n'est débiteur : où y aurait-il place pour le privilége ?

Mais la question se pose lorsque l'un des échangistes n'étant pas propriétaire de la chose qu'il a livrée en contre-échange, le coéchangiste qui l'a reçue vient à être évincé. De même, lorsque les deux immeubles échangés n'ont pas la même valeur ; dans ce cas, la partie qui livre l'immeuble supérieur en valeur a le soin de stipuler du propriétaire de l'immeuble de moindre valeur, une somme suffisante pour parfaire la différence. Le coéchangiste créancier de la soulte a-t-il privilége sur l'immeuble de son coéchangiste débiteur de la soulte ?

Sur le premier point, la négative n'est pas douteuse, lorsque le coéchangiste évincé se prévaut de l'art. 1705 C. civ., et répète l'immeuble qu'il a donné en échange ; ce n'est pas un droit de créance tendant à une somme d'argent qu'il exerce, c'est une véritable revendication fondée sur la résolution du contrat (1184). Mais où le désaccord commence, c'est quand, usant de la faculté qui lui est laissée par l'art. 1705, le coéchangiste évincé se contente de demander à son coéchangiste des dommages-intérêts, et ne répète pas l'immeuble. Voici ce qu'on peut dire dans le sens du privilége : celle des parties qui a livré un immeuble dont elle n'était pas propriétaire, a fait un contrat radicalement nul. En effet l'échangiste, qui était véritablement propriétaire, n'a consenti à se dessaisir de son immeuble qu'à la condition d'acquérir la propriété de l'immeuble de son coéchangiste. Son obligation a donc pour cause l'obligation de l'autre partie ; or celle-ci n'a pu remplir son obligation, puisqu'elle n'était pas propriétaire : donc l'obligation de son coéchangiste n'a pu prendre naissance faute de cause. Par conséquent, celui-ci n'a pas cessé de demeurer propriétaire. Lorsque l'éviction vient l'atteindre, il peut évidemment revendiquer son immeuble entre les mains de l'autre partie. S'il ne le fait pas cependant, s'il consent à ce que son cocontractant reste propriétaire, en vertu de quel contrat celui-ci acquiert-il la propriété ? Ce n'est pas évidemment en vertu de l'échange, puisqu'il est nul : ce ne peut être qu'en vertu d'une convention tacite, accordant au contractant qui n'a pas exécuté son obligation, le droit de conserver l'immeuble, moyennant une somme qui peut être considérée comme un prix de vente. On pourrait croire, peut-être, que cette somme, au lieu d'être le prix de ce nouveau contrat tacite, n'est que la représentation de la valeur de l'immeuble dont le coéchangiste a été évincé. Mais qui ne voit qu'elle est véritablement le prix de l'immeuble laissé entre les mains de son débiteur par le coéchangiste évincé ? N'est-il pas évident que le bien dont celui-ci a été évincé, étant lui-même l'équivalent de celui qui a été livré en retour, la somme qui le représente, représente par là même le bien laissé aux mains de l'autre partie (1) ? Le fait de s'abstenir par l'échangiste évincé de reprendre sa chose, et de ne formuler qu'une action en paiement d'une somme d'argent, ne s'explique donc que par l'intervention d'un contrat de vente entre lui et son cocontractant ; s'il est créancier d'un prix de vente, s'il est vendeur, en un mot, pourquoi lui refuser le privilége ?

On ne peut nier que cette manière de voir soit ingénieuse ; mais je doute fort qu'elle ait été celle du législateur. La vente, comme tout

---

(1) Mourlon, *Examen critique et pratique*, n° 147.

contrat, implique le consentement des deux parties, sur les choses qui sont de son essence : consentement sur la chose vendue, consentement sur le prix. Que la partie débitrice de la partie évincée garde l'immeuble par suite du consentement tacite de l'une et de l'autre partie, je le veux bien; mais où trouver le consentement relativement au prix ? Le consentement, mais c'est l'accord de deux volontés sur une seule et même chose, *in idem placitum ;* tout doit être spontané dans le consentement. Que si la spontanéité fait défaut, si l'une des parties accomplit tel ou tel acte, parce qu'elle ne peut se soustraire à son accomplissement, il n'y a plus consentement, il y a contrainte. Or, précisons bien la situation du coéchangiste qui a livré un immeuble dont il n'était pas propriétaire. Il est dans une situation absolument analogue à celle de tout débiteur en vertu d'un contrat synallagmatique, qui n'exécute pas son engagement. La partie envers laquelle l'engagement n'a point été exécuté a le choix, ou de demander la résolution du contrat avec dommages-intérêts (art. 1184), ou de forcer l'autre à l'exécution de la convention, lorsqu'elle est possible. Lorsqu'elle est impossible, comme dans l'espèce, ce n'est pas une raison pour que la partie qui a exécuté n'ait plus l'option, comme tout à l'heure, et soit obligée de demander la résolution; elle peut alors demander des dommages-intérêts (1705). Que prétendons-nous autre chose : la somme d'argent que demande le coéchangiste évincé n'est que la représentation du préjudice que lui a causé la faute de son cocontractant. Qu'il le veuille ou qu'il ne le veuille pas, ce dernier n'en est pas moins tenu de donner cette satisfaction. Que vient-on parler de consentement tacite, dans l'espèce ? On reconnaît, il est vrai, dans l'opinion adverse, qu'il n'est point nécessaire d'une convention nouvelle et postérieure à l'échange pour engendrer l'obligation dont il s'agit. Mais, dit-on, pourquoi? — si ce n'est parce que cette convention se trouvait déjà et implicitement comprise dans l'échange, sous une condition potestative de la part de celle des parties qui viendrait à être évincée (1). Nos adversaires ont prévu d'avance la réponse qu'on peut faire à cette théorie. « Ce système, dit Mourlon, paraîtra subtil; on l'écartera sans doute. » Il est plus que subtil, il vient contredire toute la théorie générale des obligations; il apporte un démenti formel au principe qui donne à la somme d'argent dont est débiteur celui qui n'exécute pas son engagement, le caractère de dommages et intérêts: c'est une raison de plus pour l'écarter.

Concluons donc et disons que l'échangiste n'a pas de privilége pour la garantie qui lui est due, au cas d'éviction proprement dite. La même solution doit être donnée au cas où, pour conserver l'immeuble qu'il a reçu en échange, il a été obligé de payer les créanciers inscrits sur cet

(1) Mourlon, *Examen critique,* n° 147.

immeuble (1). Dans cette hypothèse, l'échangiste est bien subrogé aux droits des créanciers qu'il a désintéressés; mais il ne jouit pas pour cela du privilége du vendeur.

Tout autre est notre avis, lorsque, les biens échangés étant de valeur inégale, l'égalité a été rétablie grâce à la stipulation d'une soulte ou retour. Doit-on voir dans le contrat qu'ont fait les parties une opération unique se réglant par les principes afférents à cette opération; ou bien deux opérations distinctes, à savoir un échange dans la limite de l'immeuble qui vaut le moins, puis une vente de l'excédant de l'immeuble qui vaut le plus? Trois systèmes se disputent la préférence :

Dans un premier système, que la soulte soit minime ou qu'elle soit considérable, l'échange renferme deux contrats distincts : un échange et une vente. Partant, point de privilége en tant que le contrat est un échange; mais il ne doit pas être refusé pour le paiement de la soulte dont l'un des coéchangistes est créancier. Cette soulte n'est rien autre chose, sous un nom déguisé, qu'un véritable prix de vente.

Dans un second système, diamétralement opposé, on admet qu'il n'y a qu'un seul contrat, un échange. Ce que les parties ont eu principalement en vue, c'est d'acquérir un immeuble moyennant le paiement d'un autre immeuble. Qu'importe qu'une soulte vienne s'y adjoindre? Le contrat principal, c'est un échange; la soulte n'en est que l'accessoire : or, comme les principes qui gouvernent le principal régissent également l'accessoire, l'échangiste créancier de la soulte n'est qu'un créancier chirographaire, puisque l'échangiste n'a jamais de privilége.

Un troisième système distingue et trouve la vérité entre les deux théories précédentes. « La soulte est-elle de beaucoup inférieure à la valeur de l'immeuble aliéné par l'échangiste qui la doit...... L'opération ne constitue qu'un contrat unique, un échange dans lequel la soulte vient se confondre à titre d'accessoire; elle n'en change ni la nature ni les caractères : elle est due en vertu d'un contrat d'échange par un échangiste à son coéchangiste; dès lors point de privilége. » C'est absolument la même chose qui se passe en matière de communauté, lorsqu'un époux échange un de ses propres contre un autre immeuble, avec stipulation d'une soulte. Primus, marié sous le régime de la communauté, acquiert un immeuble de 40,000 fr. en échange d'un propre de 30,000 fr., mais à la charge par lui de payer une soulte de 10,000 fr. S'il y avait là deux contrats distincts, une vente et un échange, l'immeuble lui resterait propre jusqu'à concurrence de 30,000 fr., et tomberait dans la communauté pour le surplus. Au contraire, l'immeuble devient un propre pour le tout, sauf récompense à la communauté (art. 1407 du

---

(1) Cass., civ., 26 juillet 1852; 14 novembre 1859.

Code civil) ; c'est donc que la soulte n'est qu'un accessoire du contrat, et que par conséquent elle ne doit pas en modifier la nature.

« La soulte est-elle, au contraire, de beaucoup supérieure à la valeur de l'immeuble aliéné par l'échangiste qui la doit..... La convention, quoique qualifiée d'échange par les parties, n'est au fond qu'une vente proprement dite. et, par conséquent, productive d'un privilége, pour la garantie de la somme due par l'une des parties à l'autre. » Il faut avant tout rechercher l'intention des parties, et il est évident qu'ici elles ont voulu acquérir, l'une un immeuble moyennant une somme d'argent; l'autre une somme d'argent moyennant un immeuble , c'est-à-dire qu'elles ont voulu faire une vente. *Non sermoni res sed rei est sermo subjectus.*

Enfin, la soulte est-elle « égale ou à peu près égale à la valeur de celui des deux immeubles qui vaut le moins, la convention étant ainsi double dans son objet, puisque aucune de ses parties ne peut être réputée principale ou accessoire par rapport à l'autre, rien ne s'oppose à ce qu'on y voie deux contrats principaux et distincts, quoique réunis en elle, un échange et une vente proprement dite, soumis chacun de son côté aux règles qui lui sont propres » (1).

En résumé, le système intermédiaire de Mourlon se rencontre, avec le premier que nous avons énuméré, dans deux hypothèses sur trois : lorsque la soulte est de beaucoup supérieure à la valeur de l'immeuble aliéné par l'échangiste qui la doit, et lorsqu'elle est égale ou à peu près égale à la valeur de celui des deux immeubles qui vaut le moins. Il fait, au contraire, cause commune avec le second système, lorsque la soulte est de beaucoup inférieure à la valeur de l'immeuble aliéné par l'échangiste débiteur de cette soulte. Pour nous, nous croyons que, non-seulement dans les deux premières hypothèses, mais encore dans la troisième, le contrat doit être pris pour ce qu'il est réellement, c'est-à-dire pour un mélange d'échange et de vente, de sorte que, quelle que soit la minime importance de la soulte par rapport à l'immeuble aliéné par l'échangiste débiteur, l'échangiste créancier peut invoquer à son secours le privilége, et prétendre qu'il est un vendeur non payé. L'opinion contraire repose sur un argument tiré de l'art. 1407 C. civ. Mais nous avons beau chercher l'analogie qu'on prétend trouver entre la matière qui nous occupe et celle de la communauté, nous ne la trouvons pas. Dans le cas de l'art. 1407, il s'agit de régler une question de propriété; ici il s'agit d'un privilége : la solution de l'art. 1407 ne lèse aucun intérêt, si nous restreignons son application à la matière pour laquelle il a été écrit; transporté dans le sujet qui nous occupe, cet article ne fait que consacrer une injustice, puisque, avec les conséquences qu'on en

(1) Mourlon, *Ex. crit.*, nᵒˢ 148, 149, 150 et 151.

tire, le coéchangiste créancier de la soulte se trouve réduit à la condition d'un créancier chirographaire. Il faut voir en réalité ce qu'a voulu le coéchangiste qui s'est dessaisi d'un immeuble d'une valeur supérieure à la valeur de l'immeuble qu'il a reçu en contre-échange; il n'a consenti à ce dessaisissement que parce que son cocontractant s'obligeait à faire disparaître l'inégalité résultant du contrat, moyennant la prestation d'une somme d'argent, représentative de l'excédant de valeur de l'un des immeubles sur l'autre. Qu'y a-t-il là, sinon portion d'une chose dont la propriété est transférée en échange du paiement d'un certain prix ? Or, qu'est-ce qu'une telle convention, sinon une convention de vente? S'il y a vente, pourquoi ne pas appliquer l'art. 2103-1° ? Comme le disent MM. Aubry et Rau (1), « l'application à la soulte d'échange du privilége pour prix de vente, n'est point une extension de ce privilége à une créance d'une nature différente. La soulte, en effet, n'est autre chose que le prix de la transmission, à titre onéreux, d'une portion de l'immeuble donné en échange. »

On devrait encore placer sur la même ligne que le vendeur proprement dit le débiteur qui a livré un immeuble en paiement de sa dette, en tant qu'il a à réclamer, d'après l'acte même qui constate la dation en paiement, une soulte ou retour (2), car la portion d'immeuble que le créancier a reçue après extinction de sa créance, il ne la détient qu'à titre d'acheteur ; partant, le prix de vente qu'il doit est garanti par le privilége.

Un autre contrat, la donation, donne également lieu à certaines difficültés relativement au privilége du vendeur; ces difficultés ne peuvent évidemment se présenter que lorsque la donation est onéreuse, c'est-à-dire lorsque le donataire n'a été investi de la propriété, qu'à la condition d'accomplir certaines prestations qui lui sont imposées par le donateur.

Ces charges peuvent d'abord consister en une prestation autre que la dation d'une somme d'argent. Par exemple, Primus a donné à Secundus l'immeuble A, d'une valeur de 5,000 francs, à la condition que Secundus, lors du décès du donateur, lui donnera la sépulture dans l'immeuble B qui appartient au donataire et y construira un monument. Ces charges, je le suppose, sont évaluées à 3,000 francs. Si, à la mort du donateur, le donataire n'exécute pas les conditions de la donation, il ne peut être question de privilége pour les héritiers du donateur. Le contrat intervenu entre leur auteur et le donataire, bien que se cachant sous le nom de donation, n'est pas une donation : c'est un contrat innomé, ce n'est même pas un contrat à titre gratuit ; c'est avant tout et

(1) T. III, § 263, note 12.
(2) Aubry et Rau, t. III, § 263, texte et note 12.

surtout un contrat onéreux. A ce titre, on serait peut-être tenté d'accorder le privilége; mais, pour son existence, il ne_suffit pas que le contrat d'où on veut le faire résulter soit à titre onéreux, il faut encore que le contrat soit une véritable vente; or nous n'avons rien de semblable ici : la convention dont il s'agit ressemble tout autant à l'échange qu'à la vente, et peut-être même plus à l'échange qu'à la vente. Donc, pas de privilége.

Mais, le plus souvent, les charges qui accompagnent la donation consistent dans l'obligation de payer une somme d'argent. La question doit alors se résoudre par une distinction. La somme d'argent est-elle égale, ou à peu près égale à la valeur du bien qui a été donné, il n'y a pas donation; la convention est une véritable vente déguisée sous l'apparence d'un contrat à titre onéreux. Si donc Primus a donné à Secundus une maison valant 40,000 francs, à la condition que Secundus paiera une dette de même chiffre, ou d'un chiffre à peu près égal à Tertius, son créancier, Primus sera créancier privilégié sur la maison, dans le cas où Secundus, n'ayant pas acquitté la dette, Primus a été obligé de payer sur la poursuite de son créancier. Que si l'évaluation des charges aboutit à un chiffre de beaucoup inférieur à la valeur de la chose donnée, on ne peut plus dire qu'il y a vente déguisée : nous sommes en présence d'un *negotium mixtum,* mais d'un *negotium* qui suit toutes les règles de la donation. Primus a, par exemple, donné à Secundus un immeuble qui vaut 100,000 francs, à la condition que Secundus paiera une dette du donateur qui s'élève à 40,000 francs; nous n'avons pas là une vente jusqu'à concurrence de 40,000 francs et une donation pour le surplus. Sans doute, nous avons donné une solution différente quand nous avons résolu la même question relativement à l'échange; mais c'est que la raison de décider n'est pas la même. L'échange, à quelque point de vue qu'on le considère, est toujours un contrat à titre onéreux, de même que la vente; partant, ce n'est pas méconnaître l'essence même de ce contrat que de lui reconnaître, dans une certaine mesure, le caractère d'une vente. Lorsque les parties ont fait côte à côte échange et vente portant sur le même objet, nous trouvons des contrats faits dans la même pensée, des contrats à titre onéreux. Tout autre est la condition d'une donation, même onéreuse. « Les donations onéreuses, disent MM. Aubry et Rau (1), diffèrent de la vente par leur nature juridique et leurs effets, comme par leur cause impulsive. » Même lorsqu'elle a été faite avec des charges, la donation a été faite dans le but d'avantager le donataire; la cause déterminante du contrat le caractérise dans son ensemble. Dès lors, la convention n'est et ne peut être qu'une donation. Il ne reste plus qu'à conclure. Puisque la loi n'a atta-

(1) T. III, n° 263, texte et note 16.

ché le privilége qu'à la créance du prix de vente, et que le privilége, étant une institution de droit étroit, ne saurait être étendu d'une hypothèse prévue par la loi à une hypothèse non prévue, on ne doit point accorder de privilége pour les créances et actions résultant des charges imposées dans une donation.

Au surplus, le donateur n'est pas trop à plaindre. Sans doute, il ne peut pas se faire payer par privilége, sur l'immeuble donné, les 40,000 fr. qu'il a payés à son créancier, auquel la donation n'était pas opposable ; mais est-ce à dire, pour cela, qu'il ne jouit d'aucun recours contre le le donataire ; va-t-il se trouver désarmé contre la mauvaise foi de Secundus ? La réponse à cette question se trouve dans l'art. 953 C. civ. Le donateur pourra faire révoquer la donation pour inexécution des conditions. L'inexécution des charges est, en effet, une des trois causes pour lesquelles les donations sont susceptibles d'être révoquées. A cela, nos adversaires répondent que le vendeur trouve également cette action en résolution dans l'art. 1654 C. civ. Et pourtant le vendeur n'en a pas moins un privilége indépendant de cette action. Pourquoi, ajoutent-t-ils, en serait-il autrement du donateur ? La raison de cette différence est cependant bien simple : si le vendeur a un privilége, c'est qu'il existe dans le Code civil un art. 2103-1° qui le lui concède formellement. Pour attribuer également ce privilége au donateur avec charges, il faut, ou bien trouver un article analogue à l'art. 2103-1°, qui traite le donateur aussi favorablement que le vendeur, ou bien démontrer que cet article 2103-1° s'applique, par argument d'analogie, au donateur en question. Trouver un texte, est assez difficile aux partisans du système que nous combattons. Quant à nous convaincre que le donateur avec charges est un vendeur dans la limite des charges imposées par la donation, c'est ce à quoi ils n'ont pas encore réussi.

M. Pont, qui combat notre opinion, tourne contre nous une concession de Troplong, qui la défend. « Dans l'hypothèse que nous faisions tout à l'heure, les 50,000 francs dont je vous ai imposé l'obligation de faire le paiement à mon frère ne représentent pas complètement ma maison, qui en vaut 100,000 ; vous êtes donataire de la différence, mais pour la portion représentée par les 50,000 francs que vous devez payer à mon frère ; vous êtes réellement acquéreur, et si bien acquéreur que, d'après M. Troplong lui-même, dont la doctrine, en ceci, s'accorde peu avec la doctrine ci-dessus indiquée, s'il arrivait que vous fussiez évincé, vous pourriez, en tant que vous auriez acquitté la charge, agir contre moi, donateur, d'après les principes de la vente, pour la portion de l'immeuble dont cette charge est la représentation. Que conclure de tout ceci ? Que, dans ce second cas, il y a un mélange de vente et de donation, et, par une conséquence ultérieure, que ce cas aussi rentre, mais pour partie seulement, dans les termes mêmes de l'art. 2103 et dans les conditions constitutives du privilége (1). »

Cette argumentation serait irréprochable si la vente était le seul contrat qui donnât naissance à la garantie. Personne ne conteste qu'en matière d'échange, le coéchangiste évincé ait une action en garantie contre son coéchangiste. Et cependant, tout à l'heure, nous lui avons refusé le privilége. De même ici ce serait nier l'évidence, que de refuser le caractère de contrat à titre onéreux qui appartient à la donation dont il s'agit. Est-ce une raison pour accorder le privilége au donateur? Oui, si le privilége résultait de tous les contrats à titre onéreux ; mais l'art. 2103 ne l'attache qu'au contrat de vente. Il faudrait donc, et nous revenons à notre point de départ, démontrer qu'aux yeux de la loi la donation onéreuse se compose de deux contrats juxtaposés, une vente et une donation ; tant que cette preuve n'est pas faite, il n'y a nulle contradiction à soutenir, d'une part, que le donateur *sub modo* ne jouit pas d'un privilége garantissant l'exécution des charges, et, d'autre part, que le donataire qui les a exécutées est armé d'un recours en garantie contre le donateur, en cas d'éviction de la chose donnée.

La donation, au lieu d'être onéreuse, est parfois indirecte ; elle emprunte quelquefois la forme d'un autre contrat. Je vends à Primus, que j'affectionne, pour 25,000 francs, un immeuble qui en vaut 50,000. Il y a, sans aucun doute, une donation indirecte de 25,000 francs, puisque, si j'avais vendu mon immeuble à Secundus, je ne m'en serais pas dessaisi à moins de 50,000 francs. Mais le contrat est qualifié vente, et c'est l'idée de vente qui paraît y dominer ; la vente est dans cette convention tellement le contrat principal, que la donation indirecte qu'elle renferme est valable, bien que l'acte n'ait pas été rédigé dans la forme authentique. Qui oserait alors nier qu'il y ait vente ? J'ai donc, dans l'espèce, une créance de prix de vente, et, par conséquent, un privilége.

En résumé, il n'y a de privilégié que le vendeur, quel que soit le nom donné par les parties à la convention. Mais il ne suffit pas qu'une personne soit créancière en vertu d'un contrat de vente, il faut qu'elle joue le rôle de vendeur ; il est nécessaire que le prix dont le paiement est ainsi assuré soit l'équivalent de la chose dont la propriété a été transférée au débiteur. Aucune autre personne, pas même l'acheteur, ne peut invoquer le privilége. Il semble, au premier abord, que cette proposition n'ait même pas besoin d'être établie, tant elle est évidente ; comment peut-il se faire que l'acheteur soit créancier du prix ? Mais qu'on suppose l'hypothèse suivante, et la question sera de nature à se présenter. Primus a vendu à Secundus l'immeuble A moyennant 1,000 fr., avec faculté d'exercer le réméré dans le délai d'un an. A l'expiration de ce délai, Primus manifeste l'intention d'exercer le rachat, et Secundus, confiant

---

(1) Paul Pont, *Des priviléges et hypothèques*, n° 188.

dans la loyauté et la solvabilité de son vendeur, lui restitue l'immeuble sans s'être fait au préalable restituer le prix et payer les autres indemnités auxquelles il a droit en vertu de l'art. 1673 C. civ. Secundus demeure créancier du prix, et il est hors de doute que le privilége lui serait d'une grande utilité dans le cas où son débiteur est insolvable. Pourra-t-il invoquer l'art. 2103-1° ? L'affirmative serait incontestable si Primus tenait son droit de Secundus ; si l'exercice du réméré s'analysait dans une revente consentie par l'acheteur à son vendeur. Mais telle n'est pas la nature du réméré. « La faculté de rachat, dit l'art. 1659 (et à ce propos il est inutile de faire remarquer l'inexactitude du mot *rachat*), est un pacte par lequel le vendeur se réserve de reprendre la chose vendue moyennant la restitution du prix principal et le remboursement dont il est parlé à l'art. 1673. » Stipuler le rachat, c'est donc de la part du vendeur apposer à la transmission de la propriété, dont est investi l'acheteur, une condition résolutoire dont la réalisation a pour effet de faire considérer l'acheteur comme n'ayant jamais été propriétaire; par suite de l'exercice du rachat, le vendeur est censé ne s'être jamais dépouillé de ses droits : comment les tiendrait-il de l'acheteur ? En réalité, le réméré est la résolution de la vente, bien loin d'être une vente nouvelle : *Distractus potius quam contractus*. L'acheteur, au surplus, n'a pas lieu de se plaindre : sa créance ne sera que chirographaire ; mais pourquoi a-t-il été imprudent ? La loi consacre à son profit, dans l'article 1673, un droit de rétention; que ne s'est-il dépouillé qu'après le remboursement par le vendeur, non-seulement du prix principal, mais encore des autres indemnités, telles que les frais et loyaux coûts de la vente, dépenses nécessaires et autres.

Bien entendu, la solution précédente devrait être écartée toutes les fois que l'exercice du réméré constitue, non pas la résolution de la vente primitive, mais un nouveau contrat. C'est ce qui a lieu lorsque le réméré n'est exercé qu'après l'expiration du délai fixé par les parties ou par la loi, ou bien lorsque la convention de reprendre la chose, au lieu d'accompagner le contrat de vente, n'intervient que plus tard (arg., article 1662).

Le privilége ne garantit que la créance du prix : en totalité, si rien n'a été payé lors du contrat; pour partie, si un à-compte a été versé lors de l'échange des consentements. Que si la vente a eu lieu au comptant, tout est terminé : le vendeur, n'ayant jamais été créancier, n'a pas besoin de privilége; de même si l'obligation de l'acheteur a été éteinte par un des modes d'extinction des obligations, notamment par la novation. Mais nous n'avons pas à revenir ici sur l'examen des faits qui peuvent ou non nover la créance du vendeur.

Il n'y a de garanti que le prix porté au contrat. C'est du contrat, en effet, que résulte le privilége, et non de conventions auxquelles les tiers demeurent complétement étrangers ; il n'y a que le contrat lui-même, et rien autre chose, qui soit porté à leur connaissance.

La Cour de Bordeaux, dans un arrêt du 23 avril 1836, semble avoir méconnu ce principe, en décidant que le privilége du vendeur non payé s'applique non-seulement au prix énoncé dans l'acte de vente, mais encore au supplément de prix qui, par décision même simplement arbitrale, est alloué au vendeur. Mais cet arrêt est un arrêt d'espèce. La sentence arbitrale était fondée, non pas sur l'existence d'une contre-lettre intervenue entre les parties, mais sur des difficultés réelles portant sur l'exécution du contrat de vente lui-même. Dès lors, ces difficultés avaient dû être prévues par les tiers ; et si l'extension du privilége leur porte préjudice, ils ne doivent se plaindre qu'à eux-mêmes de n'avoir pas agi avec plus de prudence.

La mise en jeu du même principe se reproduit sur le point de savoir si le supplément de prix offert au vendeur par suite d'une action en rescision pour cause de lésion, participe de la même faveur que le prix porté au contrat. Si l'arrêt de Bordeaux, précité, devait faire jurisprudence, le privilége du vendeur s'appliquerait à ce supplément du prix. On peut dire en ce sens que ce qui est privilégié, aux termes de l'art. 2103-1°, c'est le paiement du prix, le paiement du prix réel, et non pas du prix amoindri, par suite de l'existence de la lésion. D'autant plus, que ce ne sont pas les parties elles-mêmes qui ont, comme dans le cas d'une contre-lettre, stipulé cette augmentation de prix ; ce sont les tribunaux, qui sont venus au secours du vendeur en rétablissant entre le vendeur et l'acheteur l'égalité violée par une acquisition faite à vil prix. Nous ne croyons pas, cependant, devoir faire fléchir ici, au profit du vendeur et au détriment des créanciers de l'acheteur, cette règle, que le privilége n'existe jamais que jusqu'à concurrence des sommes restant dues d'après l'acte de vente. L'arrêt de Bordeaux, nous le répétons, n'est pas un arrêt de principe, mais d'espèce ; notre solution, du reste, n'est pas aussi rigoureuse qu'elle le paraît. Le droit d'agir en résolution reste toujours au vendeur, et si la valeur de l'immeuble est telle, que tous les créanciers hypothécaires aient l'espérance d'être payés, ils admettront la collocation du vendeur, plutôt que de s'exposer à une action en résolution, qui les priverait complétement de leur gage.

Ainsi, ce qui est privilégié, c'est le prix porté au contrat, ainsi que toutes les charges ou prestations imposées à l'acquéreur au profit du vendeur, que ce soit le vendeur lui-même qui doive en profiter personnellement, ou un tiers par lui délégué ; peu importe également que le prix consiste en une somme exigible, ou en arrérages de rente perpétuelle ou viagère.

Le privilége garantit aussi les intérêts du prix de vente. Un seul auteur a soutenu le contraire ; mais son opinion est demeurée à l'état d'isolement; il l'a lui-même abandonnée dans les éditions ultérieures de son ouvrage (1). Ce point de droit est donc universellement reconnu aujourd'hui. Mais ce qui fait difficulté, c'est de savoir si l'art. 2151 C. civ. est applicable au privilége du vendeur. Celui-ci ne sera-t-il colloqué par privilége que pour deux années et l'année courante, ou bien pour toutes les années, au même rang que le capital, quoiqu'une seule inscription de privilége ait été prise ? Comme le fait judicieusement remarquer Mourlon, la question ne présente guère d'intérêt que lorsque le vendeur ne peut plus se prévaloir de son action résolutoire ; car tant qu'il peut en menacer les créanciers de l'acheteur, ceux-ci auront bien garde de pas le laisser prélever par privilége toutes les années d'intérêt échues. Mais, au point de vue théorique, ceci importe peu : que le vendeur ait ou non conservé son action résolutoire, la question n'en mérite pas moins les honneurs d'une discussion.

D'après la jurisprudence et une grande partie de la doctrine, l'article 2151 C. civ. est inapplicable au privilége du vendeur, ainsi qu'aux autres priviléges immobiliers. Un prix de vente, en effet, se compose, dans sa signification complexe, de deux éléments : un capital et des intérêts équivalant aux fruits que l'acheteur retirera de la chose jusqu'au jour du paiement. Le capital, c'est la chose principale ; les intérêts sont l'accessoire ; l'accessoire suivant le sort du capital qui est privilégié pour le tout, les intérêts doivent être entièrement privilégiés, comme le capital lui-même : *accessio cedat principali*. A cette règle que l'accessoire doit être régi par les mêmes principes que le principal, l'art. 2151 C. civ. fait, il est vrai, une exception, mais pour les hypothèques seulement, car son texte ne mentionne pas les priviléges ; donc le vendeur privilégié a droit d'être colloqué, pour toutes les années d'intérêt échues, au même rang que pour son capital, et non pas seulement pour deux années et l'année courante, puisque cette collocation partielle est spéciale aux hypothèques.

Les partisans du système qui assimilent, à ce point de vue tout au moins, le privilége du vendeur aux hypothèques, font remarquer, avec raison, que l'argument qu'on tire du texte de l'art. 2151 est loin d'être triomphant. Nous le reconnaissons nous-mêmes ; le mot « hypothèque » de l'art. 2151 doit être entendu *secundum subjectam materiam*. Or il est placé dans un chapitre dont la rubrique : *Du mode de l'inscription des priviléges et hypothèques*, montre qu'il va être parlé de règles communes et aux priviléges et aux hypothèques. Il est donc téméraire peut-être d'affirmer, sans autre preuve, que l'art. 2151 n'entend parler que de l'hypothèque.

Nos adversaires ajoutent que les motifs qui ont dicté l'art. 2151, s'ap-

---

(1) Persil, *Régime hypothécaire*, art. 2103, § 1, n° 4.

pliquent également au privilége du vendeur et aux hypothèques. Pourquoi le créancier hypothécaire n'est-il colloqué, quant aux intérêts, au même rang que le capital que pour deux années et l'année courante? Pourquoi ne peut-il pas se faire payer au même rang que le capital tous les intérêts de sa créance? Personne n'ignore que c'est dans l'intérêt des tiers; la loi a voulu qu'à tous les instants la situation d'un débiteur, par rapport à son créancier, soit claire, et ne ménage aucune surprise : elle a voulu que le bailleur de fonds, qui se prépare à prêter de l'argent au débiteur, sache immédiatement à quoi s'en tenir, et voie d'un seul coup d'œil s'il y a sécurité pour lui à engager ses fonds. Or, si la loi eût permis aux créanciers hypothécaires de se faire payer toutes les années d'intérêt échues au même rang que le capital, cette sécurité se serait-elle présentée? — Ils savent certainement que tel nombre d'inscriptions grève tel immeuble jusqu'à concurrence de telle somme; mais les intérêts sont-ils encore dus? Peut-être ont-ils été payés au fur et à mesure de leur exigibilité ; peut-être, au contraire, le créancier les a-t-il laissé s'accumuler. Voilà donc un tiers dans l'incertitude ; il croit que les intérêts ont été régulièrement payés, et il prête ses fonds au débiteur, sans se douter qu'au jour où l'ordre sera ouvert, il sera primé par une masse énorme d'intérêts dont il n'a pas dû, d'après le cours ordinaire des choses, prévoir ou présumer l'existence. C'est là un des motifs de l'art. 2151. Or, nous dit-on, le même raisonnement ne peut-il pas se reproduire au sujet du privilége du vendeur? Si tous les intérêts sont privilégiés au même rang que le capital, comment les tiers sauront-ils si ces intérêts ont été payés exactement, au fur et à mesure de leur exigibilité ; comment connaîtront-ils la situation de l'acheteur avec lequel ils se proposent d'entrer en relation d'affaires? Où donc est la raison de distinguer entre le créancier hypothécaire et le créancier privilégié? Ajoutons que, sans l'art. 2251, le débiteur de mauvaise foi pourrait colluder avec ceux de ses créanciers que leurs inscriptions appellent au premier rang, dans le but de faire revivre des intérêts depuis longtemps acquittés, et de porter par là préjudice aux créanciers qui ne viennent qu'en rang inférieur d'hypothèque. Ce second motif ne s'applique-t-il pas également au privilége? L'acheteur, en faisant disparaître les quittances d'intérêt de son vendeur, et en colludant avec lui, frustrera facilement ceux de ses créanciers qu'il ne voudra pas intégralement payer. Telle est la conséquence à laquelle conduit le système qui place le privilége du vendeur en dehors de l'application de l'art. 2151.

Cette argumentation, il faut le reconnaître, ne manque pas de force ; on est porté même à se demander si le législateur n'aurait pas dû la consacrer dans un texte spécial. Mais quant à prétendre qu'elle se trouve renfermée dans l'art. 2151 lui-même, c'est ce à quoi je ne saurai me résoudre. Oui, les motifs qui ont fait édicter l'art. 2151 devraient nous conduire à décider que le vendeur privilégié ne peut être colloqué que pour deux années seulement et l'année courante; mais il faudrait plier le texte de notre article à cette interprétation, et c'est ce qui me paraît impossible. Bien qu'on en ait dit, l'art. 2151 pose une règle spéciale à l'hypothèque. Ceci résulte non-seulement de ce qu'il ne parle que de l'hypothèque, mais encore de ce qu'il est impossible que tous ses termes puissent être appliqués au privilége. Il y est dit, en effet, que relativement aux intérêts qui ne sont point sauvegardés par la première inscription, le créancier peut les conserver en prenant des inscriptions particulières, emportant hypothèque à *compter de leur date*. Supposons pour un moment que l'art. 2151 s'applique au privilége. Les deux années d'intérêt et l'année courante seront colloquées au même rang que le capital; mais en ce qui concerne les autres années, il faudra une inscription particulière, et alors, de deux choses l'une : ou bien vous conserverez à ces intérêts le caractère qu'ils ont de par la loi, c'est-à-dire le caractère d'intérêts privilégiés, en disant qu'ils seront colloqués au même rang que le capital, et vous violerez la disposition formelle de l'art. 2151 ; ou bien vous déciderez que le rang de ces intérêts sera déterminé par la date des inscriptions ultérieures qui les auront révélés au public, et alors vous serez fidèle à la règle de l'art. 2151. Mais vous méconnaîtrez le caractère qui appartient aux intérêts produits par une créance privilégiée; «il ne sera plus vrai de dire qu'ils seront privilégiés, puisqu'ils seront absolument traités comme ceux que produisent de simples créances hypothécaires » (1).

En résumé, l'art. 2151 n'a trait qu'aux hypothèques ordinaires; tirera-t-on de là cette conclusion, que tous les intérêts produits par la créance du vendeur, même ceux des deux années et de l'année courante, sont rangés dans la classe des créances purement chirographaires? Ce serait faire au privilége du vendeur une condition moins favorable qu'à une simple hypothèque. Le vendeur doit donc être colloqué au rang du principal pour tous les intérêts échus.

Nous croyons cependant, avec Mourlon, devoir apporter certains tempéraments à cette théorie. Aux termes de l'art. 2148-4°, l'inscription hypothécaire ou privilégiée doit fixer le montant des charges dont elle grève l'immeuble sur lequel elle est prise. Le créancier qui s'inscrit doit donc avoir le soin de dire, dans son inscription, que sa créance est productive d'intérêts; sinon, les intérêts que produira la créance seront en dehors du privilége : car, en ce qui les concerne, c'est comme s'il n'avait pas été pris d'inscription. Toutefois, ce principe est inapplicable au privilége du vendeur, car le prix de vente étant de plein droit pro-

---

(1) Mourlon, *Ex. crit.*, n° 157, p. 489.

ductif d'intérêts (art. 1652 C. civ.), il n'est point nécessaire d'en donner avis spécial aux tiers. Il faut en outre que l'inscription indique l'exigibilité de la créance. Sans doute, on peut valider quant au capital une inscription de créance dont l'exigibilité est ignorée; mais lui attribuer un effet quant aux intérêts, alors qu'elle en laisse le chiffre complétement inconnu, c'est ce que la loi ne doit pas admettre. On objectera peut-être que l'époque de l'exigibilité est inutile, car les tiers connaissent le chiffre de la créance, et ils doivent s'attendre à ce qu'on leur oppose un jour une masse considérable d'intérêts. Mais l'avis que donne aux tiers cette inscription est susceptible d'interprétations diverses, et, par conséquent, fort compromettant. Il les laisse évidemment dans l'incertitude ; or, c'est précisément cet état d'incertitude et de doute que la loi cherche à éviter, quand elle exige que l'inscription précise le montant des charges qui pèsent sur l'immeuble affecté. Qu'on ne dise pas que l'art. 2151 n'exige point la mention de l'exigibilité de la créance; que l'inscription d'une créance privilégiée doit valoir de plein droit pour tous les intérêts qui peuvent être dus au créancier, puisque l'inscription hypothécaire garantit les intérêts pour deux ans et l'année courante, alors même qu'elle garde le silence sur l'époque où la créance sera exigible. Sans doute, l'art. 2151 n'exige pas la mention de l'exigibilité de la créance; mais il la suppose, puisqu'il règle l'effet de l'inscription organisée par l'art. 2148, et que l'art. 2148 exige dans l'inscription la mention de l'exigibilité.

Qu'arriverait-il si le vendeur n'était pas payé à l'échéance? Les intérêts qui ont continué de courir à son profit depuis l'époque de l'exigibilité sont-ils privilégiés? Oui, s'il est encore à temps de s'inscrire utilement, et s'il prend une inscription nouvelle pour les intérêts échus ou à échoir jusqu'à concurrence d'une somme de..... ; sinon, ils resteront chirographaires. Au surplus, au lieu de prendre ces deux inscriptions à intervalles séparés, le vendeur pourrait, lors de l'inscription de son privilége, prendre une deuxième inscription éventuelle, et jusqu'à concurrence d'une certaine somme, pour le cas où le prix ne serait pas payé à l'échéance.

La créance privilégiée ne s'étend pas seulement au prix et aux intérêts du prix; elle comprend encore les frais que le vendeur a été obligé de faire pour parvenir au recouvrement de son prix. Ce sont, en effet, frais de justice; mais comme ils n'ont été faits que dans l'intérêt du vendeur seul, ils n'obtiendront pas le rang que l'art. 2101 accorde aux frais de justice : ils ne seront pas payés avant tous autres priviléges, mais seulement au rang qui sera assigné au vendeur par la collocation.

En est-il de même des frais et loyaux coûts du contrat de vente et de la transcription? Sont-ils privilégiés, à supposer que le vendeur en ait fait le paiement? Certains auteurs soutiennent la négative et raisonnent de la manière suivante : Pour avoir un privilége, il faut avant tout être créancier, *prius est esse quam esse tale;* le vendeur n'est point créancier des frais, c'est le notaire ou le fisc : que s'il en fait l'avance, s'il les paie, il est dans la situation d'un tiers qui paie pour autrui. Or le paiement fait par un tiers étranger, ou même par un tiers intéressé à une dette, n'investit pas celui qui le fait d'un privilége, que la dette qu'il acquitte ne comporte pas. En vertu de l'art. 2002 C. civ., le notaire a bien une action contre le vendeur et l'acheteur pour le paiement des frais et loyaux coûts du contrat; mais cette action n'est pas privilégiée, elle n'est entourée que d'une garantie personnelle, la solidarité ; à tous points de vue, elle est chirographaire. Aux termes de l'art. 1251-3°, le vendeur qui a payé les frais et loyaux coûts, et qui joue vis-à-vis de l'acheteur le rôle de caution solidaire, est subrogé de plein droit à l'action du créancier; mais comme cette action n'est que chirographaire, il ne pourra point invoquer le privilége.

Nous ne nions pas que l'art. 1593 C. civ. donne un semblant de vérité à ce système. « Les frais d'actes et autres accessoires à la vente sont à la charge de l'acheteur. » Néanmoins, il nous paraît difficile de ne pas admettre que les frais et loyaux coûts du contrat soient un élément du prix, et qu'à ce titre ils doivent être privilégiés comme le prix lui-même. Supposons un immeuble dont la valeur vénale soit de 100,000 francs. Si la mutation de propriété s'accomplissait sans frais d'aucune espèce, le prix moyennant lequel l'acheteur consentirait à payer l'immeuble serait de 100,000 francs. Mais il n'en est pas ainsi. Le notaire se fait payer ses honoraires ; l'État perçoit un droit d'enregistrement et de transcription : tous ces loyaux coûts, je le suppose, s'élèvent à 6,000 francs. L'acheteur sait d'avance qu'il devra débourser cette somme; l'ajoutera-t-il, dans ses prévisions, aux 100,000 francs qui forment la valeur réelle de l'immeuble, ou, au contraire, les déduira-t-il préalablement? Il les déduira certainement, et il ne consentira à payer que 94,000 francs. Qu'est-ce à dire, sinon que la valeur de la propriété se trouve représentée par ces deux sommes, savoir : 94,000 francs que l'acheteur paiera au vendeur; 6,000 francs dont il sera débiteur à l'égard du notaire et du fisc. Si ces 6,000 francs représentent une portion de la valeur de l'immeuble, pourquoi ne seraient-ils pas payés par privilége sur l'immeuble lui-même, lorsque l'acheteur qui avait contracté l'obligation de les payer à la décharge du vendeur, n'ayant pas exécuté son engagement, le vendeur a été obligé d'en tenir compte à qui de droit? Les frais et loyaux coûts du contrat rentrent tellement dans les éléments du prix, que le vendeur doit les rembourser à l'acheteur en cas d'éviction (art. 1630 C. civ.); que le vendeur est tenu de les restituer à l'acheteur lorsqu'il use de la faculté de rachat (art. 1673) (1). Qu'importe alors que l'opinion adverse vienne dire que le vendeur, n'étant pas créancier des frais et loyaux, ne peut, à plus forte raison, user du privilége ? Ce n'est pas comme subrogé aux droits du notaire, ce n'est pas en qualité de prêteur, ainsi que le soutient Duranton, que le vendeur invoque l'art. 2103 ; c'est parce que les frais représentent une portion de la valeur du prix qui devait être payé par l'acquéreur, non pas à lui vendeur, mais au notaire et à l'État, et qui, en définitive, l'ont été par lui vendeur. Tel est le fondement du privilége.

Nous adopterions au contraire le système que nous venons de combattre, si le paiement des frais et loyaux coûts avait été fait par le vendeur, non pas à titre d'avance, mais à titre définitif, en vertu d'une clause du contrat qui les aurait mis spécialement à sa charge. Dans ce cas, ce n'est pas la dette du vendeur, mais la sienne propre qu'il aurait payée; loin d'avoir un privilége, il ne jouirait même d'aucun recours contre son acheteur.

Il arrive quelquefois que l'acheteur n'exécute pas complétement les obligations dont il est tenu en vertu du contrat. Cette inexécution engendre au profit du vendeur une créance de dommages et intérêts. Cette créance est-elle privilégiée à l'égal du prix de vente ? La presque unanimité des auteurs decide que non; ces dommages et intérêts, dit-on, sont hors du prix, ils ne dérivent qu'indirectement du contrat; dès lors, ils doivent rester dans la classe des créances chirographaires. Cette opinion me paraît trop absolue; et je crois qu'il faut adopter la distinction de Mourlon sur ce point (2). Les dommages et intérêts ne sont-ils que l'équivalent en argent du bénéfice que le débiteur n'a point procuré en nature à son créancier ; n'y a-t-il aucune augmentation de l'obligation primitive, mais transformation seulement en une somme d'argent de ce qui devait être presté autrement, il n'y a pas anéantissement des garanties; autrement, le débiteur pourrait par sa faute, et même par son dol, s'affranchir des priviléges qui le grèvent. Les cautionnements, les hypothèques continuent de subsister lorsque, par le fait ou la faute du débiteur, la dette qu'ils garantissent se transforme en une dette de dommages et intérêts ; pourquoi en serait-il autrement des priviléges?

Au contraire, si les dommages et intérêts, tout en changeant l'objet de la dette, viennent encore l'augmenter, le privilége qui garantissait la dette ne garantit pas l'extension qu'elle a reçue; car cette extension n'a point son principe dans le contrat qui a donné naissance au privilége. Son origine se trouve dans le fait, peut-être même dans la faute du débiteur. Or le fait, la faute du débiteur ne sont pas considérés par la loi comme suffisants pour engendrer le privilége.

(1) Cf. art. 2188 C. civ.
(2) *Ex. crit.*, n° 162.

Des exemples vont éclairer ces solutions. Je vous vends mon domaine moyennant 40,000 francs, avec réserve du droit d'aller puiser de l'eau à une source qui s'y trouve. Vous détruisez la source, et vous me causez un préjudice que j'évalue à 5,000 francs; vous êtes condamné à me payer cette somme à titre de dommages et intérêts : sera-t-elle comprise dans mon privilége de vendeur? Pourquoi non? puisque ces 5,000 francs sont regardés, par la loi, comme l'équivalent d'une charge dont était tenu l'acheteur; puisque, si je ne m'étais pas réservé le droit d'aller puiser à la source, j'aurais stipulé un prix de 45,000 francs au lieu de 40,000 francs; puisque, en un mot, ces dommages et intérêts faisaient tacitement et implicitement partie du prix?

Supposons, au contraire, que je vous aie vendu une maison où j'exploite mon commerce, avec réserve du droit d'y continuer cette exploitation pendant deux ans, et à la charge par vous de la tenir pendant ce temps en bon état de réparations. Vous manquez à votre promesse, et par votre faute mes marchandises subissent des avaries qui s'élèvent à 25,000 francs. Aurai-je le droit de prétendre que ma créance de 25,000 francs est privilégié? — Non; car l'obligation de payer ces 25,000 francs ne remplace pas pour l'acheteur celle de payer le prix principal, et de faire les réparations; elle s'y ajoute au contraire : elle en est une extension; dès lors, elle ne doit pas être privilégiée.

Le simple raisonnement suffit à la justification de cette distinction; il n'est pas impossible, cependant, de trouver un texte qui l'autorise. Aux termes de l'art. 1205 C. civ., lorsque la chose due vient à périr par le fait ou la faute de l'un des codébiteurs solidaires, le prix de cette chose, représentation de sa valeur, n'en continue pas moins à être dû par chacun des codébiteurs solidaires; la dette originaire subsiste entière, bien qu'elle n'ait plus le même objet : la sûreté personnelle que procure la solidarité adhère toujours à la créance. Il en est autrement des dommages et intérêts dont la dette a pris naissance, à l'occasion même de la perte survenue par le fait ou la faute du codébiteur. Ces dommages et intérêts sont une aggravation de la dette primitive : ils l'augmentent, ils l'étendent; aussi la solidarité n'en garantit pas le paiement; seul, le codébiteur en faute sera tenu de les payer au créancier.

Le privilége qui appartient au vendeur d'un immeuble, pour la sûreté du paiement du prix, ne porte que sur l'*immeuble vendu* (article 2103-1° C. civ.). Le fondement même du privilége lui donne un caractère nécessaire de spécialité; le vendeur ne peut prétendre un droit de préférence que sur la valeur qui, par son fait, est entrée dans le patrimoine du débiteur.

De là, les conséquences suivantes :

Le privilége ne porte point sur les acquisitions postérieures par lesquelles l'acheteur aurait augmenté l'étendue de l'immeuble vendu, alors même que ces acquisitions seraient contiguës. De même, à supposer que l'acheteur ait acquis primitivement un enclos dont il a postérieurement augmenté l'enceinte, le privilége ne porte que sur l'acquisition primitive. On opposera peut-être l'art. 1019 C. civ.; mais cet article est interprétatif de la volonté du testateur, tandis qu'ici il s'agit de privilége : il n'y a donc aucune analogie entre les deux situations. Le privilége du vendeur est un privilége spécial; partant, il ne grève que la valeur nouvelle qui, par le fait de la vente qui lui donne naissance, a grossi le patrimoine de l'acheteur. Au surplus, dans l'espèce que nous examinons, les acquisitions postérieures seraient grevées elles-mêmes du privilége du second vendeur; et nous ne voyons pas comment l'équité pourrait concilier l'existence de deux priviléges de vendeur sur un même immeuble, alors qu'il n'y a qu'un seul vendeur.

Le privilége ne grève pas les accroissements survenus à l'immeuble vendu par voie d'accession. Ainsi les alluvions, les relais formés par l'eau courante, qui se retire insensiblement de l'une de ses rives en se portant sur l'autre, restent libres du privilége entre les mains de l'acheteur; de même la partie considérable et reconnaissable d'un champ riverain que la violence d'un fleuve ou d'une rivière aurait portée vers l'immeuble récemment acheté et non encore payé (art. 559 C. civ.). Les îles, îlots et attérissements qui se forment dans le lit de la rivière, en face de l'immeuble vendu, échappent également au privilége, toujours grâce à la spécialité qui le caractérise.

La même question se reproduit à propos des améliorations qui sont survenues à l'immeuble vendu; ces améliorations peuvent provenir de trois causes distinctes : ou bien elles sont naturelles ou accidentelles, c'est-à-dire qu'elles sont dues à un cas purement fortuit, tel que l'ouverture d'un canal, d'une rue, d'un chemin de fer; ou bien elles proviennent du fait du débiteur, par exemple de constructions, plantations ou autres embellissements; enfin, elles ont quelquefois leur cause dans le fait d'un tiers possesseur.

Au premier cas, l'existence du privilége n'est pas contestable; aucune modification n'a été apportée à l'immeuble : il est absolument dans le même état qu'au jour de la vente; par conséquent l'augmentation de valeur qu'il a reçue doit profiter au vendeur. L'art. 2133, aux termes duquel l'hypothèque acquise s'étend à toutes les améliorations survenues à l'immeuble hypothéqué, est sans aucun doute applicable à notre hypothèse.

Mais, en vertu du principe posé plus haut, il n'en est pas de même relativement au deuxième et au troisième cas. Il n'est plus exact de dire que l'immeuble est tel au jour de la collocation qu'il se trouvait au jour de la vente. Une nouvelle valeur est venue grossir l'actif de l'acheteur.

Est-ce par le fait du vendeur? Ces améliorations sont-elles une conséquence de la vente? Non ; partant, pas de privilége : où puiser d'ailleurs le principe de ce droit de préférence? Dans l'art. 2103-1°? Mais ce texte répugne à cette interprétation. Peut-être se retranchera-t-on derrière l'art. 2133? Mais il faudrait démontrer que cet article vise les priviléges en même temps que les hypothèques. Pour nous, le fondement même du privilége du vendeur se concilierait mal avec l'extension qu'on prétend donner à l'art. 2133 ; ses termes ne sont relatifs qu'à l'hypothèque : prenons-le donc tel qu'il est, et ne lui faisons pas dire autre chose que ce que le législateur a voulu y mettre.

Nous ne nous dissimulons pas que ce système trouve de sérieux contradicteurs, et que de redoutables objections se dressent contre lui. Néanmoins, après examen, nous croyons devoir le maintenir, persuadé qu'il répond parfaitement à l'intention du législateur. Mais voyons les objections.

On dira peut-être que nous méconnaissons la véritable nature du privilége, qui n'est, au fond, qu'une hypothèque accordée par la loi, non pas au créancier, mais à la qualité de la créance; que le privilége est, en principe, plus favorable que l'hypothèque, puisque le créancier privilégié est préféré aux créanciers hypothécaires; que, dès lors, nous allons directement contre l'esprit de la loi en refusant au privilége une puissance d'étendue que l'art. 2133 reconnaît à l'hypothèque. Sans doute, nous ne nions pas la grande ressemblance qui existe entre le privilége du vendeur et l'hypothèque ; mais n'y a-t-il pas des différences, et ces différences n'autorisent-elles pas la solution que nous donnons? Lorsque je confère une hypothèque sur un de mes immeubles pour une créance de 10,000 francs, l'hypothèque ne grève pas l'immeuble jusqu'à concurrence de la créance, de telle sorte que l'excédant de valeur soit libre de toute affectation ; elle atteint l'immeuble tout entier, et l'immeuble amélioré demeure, après les améliorations, ce qu'il était auparavant. Il n'est pas plus possible de les séparer de l'immeuble hypothéqué que d'en retrancher l'excédant de valeur. Au contraire, lorsque je vends un immeuble, et que je demeure créancier du prix, c'est l'immeuble tout entier, et rien de plus, qui répond du paiement. Par mon fait, un immeuble est entré dans le patrimoine de mon débiteur ; et c'est à cette circonstance que la loi attache un privilége. On sait, dès le jour même de la naissance du droit réel, que l'immeuble est affecté à la sûreté de ma créance, et l'on connaît la raison d'être de mon privilége; mais que plus tard l'acheteur fasse des constructions, des améliorations quelconques... Les tiers ont-ils pu penser que ces améliorations, qui ont une cause tout à fait indépendante de la vente, sont néanmoins grevées du privilége? Mais où serait alors sa raison d'être? Éminemment juste tant qu'il ne grève que l'immeuble vendu, le privilége deviendrait une criante injustice s'il affectait les extensions que l'immeuble a reçues. La séparation, impossible quand il s'agit d'une hypothèque, s'impose nécessairement aux tiers lorsque c'est le privilége du vendeur qui est en jeu.

Une autre objection sera évidemment faite. Admettons, pourra-t-on dire, que les améliorations apportées à l'immeuble vendu restent libres de l'affectation privilégiée : à quelle impossibilité pratique n'aboutissez-vous pas lors de la revente de l'immeuble? Si le privilége ne grève que l'immeuble dans l'état où il se trouvait au moment de la vente primitive, comment l'acheteur qui veut purger pourra-t-il remplir les formalités de l'art. 2183 pour les notifications exigées? S'il obéit à l'art. 2183, il devra faire connaître au vendeur privilégié le prix et les charges faisant partie du prix de la vente ; et alors reconnaîtrez-vous à celui-ci le droit de surenchérir sur tout l'immeuble, même sur les améliorations qui ne sont pas grevées du privilége? S'il omet la notification, la purge n'est pas accomplie, et alors le tiers acquéreur reste toujours sous la menace du privilége. Vous êtes donc amené forcément à décider, ou bien que la purge est impossible, ou bien que le vendeur pourra comprendre dans sa surenchère même la partie de l'immeuble qui, d'après votre système, échappe au privilége.

A cette objection, nous répondons par l'art. 2192 C. civ.: « Dans le cas où le titre du nouveau propriétaire comprendrait des immeubles, les uns hypothéqués, les autres non hypothéqués....., aliénés pour un seul et même prix, le prix de chaque immeuble frappé d'inscriptions particulières et séparées sera déclaré dans la notification du nouveau propriétaire, par ventilation s'il y a lieu, du prix total exprimé dans le titre. Le créancier surenchérisseur ne pourra être contraint d'étendre sa soumission sur d'autres immeubles que ceux qui sont hypothéqués à sa créance. » Rien de plus simple : le tiers acquéreur exprimera, dans la notification faite au vendeur, la valeur réelle, au jour de la revente, de l'immeuble, déduction faite des améliorations, et, à cet effet, il indiquera pour quelle somme elles entrent dans le prix total : le résultat de cette soustraction sera la valeur même sur laquelle portera la surenchère du vendeur. Que si le tiers acquéreur n'opère pas lui-même la ventilation, sa négligence n'aura pas pour effet de faire perdre au vendeur son droit de surenchère, sans que toutefois, si la valeur de l'immeuble, déduction faite des impenses, est insuffisante pour le désintéresser, il puisse demander à être colloqué sur la plus-value provenant des améliorations. Nous respecterons ainsi les principes ; le tiers acquéreur ne sera pas exposé à la menace perpétuelle du privilége : le vendeur n'exercera son droit que sur l'immeuble qui lui est affecté, et laissera aux autres créanciers des biens qui sont leur gage légitime.

Notre système, conforme aux principes, a été adopté par la jurisprudence. Il résulte de deux arrêts, l'un de la Cour de Lyon (1), l'autre de la Cour de Paris (2), que le privilége doit être restreint au prix de l'immeuble seul, et ne peut s'étendre à celui des constructions ou améliorations qui proviennent du fait de l'acquéreur ; et cette solution est d'autant plus exacte, que ces constructions peuvent être grevées d'un autre privilége au profit des ouvriers. De même, la Cour de Poitiers (3) a décidé que le privilége ne s'étend pas aux cheptels ultérieurement créés par l'acquéreur, bien que, par la destination qu'ils ont reçue, les animaux composant lesdits cheptels aient servi à l'exploitation de la métairie vendue, alors, d'ailleurs, que l'immeuble a été expressément vendu dégarni de cheptel.

SECTION II.

DE L'EFFET DU PRIVILÉGE A L'ÉGARD DES TIERS.

Le privilége procure au vendeur un double droit : droit de préférence et droit de suite. Grâce au droit de préférence, le vendeur est sorti de la classe des créanciers chirographaires ; il n'a plus à craindre un des dangers résultant de l'art. 2093 C. civ., aux termes duquel tous les créanciers d'un même débiteur, ont ses biens pour gage, et viennent au marc le franc, en cas d'insuffisance. Il est, aux termes de l'art. 2095 C. civ., préféré aux autres créanciers, même hypothécaires. Grâce au droit de suite, il brave les aliénations par lesquelles son débiteur pourrait amoindrir son gage. Son droit réel subsiste, quelque nombreuses qu'elles puissent être ; il peut toujours faire vendre son immeuble entre les mains des tiers détenteurs et, par là, se prévaloir de son droit de préférence. A ce point de vue, le droit de suite doit être considéré comme la sanction énergique du droit de préférence.

Deux classes de tiers sont donc exposées à se voir primées par le privilége du vendeur : les bailleurs de fonds, qui ont prêté de l'argent à l'acheteur, et les tiers acquéreurs de l'immeuble vendu. Nous n'avons point à traiter dans ce travail des moyens qui leur permettent de se mettre à l'abri du privilége (bénéfice de la subrogation et purge). Notre tâche, déjà assez étendue, consiste purement et simplement à rechercher les conditions auxquelles le privilége leur est opposable. Jusque-là, nous l'avons étudié à l'état inerte ; nous allons voir maintenant com-

(1) Lyon, 26 janvier 1835.
(2) Paris, 18 janvier 1837.
(3) 22 mars 1848.

ment le vendeur le met en mouvement et sort vainqueur de la lutte engagée entre les créanciers hypothécaires et les tiers détenteurs.

§ Ier.

De la conservation du privilége au point de vue du droit de préférence.

Les principes qui gouvernent la matière sont déposés dans les art. 2106 et 2108 du Code civil.

Entre les créanciers, les priviléges ne produisent d'effet à l'égard des immeubles, qu'autant qu'ils sont rendus publics par inscription sur les registres du conservateur des hypothèques, de la manière déterminée par la loi et à compter de la date de cette inscription, sous les seules exceptions qui suivent (art. 2106).

Le vendeur privilégié conserve son privilége par la transcription du titre qui a transféré la propriété à l'acquéreur, et qui constate que la totalité ou partie du prix lui est due ; à l'effet de quoi, la transcription du contrat faite par l'acquéreur vaudra inscription pour le vendeur et pour le prêteur qui lui aura fourni les deniers payés, et qui sera subrogé aux droits du vendeur par le même contrat. Sera néanmoins le conservateur des hypothèques tenu, sous peine de tous dommages et intérêts envers les tiers, de faire d'office l'inscription, sur son registre, des créances résultant de l'acte translatif de propriété, tant en faveur du vendeur qu'en faveur des prêteurs, qui pourront aussi faire, si elle ne l'a été, la transcription du contrat de vente, à l'effet d'obtenir l'inscription de ce qui leur est dû, sur le prix (art. 2108 C. civ.).

Il résulte de ces deux articles combinés, que le privilége, en général, n'est porté à la connaissance du public que par l'inscription qui en est faite sur les registres du conservateur des hypothèques. En ce qui concerne spécialement le privilége du vendeur, l'inscription de la créance est remplacée par la transcription du contrat. Jusqu'à la transcription, le privilége ne confère aucun droit de préférence au vendeur ; si des hypothèques ont été accordées par l'acheteur sur l'immeuble vendu, avant que cette formalité soit accomplie, ces hypothèques passent avant le privilége : ce n'est qu'à partir de la transcription, que le privilége est opposable aux créanciers hypothécaires de l'acheteur. En résumé, aussitôt que le contrat est transcrit, le privilége du vendeur prime les hypothèques postérieures ; mais, réciproquement, il est primé par les hypothèques antérieures.

Telle est, en apparence, la théorie des art. 2106 et 2108 C. civ., sur le mode de conservation du privilége du vendeur. Si nous devions prendre ces textes à la lettre, il nous faudrait reconnaître que le législateur a, dans les art. 2106 et 2108, contredit ce qu'il a écrit dans les art. 2095 et 2096 C. civ. Le privilége est un droit que la qualité de la créance donne à un créancier d'être préféré aux autres créanciers, même hypothécaires (2095). Entre les créanciers privilégiés, la préférence se règle par les différentes qualités des priviléges (2096). Il ne faudrait plus s'attacher à la cause de la créance pour savoir si elle prime les créanciers hypothécaires, ce ne serait plus qu'une question de date ; la règle *prior tempore, potius jure* serait applicable, non-seulement aux hypothèques, mais encore aux priviléges. Or, il est incontestable que la différence capitale qui distingue le privilége de l'hypothèque, consiste en ce que celle-ci ne produit d'effet qu'à la date de son inscription, tandis que l'effet du privilége est indépendant de sa date, et s'apprécie eu égard à la qualité de la créance, *privilegia non ex tempore, sed ex causa œstimantur.* Qu'a donc voulu dire le législateur dans les art. 2106 et 2108? Il est impossible qu'il ait voulu que les hypothèques inscrites avant la transcription du contrat de vente soient opposables aux priviléges du vendeur ; car c'eût été assimiler entièrement le privilége à l'hypothèque, et telle n'a pas été son intention. Mais alors quel est le sens qu'il faut attacher à ces paroles énigmatiques, « que le *privilége ne produit effet qu'à la date de son inscription* » ?

Ce point de droit est un de ceux qui sont le plus vivement controversés. Depuis la promulgation du Code civil, la question avait été diversement traitée, lorsque parurent, dans la *Revue étrangère et française de législation, de jurisprudence et d'économie politique* (années 1840 et 1841), de remarquables dissertations, dues à la plume de M. Valette. L'exposition de son système « fit sensation dans le monde savant, où ses perfections le firent considérer comme un modèle de haute étude, de dialectique et de bons sens exquis » (1). Presque tous les jurisconsultes l'adoptèrent ; il fut accepté et développé par Mourlon, dans son *Examen critique du Commentaire de M. Troplong sur les priviléges.* Il était donc permis de croire la discussion épuisée, lorsqu'un autre professeur de la Faculté de Paris, M. Duverger (*Revue pratique,* t. X, p. 161), vint élever de sérieuses objections contre la théorie de M. Valette, et sut lui enlever, par la puissance de ses arguments, plus d'un chaud partisan, entre autres Mourlon, qui fut contraint, « sous l'énergique puissance de ce système, de confesser que la donnée qu'il avait si longtemps crue exacte, n'était au fond qu'une erreur » (2). Nous allons exposer tout d'abord le système de M. Valette ; puis, avec M. Duverger, nous examinerons les critiques qui peuvent lui être adressées.

(1) Mourlon, *Traité de la transcription,* n° 623.
(2) Mourlon, *eod.*

PREMIER SYSTÈME. — La théorie du Code civil doit être éclairée par les dispositions de la loi du 11 brumaire an VII. L'art. 2 de cette loi est ainsi conçu : *L'hypothèque ne prend rang, et les priviléges sur les immeubles n'ont d'effet que par leur inscription dans les registres à ce destinés, sauf les exceptions autorisées par l'art. 11.*—Relativement au privilége du vendeur, il faut rapprocher de cet art. 2 l'art. 26 : *Les actes translatifs de propriété doivent être transcrits sur les registres du bureau de la Conservation des hypothèques dans l'arrondissement duquel les biens sont situés. — Jusque-là ils ne peuvent être opposés aux tiers qui auraient contracté avec le vendeur et qui se seraient conformés aux dispositions de la présente.* Jusqu'à la transcription, le vendeur reste propriétaire à l'égard des tiers ; s'il demeure propriétaire, il ne peut donc être question pour lui de privilége. Au moment de la transcription, la propriété passe définitivement à l'acheteur, moins cependant un certain démembrement retenu par le vendeur : ce démembrement, c'est le privilége. Ainsi, la transcription qui avertit les tiers que le vendeur n'est plus propriétaire, leur fait connaître en même temps que l'immeuble est affecté d'un privilége entre les mains de l'acheteur. En outre, comme la loi de Brumaire veut que la publicité soit complète, le conservateur des hypothèques doit faire, en même temps que la transcription, une inscription d'office ; cette inscription constitue une condition de l'existence même du privilége, de telle sorte que si elle n'est pas faite, le vendeur ne peut se poser comme privilégié au regard des autres créanciers de l'acheteur : il n'a plus qu'un recours en dommages et intérêts contre le conservateur. Sans doute, il peut lui-même requérir inscription ; mais cette inscription tardive ne donne rang au privilége qu'à sa date. Le privilége dégénère en simple hypothèque.

Ainsi, et en résumé, le vendeur dont le contrat n'a pas été transcrit, n'a pas à redouter l'aliénation faite par l'acquéreur, qui n'est pas propriétaire, ni les constitutions d'hypothèque consenties par lui. On ne peut même pas dire qu'il est créancier privilégié, puisqu'il n'a pas été dessaisi de la propriété ; il est armé de l'action en revendication. Il ne devient créancier privilégié que lorsque la propriété passe de ses mains dans celles de son acheteur, c'est-à-dire au moment de la transcription. Mais, au moment même de la naissance de son privilége, celui-ci est porté à la connaissance du public ; son privilége naît par la transcription, mais il naît conservé.

Tel est le système de la loi de Brumaire an VII. Il était encore en vigueur à l'époque de la rédaction des art. 2106 et 2108 C. civ., et il faudrait des preuves bien formelles pour nous autoriser à croire qu'il a été abandonné en 1804. Au contraire, la rédaction des art. 2106 et 2108 montre jusqu'à l'évidence que ce système a passé dans nos lois. Et d'abord, l'art. 2106 établit, à peu près dans les mêmes termes que l'article 2 de la loi de Brumaire, une règle générale sur l'inscription des privilèges immobiliers : *Entre les créanciers, les privilèges ne produisent d'effet, à l'égard des immeubles, qu'autant qu'ils sont rendus publics par inscription sur les registres du conservateur des hypothèques.* Ce texte et l'art. 2 de la loi de Brumaire sont identiques. Il est vrai que, dans l'art. 2106, on a ajouté ces mots *et à compter de la date de l'inscription ;* mais cette addition n'a eu qu'un but : mieux faire ressortir ce principe, que les privilèges n'ont d'effet que par l'inscription. S'il y a identité de termes, il est permis de croire que jusque-là, tout au moins, il y a identité de motifs. Mais poursuivons. L'art. 2108 est à peu près la reproduction de l'art. 29 de la loi de Brumaire ; comme sous l'empire de cette loi, c'est la transcription du contrat de vente qui conserve le privilège du vendeur ; il n'y a eu qu'une seule innovation, à savoir : que l'efficacité du privilège ne dépend pas de la transcription et de l'inscription d'office réunies, mais de la transcription seule. Quant à l'essence même de la théorie de la publicité, aucun changement n'a été apporté ; d'ailleurs, nulle trace du désir d'innover n'apparaît dans les discussions du conseil d'État.

Donc, aux termes de l'art. 2108 C. civ., comme sous l'empire de la loi de Brumaire, le privilège du vendeur naît conservé ; jusqu'à la transcription, le vendeur est demeuré propriétaire : il peut se prévaloir de l'action en revendication.

Est-ce à dire, pourtant, d'après M. Valette, que ce système soit resté en vigueur sous l'empire du Code civil ? Cette question suppose résolue la question de savoir si le Code civil a maintenu la nécessité de la transcription pour la translation de la propriété à l'égard des tiers. Le principe de la loi de Brumaire se trouvait reproduit dans l'art. 91 du projet relatif aux privilèges et hypothèques ; attaqué très-vivement, il avait été non moins vivement défendu : l'accord avait fini, néanmoins, par se faire, et l'article avait été renvoyé à la section du conseil d'État, en vue d'une rédaction plus précise. Mais par une circonstance qu'il n'est pas facile d'indiquer, soit que, comme l'a pensé Troplong, l'article ait été escamoté, soit qu'il ait été rejeté par suite d'une délibération dont les procès-verbaux n'ont pas gardé la trace, l'article adopté par le conseil d'État ne se trouve pas dans la rédaction définitive. De sorte que, peu de temps après la promulgation du Code civil, s'éleva la question de savoir si la transcription avait été maintenue à l'égard des tiers.

L'affirmative fut soutenue par quelques auteurs ; mais la jurisprudence considéra la disposition de l'art. 91 du projet comme entraînant l'abrogation de l'art. 26 de la loi de Brumaire an VII. Dès lors, le transport de la propriété *erga omnes* résultant, sous le Code civil, du seul consentement des parties, l'art. 2108 C. civ. a été abrogé par voie de conséquence. Puisque ce n'est plus la transcription qui avertit les tiers de la mutation de propriété et de la retenue du privilége par le vendeur; puisqu'ils sont censés connaître tout ce qu'il leur importe de savoir, aussitôt que la vente est parfaite, *solo consensu*, à quoi bon la transcription, à quoi bon l'inscription d'office? « Le vendeur, au moins en ce qui touche le droit de préférence dont nous traitons en ce moment, n'a besoin d'aucune inscription ni transcription pour conserver son privilége; la vente produisant ses effets sans aucune mention sur les registres publics, doit les produire intégralement. On ne peut la scinder et réputer certaines clauses connues et d'autres ignorées du public; en un mot, toutes les clauses de l'acte forment un tout indivisible (1). »

Cette abrogation tacite de la loi de Brumaire enlève également, au moins quant au privilége du vendeur, tout effet à cette règle de l'article 2106, que les priviléges ne produisent d'effet que par l'inscription. Le privilége est donc nécessairement clandestin. Il est vrai que l'article 834 C. pr. vint rétablir la transcription, mais seulement à un point de vue fiscal; que la transcription ait été faite ou non, le privilége n'en prime pas moins les hypothèques générales qui ont frappé l'immeuble dès son entrée dans le patrimoine de l'acheteur, ainsi que les hypothèques qu'il a pu consentir avant la transcription. Il est regrettable sans doute qu'un droit réel qui doit être opposable aux tiers ne soit pas porté à leur connaissance par une inscription; mais les inconvénients qui naissent de cette clandestinité ne sont qu'apparents : les tiers qui se proposent de prêter de l'argent à l'acheteur, avec constitution d'hypothèque sur l'immeuble vendu, ont un moyen bien simple de savoir si le privilége grève encore l'immeuble vendu : ils n'ont qu'à se faire représenter les titres de propriété de l'acheteur et la quittance constatant que le prix a été entièrement payé. Si cette quittance ne peut être fournie par l'acheteur, les tiers n'ont qu'à se tenir en garde : c'est que le vendeur est demeuré probablement créancier du prix.

A l'époque où M. Valette écrivait sa monographie de l'*Effet ordinaire de l'inscription en matière de priviléges sur les immeubles*, la législation du Code civil était encore en pleine vigueur. La loi du 23 mars 1855, sur la transcription en matière hypothécaire, n'était pas encore venue rétablir la nécessité de la transcription au point de vue de la translation de la propriété à l'égard des tiers. Mais aujourd'hui, l'art. 3 de cette loi porte que « jusqu'à la transcription, les droits résultant des actes et jugements énumérés aux art. 1 et 2, ne peuvent être opposés aux tiers qui ont acquis des droits sur l'immeuble, et qui les ont conservés en se conformant aux lois ». Faut-il en conclure que le système de la loi de Brumaire an VII a été rétabli? C'est ce que pense M. Paul Pont, dans son

---

(1) M. Valette, *De l'effet ordinaire de l'inscription en matière de priviléges sur les immeubles.*

Commentaire des priviléges et hypothèques (1). D'après cet auteur, l'article 2108 C. civ. a repris sa portée et sa signification primitives; par conséquent, le système inauguré par M. Valette reçoit encore son application. Jusqu'à la transcription, le vendeur est propriétaire et peut revendiquer; la transcription donne naissance au privilége et le conserve en même temps.

DEUXIÈME SYSTÈME. — Le système précédent repose sur cette fausse idée, que la transcription est indispensable pour dessaisir le vendeur de la propriété, même à l'égard des ayant cause de l'acheteur, c'est-à-dire de ceux qui ont pris, de son chef, hypothèque sur l'immeuble vendu postérieurement à la vente, mais antérieurement à la transcription. L'interprétation qu'il donne à la loi de Brumaire et à la loi du 23 mars 1855, n'est pas exacte; il est facile de s'en convaincre, en étudiant les précédents, le texte et l'esprit de ces lois.

En droit romain, la vente n'est pas translative de propriété. Elle ne le devient que lorsqu'elle a reçu sa complète exécution; qu'autant qu'au paiement du prix, ou à une satisfaction équivalente, vient se joindre la tradition. La maxime : *Traditionibus et usucapionibus, dominia rerum, non nudis pactis transferuntur*, passa du droit romain dans notre droit français. Le transfert de la propriété ne résultait que de la tradition réelle; mais la tradition réelle fut bientôt remplacée par une tradition feinte résultant d'une clause de *dessaisine-saisine*, en vertu de laquelle le vendeur se démettait et se dépouillait de sa propriété et de la possession de la chose vendue, pour en saisir l'acquéreur (2). Cette clause était devenue de style dans tous les contrats. L'état du droit était, lors de la promulgation de la loi de Brumaire an VII, que la vente était par elle-même translative de propriété *erga omnes*, sans restriction. Ceci ne fait aucun doute en présence d'un avis du conseil d'État du 11 fructidor an XIII, ainsi conçu : « Les principes qui ont régi la matière jusqu'à la loi du 11 brumaire an VII, étaient que l'immeuble vendu n'était passible des hypothèques, provenant du chef du vendeur, que jusqu'au jour où la tradition avait été faite par acte authentique, le vendeur ne pouvant plus grever le fonds qui n'était plus le sien (3). »

Toute la question est de savoir si la loi de Brumaire a abrogé le principe nouveau résultant de l'usage des traditions feintes? La négative n'est pas douteuse. Sous la loi de Brumaire, l'acheteur est propriétaire *erga omnes*, dès que les consentements ont été échangés sur la chose et sur le prix. Une seule exception existe relativement aux tiers qui, ayant

(1) N° 258.
(2) Argou, *Institution au droit français*, t. II, p. 243 (édit. de 1771).
(3) Merlin, v° *Inscript. hypoth.*, § 8 *bis*.

contracté avec le vendeur soit avant, soit depuis la vente, mais avant la transcription, ont conservé les droits qu'ils tiennent de lui, conformément aux lois. A leur égard, le vendeur n'est dessaisi que par la transcription. Mais en ce qui concerne l'acheteur et les tiers qui pourront traiter avec lui, le vendeur cesse d'être propriétaire aussitôt que la vente a été parfaite. Le privilège naît donc avec la vente, mais il ne naît pas conservé. Par conséquent, dès le moment de la vente, le droit du vendeur est périssable, et susceptible d'extinction. Pour être conservé, le privilège doit être rendu public à l'aide d'une inscription qui peut être utilement prise, tant que l'acheteur conserve la propriété de l'immeuble passé dans son domaine, et même après qu'il en a disposé, tant que le sous-acquéreur n'a point fait transcrire son titre. Prise en temps utile, elle fait produire au privilège tout son effet, c'est-à-dire un effet qui lui est propre, un effet indépendant du temps, se produisant aussi bien dans le passé que dans l'avenir ; car ce qui sépare le privilège de l'hypothèque, c'est qu'il prime, indépendamment de la date de son inscription, tous les droits d'un ordre inférieur, même les plus anciens : *privilegia non ex tempore, sed ex causa æstimantur.*

Tel est le système qui se dégage des textes, des travaux préparatoires, de la loi de Brumaire et de la jurisprudence.

Est-il possible, en présence de l'art. 26 de la loi de Brumaire an VII, de prétendre que le vendeur demeure propriétaire jusqu'à ce que les tiers soient avertis par la transcription du déplacement de la propriété et de l'existence du privilège ? « Les actes *translatifs* de biens et droits susceptibles d'hypothèque *doivent être transcrits...* » Cet article nous dit-il que c'est la transcription de l'acte translatif qui dessaisit le vendeur ? Non, et il ne peut pas le dire, car il commettrait une étrange contradiction. D'après le législateur de Brumaire, cet effet translatif est attaché à l'acte lui-même, ou plutôt au consentement des parties, monumenté dans l'acte ? Comment pourrait-il être reculé jusqu'à la transcription ? Mais poursuivons. La partie finale de cet article 26 est la condamnation la plus éclatante de la théorie de M. Valette. « Jusque-là, ils ne peuvent être opposés aux tiers qui auraient contracté avec le vendeur et qui se seraient conformés aux dispositions de la présente. » Quels sont les tiers au regard desquels le vendeur a conservé la propriété ? Ce sont, nous dit l'art. 26, ceux qui ont contracté avec le vendeur ; ceux qui, le croyant encore propriétaire, lui ont prêté de l'argent avec stipulation d'hypothèque. Mais les tiers qui se sont mis en relation d'affaires avec l'acheteur peuvent-ils invoquer l'art. 26 ? Non, car sa disposition leur est complètement étrangère. En effet, l'acheteur n'est-il pas devenu propriétaire, par le seul effet du consentement ? S'il est propriétaire dans ses rapports avec son vendeur, il l'est également dans ses rapports avec les tiers qui contractent avec lui, puisque l'art. 26 de la loi de Brumaire ne suspend l'effet translatif de la vente qu'à l'égard de ceux qui tiennent leurs droits du vendeur. L'action en revendication, au lieu de résider en la personne du vendeur, réside en la personne de l'acheteur; partant, le vendeur n'est plus qu'un créancier investi d'un privilége qu'il doit inscrire, s'il veut qu'il produise son effet.

Voilà ce qui résulte de l'art. 26 de la loi de Brumaire an VII. Les travaux préparatoires de cette loi ne sont pas moins explicites. Le rapport de Crassous au conseil des Cinq-Cents définit le but de la disposition nouvelle de la manière suivante : « De même que le contrat d'hypothèque intéresse les tiers qui contracteraient postérieurement avec la même personne, et que, par cette raison, la connaissance doit en être assurée à tous, il importe aussi que celui qui traite avec un individu comme propriétaire d'un immeuble, puisse trouver dans un registre public la preuve de sa qualité. Toute autre circonstance ne présenterait point une certitude suffisante. Un homme peut être en possession d'un immeuble, avoir les titres entre les mains, sans avoir aucun droit à la propriété. S'il est de mauvaise foi, rien ne l'empêche d'abuser de ces apparences trompeuses, soit pour la vendre de nouveau, soit pour la présenter comme une sûreté. L'exemple d'une pareille fraude, l'inquiétude de sa seule possibilité, atténuent la confiance et empêchent les ressources qui en découleraient (1). » Ainsi, dans la pensée de Crassous, la transcription a pour but de prévenir les fraudes du vendeur, et de protéger les tiers qui pourraient traiter avec lui, croyant qu'il est encore propriétaire.

Jacqueminot précise encore davantage : « La mutation, en ce qui concerne le vendeur et l'acheteur, est parfaite par leur consentement mutuel; mais d'autres peuvent avoir intérêt à la connaître. Sa clandestinité peut être aussi fatale à la bonne foi, aussi utile à la fraude que celle des hypothèques.

» Des tiers peuvent croire que celui qui était propriétaire hier l'est encore aujourd'hui; que celui qui possédait naguère *animo domini* ne possède pas maintenant à titre purement précaire. Ils peuvent prêter sur un gage qui n'existe plus; il importe à la société qu'on ne puisse les décevoir. Il fallait donc que les mutations fussent aussi assujetties à une transcription sur un registre public; il fallait qu'elles ne pussent pas nuire à ceux qui auraient contracté avec le vendeur avant cette inscription : il le fallait, pour que la loi fût conséquente et complète. »

Enfin, la théorie de la naissance du privilége, contemporaine de la vente elle-même, ressort des différents arrêts rendus sur la matière par les Cours d'appel et la Cour de cassation. Trois arrêts seulement semblent la contredire. Un d'entre eux, de la Cour de Rouen, du 7 décem-

---

(1) *Moniteur* du 10 germinal an VI, p. 760 et suiv.

bre 1809, laisse percer cette idée, que les effets de la vente ne sont fixés qu'à l'époque seulement de la propriété acquise par la transcription du contrat ; que c'est par la raison que rien, jusqu'à la transcription, ne peut détruire ni altérer les droits et privilége du vendeur, que la loi ne fixe point de délai pour faire cette transcription. Mais cet arrêt qui, au dire de M. Duverger, « paraît avoir pour cause le besoin de justifier une décision exacte, et l'oubli du vrai motif de cette décision, » ne saurait étayer la doctrine de M. Valette. Si cette doctrine était vraie, il faudrait en tirer cette conséquence, que les créanciers du second acheteur qui a fait transcrire son titre, alors que le titre de son vendeur est demeuré intranscrit, doivent néanmoins subir le privilége du premier vendeur. Or, cette conséquence n'a jamais été admise sous la loi de Brumaire.

Il est donc démontré que, dans la période qui sépare l'an VII de 1804, le privilége naît en même temps que la vente. Si la transcription du contrat et l'inscription d'office ont eu lieu, le privilége est opposable aux créanciers hypothécaires de l'acheteur ; mais, s'il y a eu négligence de la part de l'acheteur ou omission de la part du vendeur, le privilége retombe sous l'application de l'art. 2 de la loi du 11 brumaire an VII : « L'hypothèque ne prend rang et les priviléges n'ont d'effet que par l'inscription. » Cet article ne fixant aucun délai pour la publicité du privilége, l'inscription est utilement prise tant que l'acheteur conserve la propriété de l'immeuble, ou tant que le sous-acquéreur n'a pas fait transcrire son titre.

Les rédacteurs du Code civil n'avaient nullement l'intention de modifier la législation existante. La commission du Tribunal de cassation émettait, dans son rapport (1), cette idée que le premier acheteur a été approprié, que le privilége du premier vendeur est né indépendamment de la transcription, mais qu'il périt faute de publicité par la transcription de la sous-aliénation. Ces principes ont été reproduits dans les art. 2106 et 2108 C. civ. Il est vrai que la suppression de l'art. 91 du projet a été considéré comme entraînant la disparition de la transcription du Code civil. Mais d'excellents auteurs ont résisté contre cette théorie. On pourrait dire, avec eux, que l'art. 2108 n'est pas le seul vestige du système que l'on prétend avoir été celui du législateur. Comment expliquer alors l'art. 2198 et la nécessité pour l'acquéreur, qui veut profiter de l'omission d'une hypothèque dans les certificats du conservateur, d'avoir transcrit son titre ? Quel sens donner à l'art. 2180 ? Faut-il dire que la transcription est devenue inutile, pour faire courir, au profit du tiers acquéreur, la prescription contre les hypothèques ?

Quoi qu'il en soit, nous acceptons, comme point de départ, la solution

---

(1) Fenet, t. II, p. 645.

de la jurisprudence. Il en résulte purement et simplement que l'art. 2108 a été abrogé. Oui, ce n'est plus la transcription qui conserve le privilége du vendeur. Mais le principe de l'art. 2106 ne reste-il pas encore debout? Le privilége du vendeur sera-t-il opposable aux tiers, bien qu'aucune inscription n'ait été prise? Ce serait organiser la clandestinité pour le privilége ; tandis que les autres droits réels doivent être portés à la connaissance des tiers. C'est donc l'inscription qui donne efficacité au privilége ; et comme, d'une part, ces mots de l'art. 2106 : *à compter de la date de l'inscription*, ne sauraient être pris à la lettre, et que, d'autre part, aucun délai préfix n'est exigé pour la validité de l'inscription, cette inscription est utile, pourvu qu'elle soit prise à un moment auquel il n'est plus trop tard pour s'inscrire. Aux termes de l'art. 2146 C. civ., elle produit alors un effet de privilége, c'est-à-dire un effet qui se réalise aussi bien dans le passé que dans l'avenir.

Cette interprétation a, en outre, le bonheur de se concilier avec ce membre de phrase de l'art. 2106, qui a fait le désespoir des commentateurs, à savoir que les priviléges sont conservés *à compter de la date de leur inscription*. L'art. 2106 a simplement voulu dire que c'est à partir seulement de l'inscription et en tant qu'elle aura été prise, qu'on pourra se prévaloir du privilége. Le vendeur a-t-il laissé s'écouler le délai passé lequel il est trop tard pour s'inscrire, sans veiller à la conservation de son droit, tout est fini pour lui : il ne peut invoquer un privilége qui n'est pas inscrit; mais a-t-il requis inscription, fût-ce même au dernier moment du délai, le privilége se révèle assez tôt : le vendeur n'est pas déchu de son droit.

Qu'est venue faire la loi du 23 mars 1855? Au dire de M. Paul Pont, qui adopte le système de M. Valette sur la loi du 11 brumaire an VII, le législateur moderne ayant rétabli la théorie du législateur intermédiaire, l'art. 2108 reprend son ancienne vigueur. Le privilége ne naît qu'au moment où, par l'effet de transcription de la vente, le vendeur cesse d'être propriétaire à l'égard des tiers. Jusque-là, le vendeur n'a pas de privilége, puisqu'il a l'action en revendication; son privilége naît donc conservé.

S'il est vrai que la loi de 1855 a ressuscité la loi de Brumaire an VII, l'argument qu'on en doit tirer est tout autre que celui qui vient sous la plume de M. Paul Pont. Mais étudions l'innovation introduite par la loi de 1855.

Et d'abord, il n'est pas douteux qu'elle n'a pas abrogé le grand principe posé dans les art. 711, 1138 et 1583 C. civ. « L'art. 1583, dit M. de Belleyme dans son rapport, conserve tout son effet, toute sa portée. » Entre les parties, le vendeur est dessaisi; ce n'est pas lui qui a la revendication, c'est l'acheteur. Le vendeur n'est plus propriétaire dans ses rapports avec son acheteur et les ayant cause de son acheteur; or, les créanciers hypothécaires qui traitent avec l'acheteur, tenant leurs droits de celui-ci, sont évidemment ses ayant cause. Donc, à leur égard, le vendeur n'est plus propriétaire; partant, pas d'action en revendication : il n'a qu'un privilége, qu'il ne pourra leur opposer qu'autant qu'il le rendra public par l'inscription.

Cet argument suffirait seul à justifier notre théorie. Elle va se dégager plus clairement encore de l'examen de l'art. 3 de la loi du 23 mars 1855 et des motifs qui l'ont fait édicter.

Cet article est ainsi conçu : « Jusqu'à la transcription, les droits résultant des actes et jugements énoncés aux articles précédents ne peuvent être opposés aux tiers qui ont des droits sur l'immeuble et qui les ont conservés en se conformant aux lois. »

Nous trouvons dans les travaux préparatoires l'esprit qui a présidé à la rédaction de cet article. « La transcription, a dit au Corps législatif un des commissaires du gouvernement, M. Suin, est un acte de défiance contre le vendeur. » On voulait parer aux inconvénients qui se produisaient sous la législation du Code civil, et si bien caractérisés par M. Dupin en ces termes : « Celui qui achète n'est pas certain de rester propriétaire ; celui qui paie, de ne pas être obligé de payer une seconde fois; celui qui prête, d'être remboursé. » Prévenir des erreurs ou empêcher des fraudes, tel est donc le but de la loi du 23 mars 1855 ; par conséquent, peuvent seuls se prévaloir du défaut de transcription ceux qui ont intérêt à ne pas être trompés, c'est-à-dire ceux qui, dans l'ignorance de la vente, se sont mis en rapport de droit avec le vendeur. Avertir ceux qui pourraient traiter avec le vendeur que ce dernier n'est plus propriétaire, voilà ce qu'a voulu le législateur en rétablissant la transcription. Quant à ceux qui ont traité avec l'acheteur, le défaut de transcription n'a pu leur nuire : les titres de propriété que leur a représentés l'acheteur n'ont-ils pas été une preuve suffisante des droits de leur auteur? Bien loin de leur nuire, l'absence de transcription les protége. Si nous devions admettre le système que nous combattons, la vente serait nulle à leur égard, ainsi que les droits qu'ils tiennent de l'acheteur. Pour eux, la transcription est donc inutile, puisque ce n'est pas elle qui porte le contrat à leur connaissance, puisqu'ils n'ont aucune fraude à redouter de la part de l'acheteur. Il en est de même du vendeur : il n'a pas besoin d'être averti par la transcription, puisqu'il a été nécessairement partie au contrat. Que si l'on vient objecter que l'acheteur, par une revente précipitée, suivie de transcription immédiate, peut compromettre les droits du vendeur, nous répondrons que cette objection est la reconnaissance même de notre principe, à savoir : que la vente suffit pour rendre l'acheteur propriétaire à l'égard du vendeur; car, s'il n'avait pas été propriétaire, il n'aurait pas pu transmettre une propriété qui ne reposait pas sur sa tête ; et que, d'autre part, la loi a prévu le danger et a donné en même temps au vendeur le moyen d'y échapper, en prenant inscription avant l'expiration du délai de quarante-cinq jours depuis son propre contrat.

L'esprit de la loi en limite donc la portée. Le texte lui-même de l'article 3 vient à notre secours. Il est vrai que ses expressions paraissent, au premier abord, s'appliquer indistinctement et aux créanciers hypothécaires du vendeur, dont le droit est postérieur à la vente, et aux créanciers hypothécaires de l'acheteur; sa formule comprend « les tiers qui ont des droits sur l'immeuble, et qui les ont conservés en se conformant aux lois ». Mais ce membre de phrase n'a de sens qu'autant qu'on l'applique aux tiers qui ont contracté avec le vendeur. Que signifierait le principe d'après lequel la vente ne saurait être opposée par le vendeur aux tiers qui, du chef de l'acheteur, ont acquis et conservé des droits sur l'immeuble vendu? Si elle ne leur est pas opposable, c'est qu'à leur égard elle n'existe pas tant qu'elle demeure intranscrite. S'ils ont le droit de considérer la vente comme non avenue, quelle peut être la valeur des hypothèques et autres droits réels qu'ils se sont fait consentir par l'acheteur? Les constitutions d'hypothèque sont nulles ; et pourtant tout le monde admet qu'elles ont été réellement établies *a domino* : c'est donc que le seul consentement, indépendamment de toute transcription, a dessaisi le vendeur vis-à-vis de l'acheteur et de ses ayant cause; d'où il résulte que l'art. 3 n'entend parler que des ayant cause du vendeur.

Ainsi, il est certain, sous l'empire de la loi de 1855, comme sous la législation de Brumaire an VII, que la propriété est transférée par le seul consentement du vendeur à l'acheteur et à ses ayant cause; du moment où la vente a été parfaite, le vendeur a été dessaisi de son action en revendication, au profit de l'acheteur. Si ce dernier n'a pas payé son prix, un privilége en assure le paiement au vendeur ; mais la naissance de ce privilége n'est pas reculée à l'époque de la transcription : il naît en même temps que la vente, et il naît clandestin. La transcription a pour effet de le conserver; mais, à défaut de transcription, l'inscription prise par le vendeur produit le même résultat. Aucun délai préfix n'a été assigné au créancier privilégié pour s'inscrire: donc, l'inscription est valable, pourvu qu'on soit encore dans les délais de l'art. 2146 ; elle rétroagit au jour de la naissance du privilége, de sorte qu'elle prime les créanciers qui, dans l'intervalle, ont pris inscription sur l'immeuble vendu.

Tel est, à notre avis, le système qui résulte de la combinaison des art. 2106, 2108 du Code civil, et 3 de la loi du 23 mars 1855. La seule objection sérieuse qui lui ait été faite consiste à dire que le législateur, qui voulait organiser la publicité du privilége du vendeur, en a, dans certains cas, organisé la clandestinité. La loi, dit-on, a voulu que toutes les charges qui grèvent un immeuble apparaissent au grand jour, afin que les tiers ne soient pas dépouillés par une inscription prise long-temps après la naissance du droit qu'elle conserve et qui se révèle tout à coup. Le système que nous défendons consacrerait une spoliation et porterait en même temps une grave atteinte au crédit public, que le législateur moderne a voulu, au contraire, favoriser. Nous ne nous dis-simulons pas la valeur de la critique qu'on nous adresse. Cependant est-ce une raison pour abandonner une théorie qui ressort si clairement de l'ensemble des textes ? Nous n'avons pas pour mission de compléter la loi, mais de l'expliquer. Sur ce terrain, la rétroactivité du privilége ne nous paraît pas devoir être victorieusement combattue. Au surplus, les inconvénients qu'on nous signale ne se produisent pas en pratique. D'abord, depuis la promulgation de la loi du 23 mars 1855, il n'y a guère de ventes qui ne soient transcrites ; l'intérêt du vendeur est une garantie sérieuse de l'accomplissement de la formalité de la transcription. Et alors même que l'acheteur aurait été assez négligent pour ne pas faire transcrire, les tiers qui traitent sérieusement avec lui ne pourront pas invoquer la clandestinité du privilége. Il y a pour eux, comme l'a écrit M. Valette, un moyen bien simple de savoir si le privilége grève encore l'immeuble vendu : c'est d'exiger, avant de prêter leurs fonds, que l'ache-teur leur représente la quittance du prix de vente. Par là, ils sauront à quoi s'en tenir ; et s'ils consentent à devenir créanciers de l'acheteur, bien que le prix d'acquisition soit toujours dû, ils ne seront pas fondés à se plaindre, lorsqu'au jour de la collocation ils se verront primés par un privilége qui n'a été inscrit qu'à la dernière heure.

Nous avons ainsi résolu la question de savoir à partir de quel mo-ment le privilége du vendeur prend naissance ; incidemment, nous avons dû parler de la manière dont ce privilége était conservé au point de vue du droit de préférence. Nous allons maintenant nous appesantir sur ce mode de conservation ; nous terminerons enfin par l'étude des délais après lesquels ce privilége ne peut plus être conservé ; après lesquels le vendeur n'est plus, à l'égard des créanciers hypothécaires de l'acheteur, qu'un simple créancier chirographaire.

D'après l'art. 29 de la loi de Brumaire an VII, le conservateur des hypothèques qui avait reçu réquisition de transcrire un contrat de vente, devait en outre détacher de l'acte les clauses relatives à la créance du prix, et formaliser d'office une inscription sur un registre séparé. L'effet conservatoire du privilége était attaché à cette double formalité de la transcription et de l'inscription. Le conservateur qui avait transcrit avait-il négligé de faire l'inscription d'office, le privilége du vendeur n'était pas opposable aux tiers. A leur égard, le vendeur était descendu dans la classe des créanciers chirographaires ; il n'avait plus qu'un recours contre le conservateur qui, par son fait, avait causé l'extinction du privilége.

On a peine à comprendre, au premier abord, l'utilité de l'inscription d'office, en présence de la transcription. La transcription n'a-t-elle pas appris aux tiers tout ce qu'ils avaient intérêt de connaître : le déplacement de la propriété et l'existence d'un privilége sur l'immeuble vendu au profit du vendeur? Dès lors, l'inscription d'office n'est-elle pas une vaine superfluité, une marque même de défaveur de la part de la loi contre le privilége du vendeur, puisqu'une simple omission du conservateur entraîne l'anéantissement du privilége? Quelque raisonnable que paraisse cette critique, l'exigence de la loi de Brumaire avait sa raison d'être. La transcription, en effet, n'est rien autre chose que la copie intégrale et littérale de l'acte de vente. Or personne n'ignore avec quelle abondance de détails les actes de vente sont rédigés. Les clauses principales sont perdues au milieu des clauses accessoires; les tiers qui consultent un acte de vente ne trouvent pas du premier coup ce qui fait l'objet de leurs recherches. L'inscription d'office, au contraire, résume dans un acte concis toutes les indications nécessaires; elle met le privilége en relief, en le dégageant de tous les détails inutiles qui en cachent l'existence dans l'acte de vente. Il est donc plus facile aux tiers de savoir si le privilége grève l'immeuble, en consultant le registre des inscriptions plutôt que le registre des transcriptions.

L'art. 2108 C. civ. reproduit le système de l'art. 29 de la loi de Brumaire an VII, mais avec une innovation. Le mode normal de la conservation du privilége, c'est la transcription du contrat; le conservateur des hypothèques doit également faire une inscription d'office. Toutefois, l'efficacité du privilége ne dépend plus de l'accomplissement de ces deux formalités; c'est la transcription seule qui conserve le privilége du vendeur. On a compris que la nécessité de l'inscription d'office, au point de vue conservatoire tout au moins, est inutile, puisque, par la transcription, tout ce qui intéresse les tiers est porté à leur connaissance. L'omission de l'inscription d'office n'entraîne donc pas pour le vendeur déchéance de son privilége; les tiers qui n'ont consulté que le registre des inscriptions, sans se reporter à celui des transcriptions, ne peuvent prétendre que le privilége ne leur est pas opposable; ils ont été négligents. Or le droit ne vient au secours que de ceux qui veillent à la conservation de leurs intérêts : *jura vigilantibus, non dormientibus subveniunt;* ils seront primés par le privilége du vendeur. Néanmoins, comme la loi imposait au conservateur des hypothèques l'obligation de faire une inscription d'office, et que c'est par son fait que les tiers ont été induits en erreur, il devra réparer le préjudice causé aux créanciers de l'acheteur par l'inexistence de l'inscription d'office; ces créanciers pourront intenter contre lui une action récursoire, dans le cas où leur hypothèque ne produira pas son plein et entier effet.

On serait tenté de croire, au premier abord, que la loi du 23 mars

1855 a modifié l'art. 2108 C. civ., relativement au mode de conservation du privilége du vendeur. Ce n'est plus la transcription de l'acte de vente, mais une inscription prise par le vendeur en temps utile qui rend le privilége opposable (art. 6). D'où il semblerait résulter que le conservateur, lorsqu'il obéit à une réquisition de transcription, n'est plus obligé de formuler une inscription d'office. Mais cette interprétation de l'art. 6 de la loi de 1855 serait erronée. Ce n'est pas l'art. 6, mais l'article 3 qui règle l'effet de la transcription opérée. Or, cet effet, nous le connaissons : c'est de permettre à ceux qui ont des droits résultant d'un acte translatif de propriété, de les opposer à ceux qui ont des droits opposés et rivaux sur l'immeuble transmis; c'est d'apprendre à tous ceux qui sont intéressés à le savoir, que le vendeur n'est plus propriétaire, mais qu'en se dessaisissant, il a acquis sur l'immeuble vendu un privilége pour sûreté de sa créance. Les créanciers hypothécaires de l'acheteur sont intéressés, au premier chef, à connaître toutes les charges grevant l'immeuble qui leur sert de gage ; le privilége du vendeur est, à n'en pas douter, un droit rival, qui résulte de la vente. La transcription de la vente produit donc son effet accoutumé ; elle avertit les tiers, elle permet au vendeur de leur opposer son privilége. Quelle serait alors l'utilité d'une inscription prise par le vendeur? Elle ferait double emploi avec la transcription. Le législateur de 1855 n'a pu évidemment exiger une inscription, quand l'effet qu'elle pourrait produire résulte déjà d'une transcription. Le véritable sens qui se dégage de cet art. 6 est le suivant : Lorsque l'acte de vente n'aura pas été transcrit, le privilége ne sera pas conservé. Tout, cependant, n'est pas irrémédiablement perdu : s'il n'est pas encore trop tard, le vendeur peut prendre inscription, et cette inscription sauvegardera ses droits. Mais si le contrat a déjà été transcrit, l'inscription est inutile ; nous retombons alors sous l'application de l'art. 2108 C. civ. Le vendeur privilégié conserve son privilége par la transcription du titre qui a transféré la propriété à l'acquéreur; à l'effet de quoi, la transcription du contrat vaut inscription pour le vendeur. En outre, le conservateur est tenu, sous peine de tous dommages et intérêts envers les tiers, de faire d'office inscription sur son registre des créances résultant de l'acte translatif de propriété. La preuve de cette interprétation se trouve dans une observation qui fut faite, à ce sujet, par M. Rouher au Corps législatif: « Alors, dit-il, que l'acquéreur fait transcrire son contrat, le vendeur n'a rien à faire ; le conservateur des hypothèques est obligé d'inscrire d'office son privilége. » — « Le dessaisissement du vendeur, dit encore M. Suin, ne s'opère que sous la condition de la conservation de son droit qui reste protégé par l'art. 2108 du Code civil ; la transcription ne le dessaisit qu'en lui réservant son privilége. »

Ainsi, un point reste acquis au débat · l'efficacité du privilége du vendeur n'est attachée qu'à la transcription du contrat ou à l'inscription sur les registres du conservateur des hypothèques.

Ce qui doit être transcrit, c'est l'acte même de vente d'où résulte le droit de préférence, et non tout autre acte postérieur. Le fait de la transcription du second contrat par un sous-acquéreur, alors même que ce second contrat renfermerait la mention du privilége du premier vendeur, ne saurait suppléer au défaut de transcription du contrat primitif; l'art. 2108 est formel : « Le vendeur privilégié conserve son privilége par la transcription du titre qui a transféré la propriété à l'acquéreur. » Et peu importe que l'acte de vente soit authentique ou sous seing privé. La décision ministérielle du 25 nivôse an VIII, d'après laquelle les actes sous seing privé translatifs de propriété d'immeubles ne devaient pas être transcrits à moins qu'ils eussent été reconnus préalablement comme tels par un jugement, n'est plus en vigueur. Aujourd'hui la solution de la question se trouve dans un avis du conseil d'État du 3 floréal an XIII. Aucune disposition ne s'oppose à ce que des actes sous seing privé soient transcrits sur les registres du conservateur des hypothèques. La transcription, dit cet avis, n'ayant d'autre effet que d'annoncer aux personnes intéressées que la propriété d'un immeuble a passé d'une main dans une autre, il n'y aurait pas de motif pour prohiber les annonces du changement qui se serait opéré par acte sous signature privée, quand il est permis d'aliéner de cette manière. En outre, lors de la discussion du titre du Code civil sur les priviléges et hypothèques, la question fut posée au conseil d'État; mais il parut si évident qu'on pouvait transcrire un acte de vente sous seing privé dûment enregistré, qu'on jugea superflue une disposition pour le permettre.

L'acte soumis à la transcription doit constater que totalité ou partie du prix est encore due (2108). Si donc l'acte porte quittance, ou s'il ne mentionne qu'une portion de la dette, la transcription ne peut conserver de privilége dans le premier cas, et, dans le second, elle ne peut le conserver que jusqu'à concurrence de la somme dont l'acheteur est reconnu débiteur : peu importe qu'une contre-lettre soit venue rétablir la vérité et dire, dans le premier cas, que l'acheteur est toujours débiteur du prix ; dans le second, qu'il est débiteur d'une somme plus forte que celle qui est portée au contrat. La transcription, en effet, ne conserve que ce qu'elle rend public ; or la publicité qu'elle confère ne s'étend qu'à l'acte de vente lui-même, tel qu'il a été convenu entre les parties. Les tiers qui ont prêté leurs fonds à l'acheteur, sur la foi de l'acte qui leur est révélé par la transcription, ne peuvent donc se voir opposer un privilége; ou si leur privilége leur est opposable, il ne l'est que dans la mesure de la somme dont le vendeur est resté créancier, aux termes mêmes du contrat de vente. D'ailleurs, il est loisible au vendeur d'assurer le plein et entier effet de la transcription, en faisant transcrire la contre-lettre par laquelle l'acheteur reconnaît que le prix quittancé au contrat est encore dû ; la transcription de l'acte secret, qui donne le prix véritable, conserverait également le privilége pour la totalité de la créance, lorsque le prix porté au contrat est inférieur au prix réel.

Le même principe nous conduit à décider que la transcription n'avertit pas suffisamment les tiers, et partant, que le privilége ne leur est pas opposable, quand le prix, au lieu de consister en une somme d'argent, est stipulé en charges, en prestations, dont le chiffre est indéterminé ou inconnu. Par exemple, l'acte de vente porte que l'acquisition a été faite aux mêmes conditions et charges que celles auxquelles le vendeur l'a lui-même acheté, et il a été transcrit dans ces termes. Les tiers qui consultent le registre du conservateur des hypothèques acquièrent évidemment la certitude que le vendeur est investi d'un privilége ; mais la transcription, telle qu'elle est, ne leur en fait pas connaître l'étendue : cela suffit pour que le privilége ne puisse leur préjudicier. Il est vrai qu'ils peuvent, en se reportant à la transcription précédente, se rendre compte du prix réel pour lequel la vente a été faite ; mais outre que ce moyen ne serait pas toujours efficace, parce que peut-être le contrat de l'acheteur, qui se porte vendeur à son tour, n'a jamais été transcrit, il serait contraire à l'intention du législateur. La loi veut que la transcription du contrat translatif de propriété se suffise à elle-même ; les tiers ne doivent pas aller chercher ailleurs la lumière : *non aliunde, non extrinsecus.* — *Le vendeur privilégié conserve son privilége par la transcription du titre qui a transféré la propriété à l'acquéreur, et qui constate que la totalité ou partie du prix lui est due* (2108). Si l'acte est incomplet, s'il ne fait pas connaître suffisamment le prix, la transcription ne conserve qu'un privilége sans valeur. Ce privilége ne serait efficace qu'autant qu'à la suite de la transcription de l'acte incomplet, le conservateur des hypothèques aurait ajouté, à la requête du vendeur ou de l'acheteur, la transcription du contrat primitif, indiquant le prix réel d'acquisition. La transcription de l'acte complémentaire aurait ainsi fait disparaître l'imperfection de la transcription primitive.

De même, lorsque la vente comprend à la fois des meubles et des immeubles, le vendeur doit avoir le soin de déterminer la portion du prix qui correspond à la valeur des immeubles, car ce n'est que jusqu'à concurrence de cette valeur que le privilége sera opposable ; que si la vente a eu lieu pour un prix unique, et sans que cette opération préalable ait été opérée, le privilége ne pourra nuire aux tiers. On peut objecter que, dans cette hypothèse, l'indétermination du prix n'est pas un obstacle à l'exercice du privilége ; car rien n'est plus facile pour les tiers que d'arriver à la connaissance de la valeur pour laquelle les immeubles sont entrés dans la composition du prix. Ils n'ont qu'à appliquer, par la ventilation, la portion du prix afférente aux immeubles sur lesquels ils se proposent d'acquérir une hypothèque ; mais « comme ils seraient sujets à se tromper dans les estimations et les calculs qu'il leur faudrait faire à cet effet, ils n'obtiendraient point cette sécurité que leur promet la loi » (1). Du reste, la transcription vaut inscription pour le vendeur (art. 2108 C. civ.) ; elle ne produit son effet que dans le cas où l'inscription serait efficace elle-même. Or, aux termes de l'art. 2148-4°, l'inscription doit exprimer le montant du capital des créances exprimées dans le titre ou évaluées par l'inscrivant pour les droits indéterminés. L'acte soumis à la transcription doit donc obéir à cette prescription.

La loi n'exige pas seulement que l'acte qui donne naissance au privilége soit porté à la connaissance du public par la transcription ; elle requiert en outre que le conservateur, mais sous sa propre responsabilité, fasse sur un registre distinct du registre des transcriptions, une inscription d'office qui facilite aux tiers les recherches qu'ils ont besoin de faire lorsqu'ils se proposent de contracter avec l'acheteur.

Le conservateur n'est relevé de cette obligation que lorsque l'acte transcrit donne quittance définitive et sans réserve à l'acheteur du prix de vente, ou fait mention de la renonciation par le vendeur à son privilége. Il n'y a nullement lieu de distinguer si l'acte qui contient la quittance ou la renonciation a été monumenté dans la forme authentique, ou sous signature privée. Cela est universellement reconnu lorsqu'elles font partie de l'acte même de vente, lorsqu'elles sont encadrées dans les différentes clauses qui constituent l'acte définitif. Notre solution doit-elle être différente lorsque, au lieu de se trouver dans le contexte même de l'acte, et d'en faire partie, la quittance ou la renonciation au privilége viennent à la suite de l'acte transcrit, et forment pour ainsi dire un acte séparé? Un grand nombre d'auteurs est d'avis que, dans cette hypothèse, le conservateur ne pourra se dispenser de formuler l'inscription d'office, qu'autant que la renonciation ou la quittance auront été consenties dans la forme authentique. Nous croyons au contraire que l'inscription d'office est inutile, même lorsque l'absence de privilége n'est signalée au conservateur des hypothèques que par acte sous seing privé. La nécessité de l'inscription d'office n'est imposée que lorsque l'acte transcrit constate que la totalité ou partie du prix est encore due ; dans l'espèce, cet acte constate que le vendeur a été intégralement payé: où serait donc l'utilité de l'inscription d'office ? Le danger qui résulte de ces quittances ou renonciations sous signature privée consiste en ce que rien n'assure la sincérité de la signature qui se trouve au bas de l'acte : l'acquéreur ou les créanciers de l'acquéreur peuvent avoir simulé le seing du vendeur, dans le but de détruire l'existence même du privilége. Mais ce danger est-il à craindre dans l'espèce

---

(1) Mourlon, *Traité de la transcription*, n° 670.

qui nous est soumise? La quittance, la renonciation au privilége ne sont point, il est vrai, comprises dans le contexte même de l'acte; mais elles viennent immédiatement après : il n'y a eu aucun intervalle entre la signature du contrat de vente et la rédaction de la quittance ou de la renonciation. Ce sont deux actes distincts, ou plutôt deux parties du même acte : ils ont été soumis en même temps à la formalité de l'enregistrement; ils ont été portés le même jour à la transcription. En un mot, la quittance du prix de vente, la renonciation au privilége n'ont été séparées de l'acte lui-même, que pour mieux mettre en relief l'absence du privilége. A quoi bon, dès lors, exiger du conservateur qu'il fasse une inscription d'office?

La nécessité de l'inscription d'office n'apparaîtrait, à notre avis, que lorsque la quittance ou la renonciation sont énoncées dans un acte postérieur au contrat de vente, par argument de l'art. 2158 C. civ. Lorsqu'un débiteur vient demander au conservateur des hypothèques la radiation d'une inscription qui grève son immeuble, il ne lui suffit pas de représenter un acte sous seing privé contenant renonciation à son hypothèque de la part du créancier, ou quittance du paiement. Le conservateur des hypothèques ne serait pas même tenu de déférer à la réquisition par laquelle le créancier en personne demanderait la radiation de l'hypothèque. L'acte authentique seul est une garantie que le créancier renonce véritablement à son hypothèque, qu'il a touché réellement le prix de sa créance. De même lorsque, postérieurement à l'acte de vente, et par un acte véritablement distinct, le vendeur renonce à son privilége ou consent quittance à l'acheteur, le défaut de privilége doit être annoncé au conservateur des hypothèques par un acte qui garantisse la sincérité des constatations qu'il renferme. L'acte sous seing privé ne le met pas à l'abri des fraudes que les intéressés pourraient être tentés de commettre. Sa responsabilité n'est à couvert que par une volonté manifestée par-devant notaire. L'acte notarié établit seul que la renonciation et la quittance émanent du véritable vendeur.

Si le vendeur n'a pas renoncé à son privilége, et si, au moment où la transcription est effectuée, rien ne vient avertir le conservateur des hypothèques que le prix avait été payé par l'acheteur, il doit, quelque favorable que lui paraisse la situation, prendre l'inscription d'office. Cette inscription doit être formalisée, alors même que l'échéance fixée dans l'acte de vente pour le paiement du prix est arrivée : peut-être le prix a-t-il été réellement payé; peut-être l'acheteur en est-il encore débiteur. D'ailleurs, l'échéance du terme n'est pas une cause d'extinction des obligations. Même obligation est imposée au conservateur, quoiqu'il existe déjà une inscription directe effectuée à la requête du vendeur; car cette inscription peut être nulle ou disparaître par la péremption : il suffit que le défaut d'inscription d'office puisse engager sa responsabilité, pour que la prudence lui conseille d'obéir à la prescription de l'article 2108. Il devrait encore inscrire, bien qu'il ne trouvât point dans l'acte transcrit toutes les énonciations qu'aux termes de l'art. 2148 une inscription doit contenir. Il est possible que la transcription ne vaille pas inscription, parce que la publicité qu'elle donne n'est pas suffisante ; la loi lui fait néanmoins un devoir d'inscrire, parce que ce n'est pas lui qui est juge de la validité ou de la nullité de la transcription au point de vue conservatoire du privilége. Il est tenu d'obéir à la réquisition de transcription qui lui est faite ; or, quand il transcrit, il est obligé de faire une inscription d'office, toutes les fois du moins qu'il résulte de l'acte que le vendeur est créancier de tout ou partie du prix. L'art. 2108 ne distingue pas, selon que la transcription remplit ou non toutes les conditions nécessaires pour que le privilége soit efficace à l'égard des tiers. Ses termes sont absolus : l'inscription d'office doit être formulée toutes les fois que le vendeur est demeuré créancier du prix.

L'art. 2108 est muet sur les formalités que doit observer le conservateur en prenant l'inscription d'office ; d'où il résulte que c'est la forme des inscriptions ordinaires qu'il faut suivre. Cependant, il est généralement admis que le conservateur n'a pas besoin d'élire un domicile pour le vendeur dans l'arrondissement du bureau des hypothèques. La Cour de Rennes a décidé (1) que, lorsqu'il y a eu domicile élu pour le vendeur dans le bureau du conservateur, c'est au domicile réel, et non au domicile élu, que le vendeur est obligé de produire à l'ordre ultérieurement ouvert. En effet, cette élection de domicile ne lie ni les tiers, ni le vendeur, puisqu'elle est toute spontanée de la part du conservateur, et que le vendeur y est demeuré complètement étranger. La solution contraire serait d'ailleurs peu pratique, car comment le conservateur connaîtrait-il les différents changements de domicile du vendeur ; comment, dès lors, pourrait-il lui faire parvenir les notifications qui seraient faites au domicile d'élection ?

En général, une seule inscription d'office est suffisante, parce qu'il n'y a, le plus souvent, qu'un seul acheteur. Mais que faire lorsque des immeubles ont été vendus par un seul et même acte à plusieurs individus, soit par portions indivises, soit même par fractions déterminées ? Suffira-t-il d'une inscription unique et collective, ou faudra-t-il, au contraire, autant d'inscriptions qu'il y a d'acheteurs distincts ? La question doit se résoudre par une distinction : ou bien chaque acheteur est débiteur solidaire de la totalité du prix ; ou bien ils ne sont que débiteurs conjoints, chacun n'étant tenu que pour sa part et portion dans le prix total, proportionnellement à la valeur de la fraction acquise comparée à la valeur de l'immeuble entier. Au premier cas, lorsqu'il y a solidarité,

(1) 28 juin 1843.

il n'y a qu'une seule dette, *una res vertitur,* due par chaque acheteur *in totum et totaliter;* dès lors, il y a unité de privilége, et par conséquent unité d'inscription. Que si les acquéreurs ne se sont obligés que conjointement, le vendeur a, en réalité, autant de créances qu'il y a d'acheteurs ; partant, il y a multiplicité de priviléges, ce qui implique multiplicité d'inscriptions.

Il arrive quelquefois que l'acte de vente, au lieu d'obliger l'acheteur à payer son prix au vendeur lui-même, en fait la délégation à un des créanciers du vendeur, qui intervient au contrat, et accepte la délégation. Cette délégation peut, au surplus, être acceptée par acte postérieur. Si l'acte de vente est transcrit avec l'acceptation du délégataire, le privilége n'appartient plus au vendeur : c'est le délégataire qui a pris sa place ; c'est lui qui a le droit de s'en prévaloir à l'égard des tiers. Par conséquent, c'est en son nom que devra être prise l'inscription d'ofüce. On a contesté cette solution, sous le prétexte que l'art. 2108 ne parle que de la subrogation et passe sous silence l'hypothèse de la délégation. Mais la délégation, acceptée par le délégataire, transporte à celui-ci tous les droits du déléguant. Le vendeur disparaît pour faire place au créancier qu'il délègue ; mais ce dernier exerce les droits mêmes du vendeur : l'acheteur n'en éprouve aucun préjudice, pas plus que ses créanciers, auxquels il importe peu que le privilége soit exercé par le vendeur ou par une autre personne à son lieu et place, pourvu qu'ils aient été suffisamment avertis du changement qui s'est opéré.

Il en serait autrement si la délégation n'avait pas été acceptée par le créancier du vendeur ; elle ne vaudrait alors que comme simple indication de paiement (art. 1277 C. civ.). Le vendeur ne cesserait pas d'être investi de son privilége ; la transcription devrait être opérée en son nom, ainsi que l'inscription d'office.

Aucun délai particulier n'est imposé au conservateur des hypothèques pour formaliser cette inscription ; mais il ne faut pas en conclure qu'elle peut être utilement prise à quelque époque que ce soit : l'existence et l'efficacité du privilége en sont indépendantes. Toutefois, nous savons qu'il en est autrement de la responsabilité du conservateur ; son intérêt lui conseille de la prendre le plus promptement possible, le jour même de la transcription, car, le lendemain, un tiers peut consulter le registre des inscriptions et, n'y trouvant pas révélée l'existence du privilége du vendeur, confier imprudemment ses fonds à l'acheteur. Il est vrai que Troplong prétend qu'en cas d'inexistence de l'inscription d'office, les tiers n'ont pas de recours contre le conservateur, sous le prétexte qu'ils ont été négligents en ne consultant pas le registre des transcriptions, qui leur eût révélé le véritable état de la propriété foncière ; mais cette opinion n'aboutit à rien autre chose qu'à la suppression de la responsabilité du conservateur. Les tiers, à n'en pas douter, ont été négligents, en ne demandant pas un état sur transcription ; mais ne subissent-ils pas la peine de leur négligence, puisque le privilége du vendeur leur est néanmoins opposable ? En réalité, il y a eu légèreté de la part des tiers et de la part du conservateur : la faute des uns n'efface pas la faute de l'autre. Si le conservateur avait fait son devoir, les tiers n'auraient pas été induits en erreur ; il ne l'a pas fait, un préjudice a été causé aux tiers : qu'il répare ce préjudice. Les art. 1382 et 2108 C. civ. ne laissent aucun doute à cet égard. « Le conservateur des hypothèques est tenu, sous peine de tous dommages et intérêts, de faire d'office l'inscription sur son registre des créances résultant de l'acte translatif de propriété..... en faveur du vendeur. »

L'inscription d'office ne produisant aucun effet à l'égard du vendeur, et n'étant utile qu'aux tiers qu'elle facilite dans leurs recherches, il en résulte que le vendeur ne peut souffrir ni de son omission, ni de ses irrégularités. Par exemple, elle ne mentionne au profit du vendeur qu'une créance de 10,000 francs, alors que le prix réel porté à l'acte transcrit s'élève à 15,000. Le privilége n'en sera pas moins, dans ce cas, opposable aux tiers pour 15,000 francs et non-seulement pour 10,000 francs ; les tiers qui en éprouveront un dommage n'auront de recours que contre le conservateur. Mais si l'inscription d'office ne peut nuire au vendeur, ne peut-elle pas lui profiter ? Troplong et, après lui, M. Paul Pont, enseignent la négative. « S'il était possible d'admettre que le conservateur, suppléant aux lacunes de l'acte transcrit, fît, dans son inscription d'office, l'évaluation de la créance résultant de l'acte de vente, laquelle y serait indéterminée, il faudrait dire que le vendeur ne pourrait pas se prévaloir de l'inscription d'office en vue du privilége que la transcription, avec les lacunes que nous lui supposons, ne lui conserverait pas (1). » Que l'inscription d'office ne profite pas au vendeur lorsque les tiers n'en ont pas eu connaissance, et s'en sont référé purement et simplement au registre des transcriptions, nous ne le nions pas : c'est la transcription seule qui conserve le privilége du vendeur ; c'est elle qu'évidemment ils ont le plus d'intérêt à consulter. Si donc, en voyant que la créance du vendeur est indéterminée, ils n'ont pas poussé plus loin leurs recherches, nous croyons, avec les auteurs précités, que l'inscription d'office ne peut leur nuire, puisqu'elle est pour eux comme si elle n'existait pas. Mais si leurs investigations ont été plus scrupuleuses, s'ils ont pris connaissance de l'inscription d'office, la lacune qui existait dans la transcription a disparu ; les deux registres se complètent l'un par l'autre : il leur est impossible d'alléguer contre l'efficacité du privilége l'obscurité qui se dégage de la transcription. Nous croyons donc devoir admettre, contrairement à un arrêt de la Cour de Poitiers,

(1) Pont, *Traité des priv. et hyp.*, n° 270.

du 1er juillet 1831, que, dans le cas où le vendeur s'est réservé une hypothèque sur un immeuble appartenant à son acheteur, le conservateur ne fait pas un acte nul en inscrivant d'office l'hypothèque stipulée. En effet, les nullités ne se suppléent point, et aucun texte ne prononce la nullité de l'inscription prise d'office dans cette hypothèse. Un point qui est hors de contestation, c'est que le droit de requérir l'inscription d'une hypothèque n'appartient pas exclusivement au créancier; il appartient également à un tiers, soit à titre de parent ou d'ami (2138, analog.), soit à titre de gérant d'affaires (art. 1372 C. civ.). La question peut dès lors se poser en ces termes : La qualité de conservateur des hypothèques exclue-t-elle la qualité de parent ou d'ami? Une personne ne peut-elle gérer les affaires d'autrui, sous prétexte qu'elle est fonctionnaire de l'État et investie d'une mission publique? C'est ce que nous n'admettons pas? Au surplus, la jurisprudence n'a pas suivi la Cour de Poitiers dans la voie où elle était entrée; il a été ultérieurement décidé que le conservateur trouvait dans la qualité de *negotiorum gestor,* le droit d'agir d'office, et de faire, en dehors des cas prévus par l'art. 2108 C. civ., des inscriptions indépendamment de toute réquisition (1).

Une question avait été posée peu de temps après la promulgation du Code civil. L'inscription faite d'office par le conservateur des hypothèques est-elle soumise, comme les autres inscriptions, au renouvellement décennal, conformément à l'art. 2154 C. civ.? L'affirmative fut résolue par un avis du conseil d'État du 15 décembre 1807, approuvé le 22 janvier suivant. Cet avis a force de loi; l'inscription d'office n'a donc d'effet que pendant dix ans à compter du jour où elle a été faite. Mais à qui incombe la charge du renouvellement décennal? Elle ne pouvait être sérieusement imposée au conservateur des hypothèques. Comment saurait-il, au bout de dix, si le privilége du vendeur existe encore? C'est donc le vendeur qui est tenu de cette obligation; lui seul, mieux que tout autre, doit savoir si le privilége grève encore l'immeuble vendu. Si le conservateur est tenu de faire l'inscription d'office, le vendeur est substitué au conservateur quant au renouvellement de cette inscription.

Mais qu'arrive-t-il si, faute d'un renouvellement requis en temps utile, l'inscription d'office succombe devant la péremption? Le privilége est-il conservé? N'est-il plus, au contraire, opposable aux créanciers hypothécaires de l'acheteur?

D'après une première opinion, qui n'a pas trouvé de partisans, le privilége est complétement éteint : c'est en vain qu'une nouvelle inscription serait prise avant l'expiration des délais après lesquels il est trop tard pour s'inscrire ; elle n'aurait pas pour effet de ressusciter un droit

(1) C. de Dijon, 14 août 1838 : — Cass., 14 juillet 1841.

qui n'affecte plus l'immeuble vendu. Ce système est trop absolu ; il viole trop manifestement les textes et l'esprit de la loi, pour nous arrêter plus longtemps.

Un système diamétralement opposé, et qui a rallié la majorité des auteurs et la jurisprudence, distingue, selon que le vendeur est encore à temps pour s'inscrire, ou que les délais après lesquels il est forclos ne sont pas encore expirés. Au premier cas, l'immeuble est définitivement libéré de la charge qui le grevait ; le vendeur n'est plus qu'un créancier chirographaire. Dans le second cas, au contraire, la perte du privilége n'est pas encore consommée. L'inscription d'office étant périmée, le vendeur est dans la même position que celle qu'il aurait eue si elle n'avait jamais été faite. Or le défaut d'inscription ne nuit pas au vendeur tant que l'immeuble affecté au privilége est entre les mains de l'acheteur, tant que les délais accordés par l'art. 2146 ne sont pas encore expirés ; il peut donc inscrire à nouveau, pourvu qu'il le fasse à un moment utile, fût-ce même au dernier moment. A cette condition, le privilége aura été publié avec effet rétroactif au jour de la vente. Mais s'il est trop tard pour s'inscrire, le privilége sera nécessairement clandestin ; le principe de l'art. 2106 ne sera pas obéi : par conséquent, le privilége aura cessé d'exister.

La vérité se trouve, à notre avis, dans un troisième système. Rappelons-nous que l'inscription d'office est inutile au point de vue de la conservation du privilége. Le Code civil n'a pas suivi la règle écrite dans la loi de Brumaire ; c'est la transcription qui porte seule le privilége à la connaissance du public. Si l'inscription d'office n'a pas été faite par le conservateur, le privilége n'en est pas moins opposable aux tiers ; si elle a été faite, comment sa péremption pourrait-elle entraîner l'extinction du privilége ? La péremption d'une inscription équivaut à sa non-existence ; lorsqu'il s'agit d'une hypothèque ordinaire, on comprend que la péremption de l'inscription entraîne la perte du rang de l'hypothèque. Mais quand c'est le rang du privilége du vendeur qui est en jeu, comment l'inexistence d'une inscription peut-elle avoir pour effet la perte du rang de ce privilége, alors qu'il dépend non pas de l'inscription, mais de la transcription ? C'est ce qu'il est plus difficile de comprendre. En réalité, la transcription a averti les tiers que le vendeur n'était pas propriétaire, mais créancier privilégié. Que l'inscription d'office existe ou soit périmée, les tiers peuvent toujours connaître l'existence du privilége. Cela suffit pour qu'il leur soit opposable.

Une objection, qui paraît sérieuse au premier abord, peut être faite à ce système. Aux termes de l'art. 2108, la transcription du contrat de vente *vaut inscription pour le vendeur*. Or, décider que la transcription conserve le privilége malgré la péremption de l'inscription d'office, c'est lui faire produire plus d'effet que l'inscription, puisque le bénéfice qu'elle procure n'est pas soumis à la péremption décennale. — La loi, il est vrai, assimile la transcription et l'inscription quant à la vertu conservatoire du privilége ; mais, en ce qui concerne la durée de cet effet, ces institutions sont régies par des règles qui leur sont particulières. L'inscription ne conserve que pendant dix ans le rang de l'hypothèque; la transcription avertit perpétuellement les tiers de la mutation de propriété et de l'existence du privilége. « Elle imprime aux effets de la vente, qu'elle place sous les yeux des tiers, une publicité permanente (1). » Ce qui le prouve, c'est que la loi veut que les transcriptions, même les plus anciennes, figurent dans les états de propriété que les conservateurs doivent remettre aux mains de tout requérant; tandis que ne doivent figurer sur les états d'inscriptions, que celles qui remontent à moins de dix années. L'assimilation faite par la loi entre la transcription et l'inscription n'est donc pas complète ; il n'y a de commun entre elles que le pouvoir de porter le privilége à la connaissance des tiers. Mais une fois cet effet produit, la transcription et l'inscription se séparent pour reprendre leur indépendance ; la transcription n'a pas besoin d'être renouvelée : après dix ans, comme le lendemain du jour où elle a été faite, sa vertu est la même. Seule, l'inscription s'épuise et meurt par l'expiration du délai de dix ans.

Ainsi, la péremption de l'inscription d'office n'entraîne pas l'extinction du privilége, lorsque la vente qui lui a donné naissance a été transcrite. Mais quelle est alors la sanction de l'obligation de renouveler imposée au vendeur ? L'avis du conseil d'État du 15 décembre 1807, qui a substitué la personne du vendeur à la personne du conservateur quant à l'entretien de l'inscription d'office, a-t-il maintenu la responsabilité du conservateur, ou l'a-t-il au contraire mise à la charge du vendeur ? Les tiers auxquels la péremption de cette inscription a fait croire à l'extinction du privilége, auront-ils leur recours contre le conservateur ou contre le vendeur ? Posée dans ces termes, la question n'est pas difficile à résoudre. L'article 2108 C. civ. impose au conservateur des hypothèques l'obligation, quand il transcrit un acte de vente, de faire une inscription d'office, sous peine de tous dommages et intérêts envers les tiers. Un avis du conseil d'État du 15 décembre 1807 met le vendeur aux lieu et place du conservateur quant à l'entretien de cette inscription. Qu'est-ce à dire, sinon que cette obligation incombe au vendeur, telle que l'obligation d'inscrire d'office incombait au conservateur, c'est-à-dire avec la même responsabilité. Le défaut de renouvellement a causé un préjudice aux tiers : ce préjudice est occasionné par l'inexécution de l'obligation du vendeur (1142 C. civ.); le vendeur devra le réparer. Le raisonnement, les principes du droit nous conduisent donc à cette solution ; elle est en outre

(1) Mourlon, *Transcription*, n° 695.

autorisée par l'avis même du conseil d'État précité : « Lorsque l'inscription est nécessaire pour opérer l'hypothèque, le renouvellement est nécessaire pour la conserver. — Quand l'hypothèque existe indépendamment de l'inscription, et que celle-ci n'est ordonnée que sous certaines peines, ceux qui ont dû la faire, doivent la renouveler sous les mêmes peines. Lors, enfin, que l'inscription a dû être faite par le conservateur, elle doit être renouvelée par le créancier qui y a intérêt. » L'inscription d'office doit être effectuée à peine de dommages et intérêts envers les tiers ; la même peine atteindra ceux qui, ayant dû la renouveler, sont restés dans l'inaction.

En résumé, la transcription du contrat de vente conserve le privilége du vendeur, nonobstant toute péremption d'inscription d'office ; mais comme le vendeur doit indemniser les tiers qui ont souffert du défaut de renouvellement de cette inscription, sa responsabilité équivaut indirectement à l'extinction de son privilége. Toutefois cette responsabilité n'est que relative ; elle n'existe qu'à l'égard de ceux auxquels l'absence de renouvellement a porté préjudice. Quant aux tiers qui n'en ont nullement souffert, le vendeur n'est pas responsable ; partant, il peut leur opposer son privilége. En effet, pour que le vendeur de même que le conservateur soient tenus de payer des dommages et intérêts, il faut que les parties qui se prétendent lésées, établissent que le préjudice dont elles demandent la réparation provient directement de la faute de celui qu'elles constituent responsable. Par application de ce principe, le privilége du vendeur, même en cas de non-renouvellement de l'inscription d'office, sera opposable aux créanciers hypothécaires qui ont traité avec l'acheteur depuis la vente, mais avant la transcription. Comment la péremption de l'inscription d'office nuirait-elle à ces créanciers, puisque leurs droits sont nés à une époque où l'inscription d'office n'existait même pas ? De même, la péremption ne cause aucun dommage aux créanciers qui se sont mis en rapport avec l'acheteur postérieurement à la transcription, mais sans requérir préalablement un état des inscriptions dont l'immeuble vendu pouvait être grevé ; ils ont vu par la transcription que le vendeur était encore créancier du prix, et par conséquent privilégié. Dès lors, ils ont dû se tenir pour avertis ; plus tard, ils ne pourront pas se prévaloir de l'extinction du privilége, sous le prétexte que l'inscription d'office est périmée ; cette péremption ne leur nuit pas, car la transcription de l'acte translatif survit à l'inscription, et les avertit de l'existence du privilége. De même encore, la péremption ne nuit pas aux créanciers ayant une hypothèque générale sur les immeubles de l'acheteur ; car ces hypothèques ne naissent pas de la convention, mais de la loi ou des jugements. Elles sont complétement indépendantes de l'inscription d'office ; il suffit que le privilége soit conservé d'une manière ou d'une autre, pour qu'elles soient primées par le privilége : or la transcription a une vertu conservatoire *in perpetuum*. Le privilége leur sera opposable. Il n'y a, en définitive, que les tiers qui ont traité avec l'acheteur, après avoir seulement consulté le registre des inscriptions, sans lever d'état sur transcription, qui pourront souffrir du défaut de renouvellement décennal ; seuls, ils auront un recours en indemnité contre le vendeur, recours qui sera, à leur égard, l'équivalent de l'extinction du privilége.

Nous avons épuisé ce qui est relatif au premier moyen qui s'offre au vendeur de conserver son privilége, quant au droit de préférence ; il nous reste à parler de la seconde voie qui lui est ouverte : je veux parler de l'inscription.

A défaut de transcription de l'acte translatif de propriété par l'acheteur, le vendeur peut conserver son privilége en requérant lui-même la transcription, ou, s'il veut éviter les frais trop considérables qu'entraîne après elle la transcription, en prenant une inscription ordinaire sur les registres du conservateur des hypothèques. Nous considérons ce point comme acquis ; il résulte suffisamment des explications que nous avons données sur les art. 2106 et 2108. On l'a pourtant contesté dans le système de ceux qui pensent que le privilége ne naît que par la transcription, et que, jusqu'à cette époque, le vendeur demeure, en tant que propriétaire, investi d'une action en revendication ; mais nous croyons avoir démontré le peu de fondement de cette théorie : par conséquent, nous rejettons également la conséquence à laquelle elle conduit. L'inscription peut d'autant mieux, à notre avis, conserver le privilége du vendeur, que la loi du 23 mars 1855, dans son article 6, accorde formellement au vendeur le droit de prendre inscription avant la transcription de la revente, et même après cette transcription, pourvu qu'elle se fasse dans le délai de quarante-cinq jours à partir du premier contrat. Quoi de plus évident ? Y eût-il jamais une disposition législative qui fût plus claire, qui donnât moins lieu à la controverse ? Il est vrai que la loi du 23 mars 1855 a eu pour but de régler ce qui est relatif au droit de suite, et que nous n'étudions la question qu'au point de vue du droit de préférence ; de sorte qu'on pourrait en conclure que si la loi permet au vendeur d'inscrire son privilége pour avoir le droit de l'opposer aux tiers détenteurs, il n'en est plus de même à l'égard des créanciers hypothécaires de l'acheteur. En ce qui les concerne, dira-t-on, il y a un mode spécial de conservation du privilége : c'est la transcription suivie de l'inscription d'office. La loi de 1855 n'avait pas à s'occuper du droit de préférence, car elle aurait fait double emploi avec l'art. 2108 C. civ. Mais cette objection ne peut pas arrêter longtemps le jurisconsulte : le droit de préférence et le droit de suite ne sont pas deux droits tellement indépendants, que l'un puisse vivre lorsque l'autre n'existe plus. Le droit de préférence est le principal attribut du privilége ; le droit de suite vient le compléter et le sanctionner : il lui sert de sauvegarde contre les aliénations par lesquelles le débiteur pourrait l'anéantir. Si donc l'inscription est suffisante pour conserver le droit de suite, elle doit également conserver le droit de préférence ; car on ne comprendrait pas un droit de suite qui viendrait sanctionner un droit de préférence qui n'existe plus. Au surplus, le système que nous combattons arrive à des conséquences trop inadmissibles pour qu'il ait été consacré par le législateur. Tant que l'immeuble est entre les mains de son acheteur, le vendeur ne pourrait pas inscrire son privilége, parce qu'il inscrirait sur lui-même. Mais que l'acheteur revende l'immeuble ; que le sous-acquéreur fasse transcrire, ce qui n'était pas permis précédemment sera maintenant possible au vendeur, pourvu qu'il inscrive dans les quarante-cinq jours de son propre contrat, fût-ce même au dernier moment du quarante-cinquième jour. Singulier système de publicité que celui qui annule une inscription capable d'avertir les tiers, puisqu'elle est prise à une époque où le débiteur est encore propriétaire et où les tiers ont intérêt à la connaître, et qui valide, au contraire, une inscription prise au dernier moment, inscription qui, par conséquent, n'a prévenu et n'a pu prévenir personne !

L'inscription supplée donc le défaut de transcription. C'est la seule interprétation possible en présence de l'art. 2103 et 2108 C. civ., surtout depuis la loi du 23 mars 1855. Cette inscription peut être effectuée le jour même de la naissance du privilége ; tel est le vœu de la loi. Néanmoins, aucun délai préfix n'ayant été imposé sous peine de déchéance, force est bien de s'en tenir au droit commun, tel qu'il résulte de l'art. 2146 C. civ. Or, aux termes de cet article, deux événements viennent clore le registre des inscriptions, savoir : la faillite et l'acceptation sous bénéfice d'inventaire de la succession du débiteur.

La faillite est l'état d'un commerçant qui a cessé ses paiements. A ce moment, où le commerçant succombe sous le poids de ses dettes, l'intérêt du commerce, bien entendu, exige que tous les créanciers soient placés dans une situation d'égalité parfaite. Tous les actes par lesquels le débiteur favoriserait l'un d'eux au préjudice des autres sont impitoyablement annulés par la loi ; le désastre qui atteint le débiteur est un désastre commun : tous le doivent également subir. De là ce principe, que le jugement déclaratif de faillite fixe irrévocablement les droits des créanciers. Leur créance ne sera admise, lors de la collocation, que dans l'état où elle se trouvait à ce moment : hypothécaire ou privilégiée, si elle était garantie par un privilége ou une hypothèque acquis d'après le mode légal ; chirographaire, dans le cas où ces droits de préférence ne sont pas révélés au public par les registres *ad hoc* ; ou, si dès sa naissance même, la créance n'était protégée par aucun droit réel. Mais il y a un autre danger. Le commerçant sur le point de faillir ne se fait pas illusion sur sa situation commerciale ; il reconnaît, à des signes certains, que la catastrophe est proche : il arrive souvent alors que, cédant aux sollicitations déloyales de l'amitié ou de l'intérêt, il accomplit certains actes qui ont pour but d'améliorer le sort de quelques-uns des créanciers en les sortant de la position commune ; quelquefois même il fait passer, sous un titre mensonger, les biens qui composent son patrimoine entre les mains de prétendus acheteurs ou donataires, qui doivent les restituer ultérieurement.

Une législation soucieuse des intérêts du commerce doit tendre à ce double but : empêcher qu'un débiteur failli, ou qui est sur le point de faire faillite, favorise certains créanciers au détriment des autres, ou fasse disparaître les biens qui leur servent de gage légitime. Le Code de commerce de 1807 comprit la mission du législateur, mais il dépassa le but : non-seulement il annulait les acquisitions et inscriptions de privilége ou d'hypothèque postérieures au jugement déclaratif de faillite, il prononçait encore la nullité de l'acquisition d'un privilége ou d'une hypothèque dans les dix jours qui précèdent l'ouverture de la faillite. C'était aller trop loin. Le vendeur qui, dans cet intervalle, avait vendu un ou plusieurs immeubles au failli, se trouvait dépouillé de son privilége ; et pourtant l'opération avait été sérieuse : ces immeubles allaient augmenter le gage des créanciers, et celui par le fait duquel ils étaient entrés dans le patrimoine du débiteur allait subir la loi du concours. Mais ce n'était pas la seule injustice qui résultât de l'ancien art. 443 C. comm. Dans le cas où la vente se plaçait antérieurement aux dix jours qui précèdent l'ouverture de la faillite, l'inscription de privilége qui en était faite avant le jugement déclaratif, mais dans les dix jours précédant cette ouverture, était également nulle (Cf., art. 2146 C. civ.; anc. art. 443, 444, 445, 446 C. comm.). En définitive, ce n'était pas le jugement déclaratif qui fermait le registre des inscriptions : il était clos dix jours avant l'époque fixée pour l'ouverture de la faillite.

Cet état de choses était trop injuste pour qu'il n'appelât pas l'attention du législateur. Aussi, lors de la révision du titre des faillites, en 1838, modifia-t-on les art. 443, 444, 445 et suivants du Code de commerce. Ces réformes sont déposées dans le texte actuel des art. 446 et 448 du Code de commerce.

« Sont nuls et sans effet relativement à la masse, lorsqu'ils auront été faits par le débiteur depuis l'époque déterminée par le tribunal comme étant celle de la cessation de ses paiements, ou dans les dix jours qui auront précédé cette époque..., toute hypothèque conventionnelle ou judiciaire, et tous droits d'antichrèse ou de nantissement constitués sur les biens du débiteur pour dettes antérieurement contractées (art. 446).

» Les droits d'hypothèque et de privilége valablement acquis pourront être inscrits jusqu'au jour du jugement déclaratif de la faillite. — Néanmoins, les inscriptions prises après l'époque de la cessation des paiements, ou dans les dix jours qui précèdent, pourront être déclarées nulles, s'il s'est écoulé plus de quinze jours entre la date de l'acte constitutif de l'hypothèque ou du privilége et celle de l'inscription. — Ce délai sera augmenté d'un jour, à raison de cinq myriamètres de distance entre le lieu où le droit d'hypothèque aura été acquis, et le lieu où l'inscription sera prise. » (Art. 448.)

Deux propositions se dégagent de ces articles :

La première, c'est que le vendeur peut, en toute sécurité, contracter avec un commerçant qui a déjà cessé ses paiements, mais qui n'a pas encore été atteint par un jugement déclaratif de faillite. La loi n'annule en effet comme prises dans l'intervalle qui sépare la cessation des paiements du jugement déclaratif, ou dans les dix jours qui précèdent cette cessation, que les inscriptions d'hypothèque conventionnelle ou judiciaire. A supposer même que le privilége du vendeur doive, comme tous les priviléges, être compris dans la prohibition de l'art. 446, cette prohibition ne l'atteindrait pas davantage; car cet article n'annule que les constitutions d'hypothèque qui, dans les dix jours précédant la cessation de paiement, ou, à partir de ce moment jusqu'au jugement déclaratif, viennent garantir une dette préexistante. Quant aux hypothèques consenties pour la sûreté d'une dette qui prend naissance à ce moment préliminaire de la faillite, elles sont validées, car aucun soupçon de fraude ne s'y attache. La dette a procuré une utilité réelle au commerçant. Ses créanciers trouveront, dans la masse, l'équivalent de la valeur dont l'hypothèque assure la restitution; le débiteur ne pouvait se procurer de l'argent ou des marchandises, qu'en donnant une hypothèque sur ses biens : cette hypothèque produira son effet, pourvu qu'elle soit inscrite avant le jugement déclaratif de faillite, et sauf le droit pour les tribunaux de l'annuler, dans le cas où il se serait écoulé plus de quinze jours entre la date de l'acte constitutif et celle de l'inscription. Or le privilége du vendeur, acquis dans les dix jours qui précèdent la cessation des paiements, garantit évidemment une dette concomittante; il nait avec la vente, dont il est une conséquence : il est donc valablement acquis. Partant, il produira tout son effet contre la masse des créanciers, si le vendeur obéit dans le délai voulu aux prescriptions de l'art. 448 C. comm.

En second lieu, le privilége né avant les dix jours qui précèdent la cessation des paiements, est, même à défaut de transcription du contrat de vente, opposable aux créanciers chirographaires du failli, si le vendeur a le soin d'en requérir inscription, avant le jugement déclaratif de faillite. Si ce jugement est intervenu sans que cette formalité ait été accomplie, le jugement fixe irrévocablement la condition des créanciers du failli. Le vendeur qui n'a pas inscrit son privilége en est définitivement déchu à l'égard de la masse; il est désormais trop tard pour le révéler au public : la publicité qui résulterait de cette inscription tardive ne produirait aucun effet, à l'encontre des créanciers du débiteur.

Ce principe paraît résulter, jusqu'à l'évidence même, de la combinaison des art. 2146 C. civ. et 448 C. comm. On ne saurait, cependant, s'imaginer les efforts qui ont été faits pour rejeter, en ce qui concerne le privilége du vendeur, l'application de cet art. 448.

Nous trouvons d'abord, en présence de notre système, la théorie qui prétend que jusqu'à la transcription de la vente, le vendeur est demeuré propriétaire à l'égard des ayant cause de l'acheteur. Elle conclut logiquement de ce prétendu principe que la faillite ne peut, en aucune manière, préjudicier au vendeur. Qu'importe à celui-ci que le débiteur failli soit dessaisi de l'administration de ses biens, et qu'il ne soit plus permis à ses créanciers de se créer une situation favorable au détriment des autres créanciers? Le vendeur est mieux que créancier, il est propriétaire. Il peut sans doute ne devenir qu'un simple créancier en faisant transcrire le contrat d'acquisition ; mais en même temps qu'il abandonne son action en revendication, il acquiert un privilége, bien plus, un privilége conservé. Qu'importe qu'un jugement vienne constituer le débiteur en faillite? Il y a dans le Code civil des principes auxquels la cessation des paiements ne saurait porter atteinte, et auxquels on ne peut, par conséquent, appliquer la disposition de l'art. 448 du Code de commerce. Au nombre de ces principes se trouve celui qui est déposé dans l'art. 2108 ; tant que l'immeuble vendu se trouve dans le patrimoine de l'acheteur, la loi civile n'impose aucun délai au vendeur pour s'inscrire. La faillite du débiteur ne peut porter atteinte à ce principe : donc, il est encore temps, pour le vendeur, de prendre inscription, nonobstant la cessation des paiements du débiteur et le jugement déclaratif de faillite.

Nous avons déjà démontré l'erreur du système d'après laquelle la transcription peut seule dessaisir le vendeur de son droit de propriété ; nous n'y reviendrons pas. C'est la vente elle-même, parfaite par le seul consentement, qui rend l'acheteur propriétaire à l'égard de ses ayant cause et de son vendeur (art. 711, 1138, 1583 C. civ.). Dès l'instant où le contrat est formé, le vendeur perd sa qualité de propriétaire, pour acquérir celle de créancier ; un privilége, il est vrai, garantit sa créance, mais ce privilége n'est efficace que dans les termes du droit commun, c'est-à-dire à la condition qu'il soit inscrit, à un moment où cette inscription peut être utile. Le jugement déclaratif de faillite ferme le registre des inscriptions relativement à la masse des créanciers du failli ; le vendeur doit subir la règle commune : autrement, l'égalité qui, d'après le vœu de la loi, doit exister entre tous les créanciers, serait violée.

Mais, dit-on, l'art. 446 C. comm. n'a eu nullement pour but d'abroger les principes consacrés par la loi civile : ceux-ci demeurent entiers, nonobstant tout ce qu'a pu dire le législateur commercial ; ils subsistent dans toute leur force et leur indépendance. Donc, malgré le jugement déclaratif de faillite, le vendeur peut encore s'inscrire, puisqu'il est presque universellement reconnu qu'inscription de privilége peut être prise sur l'immeuble vendu tant qu'il est encore dans le patrimoine de l'acheteur. Nous examinerons tout à l'heure la question de savoir si le Code civil n'a pas été modifié par le Code de commerce ; mais voyons de près l'objection qui nous est faite.

« Il y a, nous dit-on, dans la loi civile des principes auxquels l'événement de la faillite ne saurait porter atteinte et auxquels on ne peut, par conséquent, appliquer la disposition de l'art. 448 C. comm. (1). » Le Trésor a un délai de deux mois pour conserver les priviléges établis à son profit : l'un sur les biens des comptables, l'autre pour le recouvrement des frais de justice, en matières criminelle, correctionnelle et de simple police. La faillite ne peut nuire au Trésor ; donc, si le jugement déclaratif se place à une époque où le délai de deux mois n'est pas encore expiré, l'inscription prise à la requête du Trésor, postérieurement au jugement, sera opposable aux créanciers du failli. Il en est de même des créanciers et des légataires du défunt ; ils ont six mois pour inscrire leur droit de préférence, à partir de l'ouverture de la succession. L'art. 446 C. comm. ne modifie pas l'art. 2111 C. civ. ; les créanciers et les légataires de la succession peuvent donc utilement s'inscrire après le jugement déclaratif de faillite, mais avant l'expiration des six mois qui leur sont accordés : de même encore relativement au privilége des copartageants. Voilà quelles sont les conséquences du système que nous combattons. Mais pourquoi s'arrêter en si bon chemin ? N'y a-t-il pas aussi des principes de droit civil, relatifs au privilége des entrepreneurs, architectes et autres ouvriers ? Ne conservent-ils pas leur privilége par l'inscription, si tardive qu'elle soit, du procès-verbal de réception des travaux, tant que l'immeuble affecté à leur sûreté appartient à leur débiteur ? De même enfin, ne pourrait-on pas dire que, vis-à-vis des créanciers chirographaires, les créanciers hypothécaires peuvent utilement inscrire leur hypothèque à quelque moment que ce soit, pourvu que l'immeuble qu'elle grève appartienne encore à leur débiteur ? La faillite ne saurait porter atteinte à ces principes : donc les architectes et ouvriers, et les créanciers hypothécaires dans leurs rapports avec les créanciers chirographaires, sont admis à s'inscrire, même après le jugement déclaratif de faillite. Mais alors que devient l'art. 448 C. comm. ? La théorie que nous exposons aboutit logiquement à sa suppression ; c'est assez dire que son principe est faux.

Il est vrai que nos adversaires ne vont pas aussi loin. Ils n'osent pas

(1) M. Pont, *Priv.*, n° 897.

pousser leur système jusque dans ses dernières conséquences, et ils appliquent l'art. 448 au privilége des architectes et aux simples hypothèques. Prenons donc ce système tel qu'il est, et voyons si, malgré cela, il interprète équitablement la loi. Sur six priviléges : privilége du vendeur, du copartageant, du Trésor, des créanciers et légataires, des architectes et autres ouvriers, cinq sont étrangers à l'art. 448 C. civ.; un seul reçoit son application. Soit. Mais l'art. 448 autorise-t-il cette solution ? Il faudrait tout au moins que, dans les Travaux préparatoires ou dans le texte de l'art. 448, on trouvât des traces de la distinction que l'on veut établir entre les différents priviléges. Or, à cet égard, les Travaux préparatoires de la loi de 1838 sont muets; l'art. 448 lui-même ne laisse aucune illusion : « Les droits d'hypothèque et de privilége, valablement acquis, peuvent être inscrits jusqu'au jour du jugement déclaratif de faillite. » Quoi de plus général ? La loi ne distingue pas : nous, ses interprètes, nous ne devons pas distinguer. L'inscription des priviléges, quels qu'ils soient, est arrêtée par le jugement déclaratif de faillite. Voilà le principe établi par la loi commerciale. Loin de déroger à la loi civile, elle la confirme, au contraire, et vient s'harmoniser avec elle dans une unité juridique parfaite. Il suffit, pour s'en convaincre, de comparer l'art. 2146 C. civ. avec l'art. 448 et les articles du Code de commerce de 1807, qu'il a remplacés. L'art. 2146 C. civ. annule l'effet de l'inscription prise dans le délai pendant lequel les actes faits avant l'ouverture de la faillite sont déclarés nuls. Le Code civil renvoyait donc à l'organisation de la faillite telle qu'elle résultait du Code de commerce; cette organisation, relativement au point qui nous occupe, nous la connaissons : nullité des acquisitions de priviléges ou d'hypothèques se plaçant dans les dix jours qui précédaient l'ouverture de la faillite, ainsi que des inscriptions de priviléges et d'hypothèques acquis antérieurement. Jusque-là, l'accord le plus parfait règne entre les dispositions du Code civil et celles du Code de commerce; telle est non-seulement la lettre, mais l'esprit de la loi. Survint la révision du titre des faillites, en 1838, et la rédaction des nouveaux articles 446 et 448. Ces textes ont changé les anciens principes; les priviléges acquis même pendant les dix jours précédant la cessation des paiements, sont valables : ils peuvent être inscrits, ainsi que les priviléges précédemment constitués, jusqu'au jour du jugement déclaratif de faillite. L'art. 2146 C. civ contrarie-t-il ces dispositions? Non, car il n'avait de valeur que par le Code de commerce de 1807. Il a subi la même transformation que les principes auxquels il empruntait toute sa force. Désormais il faut le lire, non plus avec les art. 443 et suivants du Code de 1807, mais avec les textes de la loi de 1838, qui sont devenus les art. 446 et 448. Conclusion : le privilége du vendeur qui n'est pas inscrit lors du jugement déclaratif de faillite, ne peut plus l'être à l'égard de la masse des créanciers chirographaires du failli : vis-à-vis d'eux, le vendeur n'est plus que créancier chirographaire ; il subira la loi du concours.

D'autres arguments ont été néanmoins produits en faveur de la doctrine qui veut que le vendeur puisse, même durant la faillite de l'acheteur, conserver son privilége. Admettons, pourra-t-on dire, qu'il ne soit plus loisible au vendeur d'inscrire son privilége après le jugement déclaratif; mais il a encore la ressource de la transcription. Si elle est effectuée soit à la requête de l'acheteur ou des syndics de sa faillite, soit même à la requête du vendeur, elle produira son effet ordinaire, c'est-à-dire un effet conservatoire du privilége. Si cela était possible, on ne pourrait que critiquer sérieusement la loi, qui, tout en voulant que les droits réels de priviléges et d'hypothèques ne soient opposables à la masse qu'autant qu'ils sont révélés au public avant le jugement déclaratif, aurait cependant fait produire tout son effet à un privilége qui n'est connu que pendant le cours de la faillite et qui, jusque-là, est demeuré clandestin. Mais, avant d'accuser la loi, il faut la bien connaître, et s'assurer que la critique qu'on lui adresse ne porte pas à faux. Or, il est certain que l'impossibilité d'inscrire après le jugement déclaratif entraîne l'impossibilité de transcrire après cette époque. La transcription, nous dit l'art. 2108 C. civ., *vaut inscription* à l'effet de conserver le privilége; mais il est évident qu'elle ne vaut inscription que si elle est effectuée à un moment où l'inscription serait utilement prise : autrement, elle vaudrait plus que l'inscription, puisque l'inscription, si elle était prise, ne rendrait pas le privilége opposable aux créanciers du failli. D'ailleurs, à quelle impossibilité n'arriverait-on pas si l'argument qu'on nous oppose devait être pris en considération. L'art. 6 de la loi du 23 mars 1855, que nous retrouverons bientôt, n'annule que l'inscription opérée après la transcription de la revente, et postérieurement à l'expiration du délai de quarante-cinq jours depuis le premier contrat. Cette prohibition, dira-t-on, n'est relative qu'à l'inscription : elle laisse debout le principe d'après lequel le vendeur a le droit de conserver son privilége par la transcription. Le vendeur primitif peut donc, même après la transcription de la revente et l'expiration du délai de quarante-cinq jours, faire transcrire son propre contrat et sauvegarder son privilége. Personne n'admet cette solution; et pourtant elle est la conséquence logique du système d'après lequel le vendeur peut faire transcrire son contrat, même après le jugement déclaratif de faillite. C'est donc que le système lui-même est erroné.

Cependant nos adversaires insistent. Tant que la vente n'est pas transcrite, disent-ils, le vendeur peut, même durant la faillite de l'acheteur, hypothéquer ou même aliéner l'immeuble vendu; si l'hypothèque est inscrite, si la revente est transcrite avant la transcription du contrat du débiteur failli, les créanciers de ce dernier devront subir les effets de la constitution d'hypothèque ou de la revente. Par là, le vendeur se procurera indirectement tous les effets de son privilége; en constituant des hypothèques pour une somme égale à celle dont il est créancier de l'acheteur, il acquerra une somme équivalente à la valeur du prix de vente, et cette somme, en définitive, sera payée par l'immeuble grevé de l'hypothèque du vendeur. De même encore, lorsqu'il revend à un second acquéreur, qui fait transcrire. Si cette revente est faite au comptant, le vendeur aura tous les avantages qu'il aurait retirés de la vente primitive; si elle a lieu à terme, la transcription a conservé le privilége : il n'a rien à craindre. Or, s'il est permis au vendeur d'arriver indirectement, pendant le cours de la faillite, à la conservation de son privilége, pourquoi ne pourrait-il pas l'assurer directement au moyen de la transcription?

Sans aucun doute, le vendeur peut consentir des hypothèques ou même aliéner une seconde fois l'immeuble vendu, tant que la première vente n'a pas été transcrite. Ce n'est là que l'application de ce principe, à savoir que le vendeur n'est dessaisi à l'égard de ses ayant cause que par la transcription. Mais cela ne fait pas qu'à l'égard des ayant cause de l'acheteur le vendeur ne soit plus que créancier privilégié, et qu'il ne puisse leur opposer son privilége qu'autant qu'il a été inscrit en temps utile, ou que la vente qui lui a donné naissance a été transcrite à un moment opportun. « La loi qui généralisait le principe de publicité dans l'intérêt des ayant cause du vendeur, ne pouvait pas évidemment le supprimer au préjudice des ayant cause de l'acheteur (1). » C'est pourtant ce qui aurait lieu, si le vendeur avait pu, durant la faillite de l'acheteur, et au cas où son contrat d'acquisition n'aurait pas été transcrit, hypothéquer, aliéner l'immeuble déjà vendu, et conserver en même temps son privilége, en l'inscrivant au préjudice des créanciers du failli. La faculté d'inscrire son privilége, pendant la faillite, n'est donc pas pour le vendeur une conséquence de droit qu'il a de consentir des hypothèques sur l'immeuble vendu, ou même une seconde aliénation, à défaut de transcription de la première : c'est, au contraire, la conclusion directement opposée qu'il faut en tirer; sinon, nous méconnaîtrions formellement la pensée du législateur. La loi veut la publicité la plus complète; la solution qu'on préconise serait la consécration de la clandestinité la plus profonde.

D'ailleurs, est-il bien vrai que, grâce à ces constitutions d'hypothèque, ou à cette seconde aliénation, le vendeur se procure indirectement tous les avantages de son privilége? Il ne faut pas oublier qu'entre le vendeur et l'acheteur la propriété a été déplacée par le seul consentement, au regard du vendeur et des ayant cause de l'acheteur : c'est

(1) Mourlon, *Transcription*, n° 653.

l'acheteur qui est propriétaire ; les hypothèques et la seconde aliénation, consenties valablement avant la transcription du contrat du débiteur failli, constituent une véritable éviction pour les créanciers de ce dernier, éviction qui fait naître à la charge du vendeur une obligation de garantie. Ce que les créanciers du failli perdent par suite de la constitution des hypothèques ou de la revente, ils le recouvrent à l'aide d'une action récursoire contre le vendeur. Dès lors, que devient le bénéfice que celui-ci avait acquis, en hypothéquant ou en vendant l'immeuble d'autrui ? Est-il vrai de dire qu'il peut, de la sorte, se procurer indirectement les effets de son privilége ?

L'art. 448 C. comm. est donc, en résumé, applicable au privilége du vendeur, comme à tout autre privilége. L'inscription est valablement requise jusqu'au jour du jugement déclaratif de faillite ; après, il est trop tard. Le vendeur est déchu de son privilége, à l'encontre des créanciers du failli. Mais la déchéance ne peut être invoquée que par les créanciers de la masse. Au regard du failli lui-même, le privilége subsiste dans toute son intégrité ; le jugement déclaratif de faillite ne clot pas le registre des inscriptions : l'inscription prise après ce moment est efficace, et, dans le cas où le failli aurait obtenu un concordat, le vendeur privilégié, tardivement inscrit, s'il s'est abstenu de voter au concordat, n'en peut pas moins opposer son privilége. Le failli concordataire serait non recevable à demander la radiation de l'inscription, en offrant de payer au vendeur le dividende fixé par le concordat. Cette solution résulte suffisamment de l'art. 448 qui n'annule les inscriptions tardives que relativement à la masse : elle est également inspirée par l'esprit qui anime le législateur commercial. Les créanciers qu'il veut protéger ne sont pas ceux qui peuvent traiter avec le commerçant failli postérieurement à l'obtention du concordat, mais ceux dont les droits sont actuellement existants au moment où éclate le désastre de la faillite.

De même, le jugement déclaratif de faillite ne fait pas obstacle au renouvellement décennal de l'inscription, qu'elle ait été prise d'office par le conservateur des hypothèques ou à la requête du vendeur. Ce qui ne peut pas être fait après le jugement déclaratif, c'est une inscription qui vivifie un privilége resté jusqu'alors à l'état inerte ; mais, lorsqu'il a été déjà publié, la publicité est indépendante de tout événement. Seule, la péremption peut atteindre le privilége. Au moment où un jugement vient constituer le commerçant en faillite, les droits de ses créanciers sont irrévocablement fixés ; le privilége du vendeur était alors conservé. Le renouvellement ne fera pas acquérir un droit nouveau au vendeur ; il ne fera que prolonger son effet et sa durée. Les art. 446 et 448 sont donc inapplicables au renouvellement décennal, puisque leur prohibition ne vise que les priviléges ou hypothèques qui n'étaient pas encore inscrits lors du jugement déclaratif.

Les dispositions exceptionnelles des art. 2146 C. civ. et 448 C. comm. sont spéciales à la faillite, et ne sauraient être étendues à la déconfiture d'un débiteur non-commerçant; par conséquent, même après la cessation publique des paiements de ce débiteur, l'inscription du privilége du vendeur peut être utilement prise, parce que la faillite et la déconfiture ne produisent les mêmes effets que sur les points où la loi a formellement établi cette assimilation (art. 1446, 1613, 1923, 2032 C. civ.). Or, les art. 2146 C. civ. et 448 C. comm. ne parlent que de la faillite; on ne saurait donc les étendre à la déconfiture, sans violer toutes les règles de l'interprétation. La même solution devrait être admise dans le cas où le débiteur a fait une cession de biens volontaire ou judiciaire. Le contrat formé par l'acceptation des créanciers, ou tenu pour accepté en justice, ne peut pas être considéré comme produisant le même effet que le jugement déclaratif de faillite. Les dispositions qui contiennent des déchéances sont essentiellement de droit étroit, *strictissimæ interpretationis*, et ne sauraient être étendues d'un cas à un autre. Ceci n'est pas douteux en ce qui concerne le vendeur qui n'a pas concouru au contrat d'abandonnement, ou qui n'a pas figuré au jugement par lequel la cession a été admise. Quant au vendeur qui a participé à la cession volontaire ou judiciaire, la question de savoir s'il peut encore inscrire son privilége est une question d'interprétation de la convention ou du jugement qui a admis la cession de biens (1).

Nous avons terminé ce qui est relatif à l'influence de la faillite de l'acheteur sur le privilége du vendeur; il nous reste, pour en finir avec l'étude des questions complexes qu'entraîne la faillite, à examiner la situation créée par la faillite du vendeur, dans le cas où son privilége n'a été sauvegardé ni par l'inscription, ni par la transcription du contrat de l'acheteur.

Et d'abord, il est certain que la faillite du vendeur n'entraîne pas l'extinction de son privilége. Après comme avant le jugement déclaratif, inscription peut être requise si l'acheteur a commis la négligence de ne pas faire transcrire. La seule différence consiste en ce que, avant le jugement déclaratif, l'inscription est effectuée à la requête du vendeur lui-même, tandis qu'après, ce soin incombe aux syndics de sa faillite (art. 490, *pr.*, § 1, C. comm.). Cette inscription doit être prise au nom de la masse.

Mais ne peut-on pas aller plus loin, et dire que, la vente n'ayant pas été transcrite, les créanciers du vendeur tombé en faillite peuvent opposer à l'acheteur la clandestinité de son titre, et conclure, en ce qui les concerne, à la nullité de l'aliénation? Ne peuvent-ils pas faire revenir l'immeuble dans le patrimoine de leur débiteur, et profiter par là de

(1) Aubry et Rau, t. III, § 272, p. 332 et 333.

l'augmentation fortuite de valeur survenue à la chose entre les mains de l'acquéreur ?

Plusieurs auteurs l'ont soutenu. Le jugement qui constitue le commerçant en état de faillite opère, d'après eux, le dessaisissement de tous ses biens, et confère à ses créanciers un droit réel *sui generis* qui, les faisant passer dans la catégorie des tiers, leur permet d'opposer à l'acheteur le défaut de transcription, au moment où le jugement déclaratif les investit de ce droit nouveau.

D'autres auteurs admettant en principe ce même caractère de réalité qui s'attache au droit des créanciers chirographaires du failli, ne les fait pas sortir de la catégorie des ayant cause du vendeur au moment du jugement déclaratif, mais seulement à l'instant où l'hypothèque qui leur est conférée par l'art. 490 C. comm., dernier alinéa, est inscrite en leur nom, sur les immeubles du failli, à la requête des syndics de la faillite. Ce droit réel et unique, qualifié d'hypothèque par le Code de commerce, n'est point, dit-on, une véritable hypothèque ; les créanciers du failli n'en ont nullement besoin, puisqu'à leur égard les constitutions d'hypothèques ou les aliénations consenties par le failli, postérieurement au jugement déclaratif de faillite, sont nulles et ne produisent aucun effet. Ce droit, que la loi soumet au régime de l'inscription, n'est autre chose qu'un gage judiciaire acquis par les créanciers sur les biens dont l'administration est enlevée au failli ; et ce gage judiciaire produit son effet, non pas lors du jugement déclaratif, mais à compter seulement de l'inscription prescrite par l'art. 490. Tandis que, d'après le premier système, la vente n'est pas opposable aux créanciers du vendeur failli, si elle n'est pas transcrite au moment où intervient le jugement déclaratif, le second système ne permet à la masse des créanciers d'opposer la clandestinité de l'aliénation consentie par leur débiteur, que si la transcription ne vient se placer qu'après l'inscription du droit de gage à eux conféré par l'art. 490.

Sans entrer dans une discussion approfondie de cette question qui ne se rattache qu'indirectement à ce qui fait l'objet de cette thèse, nous croyons cependant que la vérité ne se trouve ni dans l'un ni dans l'autre système. La vente qui n'a pas été transcrite lors du jugement déclaratif de faillite ou de l'inscription du droit réel conféré aux créanciers par l'art. 490, n'en est pas moins opposable aux créanciers chirographaires du failli. La loi du 23 mars 1855 ne donne point le droit d'opposer le défaut de transcription à toute personne intéressée, mais seulement à ceux qui ont acquis des droits réels sur l'immeuble. « Le défaut de transcription, a dit M. Rouher, pourra être invoqué par les tiers qui auront des droits sur l'immeuble, ce qui exclut les créanciers chirographaires, puisqu'ils n'ont pas de droit sur l'immeuble. » En effet, les créanciers qui ont suivi la foi de leur débiteur, et qui ne se sont fait con-

12

sentir aucun droit de préférence, ont été représentés par le vendeur, lors de l'aliénation qui l'a dessaisi de la propriété, si cette aliénation a été faite sans fraude. Quant aux créanciers postérieurs à cet acte, ils n'ont pas pu légitimement compter sur l'immeuble vendu pour servir de gage à leur créance, puisque cet immeuble n'existait plus dans le patrimoine de leur débiteur, lorsqu'ils ont contracté avec lui. Il est vrai que l'art. 490 C. comm. leur accorde un droit réel *sui generis*, qui ne produit d'effet qu'à la date de son inscription. Ce droit, si l'on veut, découle du jugement même déclaratif de faillite ; mais qu'est-ce à dire, sinon que ce droit réel ne peut affecter que les biens qui composent le patrimoine du failli au moment où son incapacité commence, ou qu'il acquerra dans l'avenir. La loi ne considère que l'état de choses, tel qu'il existe au moment du jugement déclaratif de la faillite : elle règle l'avenir ; elle ne rétroagit pas dans le passé. L'événement de la faillite ne fait pas qu'une aliénation qui a été valablement consentie au regard des créanciers du vendeur, soit par ce seul fait considérée comme nulle. En un mot, le droit réel de l'art. 490 n'atteint pas les biens valablement sortis du patrimoine du failli ; il ne frappe que ceux actuellement existants, ou qui viendront plus tard s'y ajouter. Aux yeux de la masse chirographaire, le défaut de transcription de l'aliénation est donc indifférent. Ils ne sauraient prétendre un droit de propriété pour le vendeur ; ils doivent s'en tenir au privilége, pourvu qu'il soit inscrit avant le moment déterminé par l'art. 2146 C. civ., comme étant celui de la clôture du registre des inscriptions.

Le second événement, qui, aux termes de cet art. 2146 C. civ., forclôt le vendeur du droit de prendre inscription, est l'acceptation sous bénéfice d'inventaire de la succession de l'acheteur, l'immeuble étant encore *in bonis*. L'acceptation d'une succession sous bénéfice d'inventaire jette un vernis d'insolvabilité sur la situation pécuniaire du *de cujus ;* il est juste, dès lors, que les droits de ses créanciers soient irrévocablement fixés à l'époque de son décès. Il se passe ici quelque chose d'analogue à ce qui a lieu lorsqu'un commerçant est déclaré en faillite ; il ne faut pas, puisque les biens du débiteur sont insuffisants pour payer intégralement à chaque créancier ce qui lui est dû, qu'un ou plusieurs des créanciers se créent, au détriment des autres, une situation plus favorable : l'insolvabilité est un désastre commun qui doit se répartir également entre tous ceux qu'elle frappe. Le vendeur qui inscrit son privilége après la mort de son acheteur et l'acceptation bénéficiaire de sa succession fait donc un acte nul. Serait également sans effet l'inscription prise le jour même de l'ouverture de la succession, avant toute acceptation de la part des héritiers, si plus tard la succession est acceptée sous bénéfice d'inventaire ; car, de même que l'acceptation pure et simple, l'acceptation bénéficiaire, une fois faite, remonte au jour de l'ouverture de la succession (art. 777 C. civ.).

Cette présomption d'insolvabilité, qui s'attache à la succession qui n'est acceptée que sous bénéfice d'inventaire, est vraie le plus souvent. Mais une présomption n'atteint jamais à la hauteur d'une vérité absolue; et quelquefois elle se trouve en défaut. Quoi qu'il en soit, alors même que la succession acceptée bénéficiairement serait solvable, la disposition de l'art. 2146 C. civ. n'en est pas moins applicable. Son texte est général et ne distingue pas: *Et lex ubi non distinguit, nec nos distinguere debemus.* Le décès de l'acheteur, suivi de l'acceptation sous bénéfice d'inventaire, entraîne, pour le vendeur, déchéance du droit d'inscrire son privilége, que cette acceptation bénéficiaire soit volontaire ou forcée. La question se présente pour la succession dévolue à un héritier mineur. Aux termes de l'art. 461 du Code civil, que la succession soit bonne ou mauvaise, solvable ou insolvable, elle ne peut être acceptée que sous bénéfice d'inventaire. Dans le cas où l'actif est supérieur au passif, faudra-t-il dire que tous les créanciers du *de cujus* devant toucher intégralement ce qui leur est dû, rien ne s'oppose à ce que le vendeur puisse inscrire son privilége? Non, car le texte de l'art. 2146 est formel : *dura lex, scripta tamen.* Au surplus, le vendeur, dans ce cas, n'est pas à plaindre ; il sera confondu, sans doute, avec les créanciers chirographaires. Mais comme tous les créanciers chirographaires seront payés, il recevra en entier le montant de sa créance. Que si, au contraire, il y a plus de dettes que de biens, le vendeur aurait évidemment intérêt à inscrire son privilége pour l'opposer aux créanciers hypothécaires ou chirographaires de l'acheteur précédent; mais le débiteur est mort insolvable, et nous nous trouvons non-seulement en présence de la lettre de l'art. 2146, mais encore de son esprit : le vendeur est déchu de son privilége.

La disposition finale de l'art. 2146, que nous commentons en ce moment, a été critiquée par de fort bons esprits. Equitable lorsque la succession est réellement mauvaise, la règle qu'elle consacre est inique lorsque la succession est solvable. Pourquoi, dans ce cas, ne pas permettre au vendeur de conserver son privilége par l'inscription ? Il est facile de répondre que si une succession n'est pas nécessairement insolvable, par cela seul qu'elle est acceptée sous bénéfice d'inventaire, il y a cependant beaucoup à parier qu'elle ne soit pas opulente; tantôt une succession ainsi acceptée est bonne, tantôt elle est mauvaise. Mais comment déterminer les cas dans lesquels une succession, quoique solvable, a été acceptée sous bénéfice d'inventaire? C'est ce qui est assez difficile; aussi la loi, qui ne pouvait formuler qu'une règle générale, a-t-elle dit que, toujours à ses yeux, l'acceptation bénéficiaire d'une succession entraînerait une présomption d'insolvabilité suffisante, pour que certains créanciers ne pussent pas, au détriment des autres, se sortir de la position commune, et se créer une situation privilégiée. Au surplus, comme

nous l'avons déjà fait remarquer au paragraphe précédent, l'impossibilité pour le vendeur d'inscrire son privilége, lorsqu'une succession solvable a été volontairement acceptée sous bénéfice d'inventaire, ne lui
cause aucun préjudice. Si la succession est solvable, il sera payé comme
créancier chirographaire, au lieu de l'être comme privilégié ; mais
qu'importe, puisqu'il sera payé ? Peut-être dira-t-on que les créanciers
de l'héritier pourront concourir sur les biens du *de cujus*, dans le cas
où l'héritier viendrait à être déchu du bénéfice d'inventaire. Mais,
même en admettant cette solution, qui est très-contestable, le vendeur
a toujours le secours de la séparation des patrimoines.

Le principe de l'art. 2146 ne souffre aucune difficulté, lorsque tous les
héritiers qu'a laissés le *de cujus* ont accepté sous bénéfice d'inventaire.
Toute inscription de privilége du vendeur est impossible. Mais qu'arrivera-t-il, si un seul des héritiers a accepté sous bénéfice d'inventaire, et
les autres purement et simplement ? Plusieurs auteurs et certains arrêts
sont d'avis que, dans ce cas, l'effet produit par l'acceptation bénéficiaire
de l'un des héritiers est le même à l'égard des tiers ; partant, que le
vendeur est complétement déchu du droit d'inscrire son privilége, même
vis-à-vis de ceux qui ont accepté purement et simplement. Nous croyons
au contraire, que la question doit se résoudre par une distinction. Le
sort de l'inscription reste en suspens pendant la durée de l'indivision ;
les biens héréditaires sont-ils vendus en commun par les hértiers, ou à
la requête des créanciers : ces derniers sont fondés à se prévaloir de la
nullité de l'inscription. Les héritiers ont-ils procédé au partage des
immeubles de la succession : l'inscription est nulle en tant qu'elle frappe
les biens échus au lot de celui qui a accepté sous bénéfice d'inventaire ;
mais elle grève valablement les immeubles attribués aux lots des héritiers purs et simples. En effet, lorsque plusieurs héritiers sont appelés
en même temps à une même succession, ils en sont saisis jusqu'au partage d'une manière indivise. L'hérédité, considérée comme objet du droit
de succession, est aussi indivisible que le patrimoine d'une personne
vivante. Sans doute, la présence de plusieurs héritiers modifie ce principe. Les droits de chacun d'eux sont restreints par les droits de leurs
cohéritiers ; mais cette modification ne concerne que les rapports des
héritiers entre eux. Au regard des tiers, l'hérédité reste, tant qu'elle
n'est pas partagée, ce qu'elle était du vivant du *de cujus*, c'est-à-dire
indivisible. L'acceptation bénéficiaire par l'un des cohéritiers porte
donc sur toute la succession, au moins tant que dure l'indivision ; elle
empêche, comme l'ont écrit MM. Aubry et Rau, « toute confusion des
parts idéales revenant aux héritiers purs et simples, avec les patrimoines de ces derniers » (1). Tous les biens héréditaires étant affectés

(1) T. VI, n° 619, texte et note 74.

par cette acceptation bénéficiaire, il en résulte que l'inscription du privilége du vendeur, comme celle de tout autre créancier privilégié ou hypothécaire, est nulle et de nul effet, puisqu'il n'y a aucune des portions de l'immeuble grevé du privilége, qui ne soit atteinte par cette acceptation bénéficiaire. Que si les immeubles sont vendus dans cet état, ils sont acquis à l'acheteur, libres d'un privilége ou d'une hypothèque qui n'avaient pu valablement s'y asseoir. Vienne l'événement du partage, et l'hérédité, en tant qu'universalité, se trouve désagrégée. Chaque héritier, en vertu de la fiction de l'art. 883 C. civ., est censé avoir succédé seul au défunt, relativement aux objets mis dans son lot. La conséquence nécessaire de ce principe, c'est que l'inscription du privilége, postérieure à l'ouverture de la succession, nulle à l'égard de l'héritier bénéficiaire, est valable par rapport aux héritiers purs et simples, car ils sont les continuateurs de la personne du défunt; ils ont été propriétaires, immédiatement et sans interruption, des biens qu'ils tiennent de lui : l'obstacle à l'inscription qui provient de l'acceptation sous bénéfice d'inventaire n'existe plus ici, car l'acceptation a été pure et simple (1).

La nullité de l'inscription du privilége du vendeur, prise après le décès de l'acheteur, dans le cas où sa succession a été acceptée sous bénéfice d'inventaire, n'est pas irrévocable; elle est liée au sort de la validité du bénéfice d'inventaire lui-même, dont elle n'est qu'une conséquence : *sublata causa, tollitur effectus*. Si donc l'héritier fait annuler son acceptation, ou si, pour une des causes indiquées par la loi, il vient à être privé du bénéfice d'inventaire, cette déchéance ouvrira pour le vendeur le droit de s'inscrire; et dans le cas où cette inscription aurait été prise avant la déchéance du bénéfice d'inventaire, elle lui fera produire son plein et entier effet.

L'art. 2146 C. civ., *in fine*, n'est applicable qu'au cas où la succession a été acceptée sous *bénéfice d'inventaire*. Par là se trouve exclue l'hypothèse où la succession a été acceptée purement et simplement : ce point est par trop évident, pour que nous nous y arrêtions. Mais assimilerons-nous à la succession bénéficiaire, la succession acceptée purement et simplement, lorsque les créanciers héréditaires ont fait prononcer la séparation des patrimoines ? Évidemment non. Sans doute la séparation des patrimoines et l'acceptation bénéficiaire produisent un effet commun : elles empêchent les biens du *de cujus* de se confondre avec les biens de l'héritier; mais ce n'est pas là un motif suffisant pour en conclure que la séparation des patrimoines doive arrêter le cours des inscriptions. Si la séparation des patrimoines et l'acceptation bénéficiaire diffèrent par leur but, elles diffèrent également par leurs effets. La séparation des patri-

---

(1) Aubry et Rau, t. III, § 272, note 36.

moines empêche bien qu'un créancier chirographaire du défunt puisse, par une convention passée avec l'héritier, ou par un jugement rendu contre lui, obtenir sur les immeubles de la succession un droit de préférence qui soit opposable aux autres créanciers héréditaires; mais il ne résulte pas delà qu'un créancier, qui, du vivant du *de cujus*, était investi d'un droit de privilége ou d'hypothèque, ne puisse, après sa mort, inscrire son droit réel sur les immeubles héréditaires : il n'y a que l'acceptation bénéficiaire qui ait cette puissance; or, la séparation des patrimoines n'est pas la même chose que l'acceptation bénéficiaire. Elle intervient en faveur des créanciers héréditaires, et non pas contre eux; elle laisse donc intacts les droits qui leur appartiennent en vertu du droit commun. Or les principes du droit commun permettent au vendeur, comme à tout créancier hypothécaire ou privilégié, de conserver leur droit par l'inscription après le décès de leur débiteur, pourvu que sa succession soit acceptée purement et simplement.

L'art. 2146, *in fine*, ne s'applique pas davantage aux successions acceptées purement et simplement par des successeurs irréguliers ou des légataires à titre universel. Nous maintenons cette solution , quelque parti que l'on prenne sur la question de savoir si les successeurs irréguliers, qui ont accepté purement et simplement, sont tenus vis-à-vis des créanciers de payer les dettes *ultra vires successionis*. Alors même qu'il serait vrai qu'ils ne sont obligés, à l'instar des héritiers bénéficiaires, que jusqu'à concurrence de l'émolument qu'ils recueillent dans la succession, nous croyons que le vendeur pourrait inscrire son privilége après le décès de l'acheteur. Il ne suffit pas, pour l'application de l'article 2146, que les effets du bénéfice d'inventaire résultent de la vacation même des successeurs à l'hérédité; il faut que ces effets résultent de l'acte lui-même, par lequel ils déclarent accepter sous bénéfice d'inventaire. Dès que l'acceptation est pure et simple, l'art. 2146 C. civ. disparaît : les principes ordinaires reprennent leur empire; l'inscription est valablement requise tant que l'immeuble n'est pas sorti *erga omnes* du patrimoine des héritiers du débiteur.

Nous n'hésitons pas à donner la même solution relativement aux successions répudiées. Cependant on admet, généralement, la nécessité d'assimiler cette hypothèse au cas où la succession est acceptée sous bénéfice d'inventaire. Si l'acceptation bénéficiaire fait supposer l'insolvabilité du *de cujus*, *a fortiori*, la répudiation permet-elle de croire que le passif de l'acheteur est supérieur à son actif? On ne répudie pas ordinairement une succession, lorsqu'elle est avantageuse pour l'héritier. Quoi qu'il en soit, l'art. 2146 doit être restreint à l'hypothèse qu'il prévoit. N'oublions pas que cet article introduit un régime d'exception ; la règle qu'il pose déroge au droit commun. Or, la saine interprétation juridique exige que les exceptions soient appliquées restrictivement. La loi prévoit le cas d'une succession acceptée sous bénéfice d'inventaire ; ne la modifions pas en l'étendant aux successions répudiées. Restons dans le droit commun, puisque les termes du droit exceptionnel ne nous autorisent pas à en sortir.

Enfin, que dirons-nous des successions vacantes ? Le texte de l'art. 2146 répugne certainement à cette idée, que le privilége du vendeur ne peut plus être inscrit pendant la vacance de la succession. Certains auteurs tiennent, cependant, qu'en vertu du principe d'analogie, l'art. 2146 est applicable aux successions vacantes. Nous venons de nous expliquer sur ce prétendu principe d'analogie, lorsque la vacance est la conséquence d'une répudiation de la succession. Avons-nous besoin d'ajouter que, quand la succession est vacante, parce qu'il n'existe aucun héritier connu, l'analogie fait complétement défaut ? Rien, évidemment, ne fait présumer, dans ce cas, l'insolvabilité du défunt. Comment alors expliquer l'extension qu'on donne à l'art. 2146 ? On se rejette sur l'argument historique. La loi du 9 Messidor, dit-on, aurait consacré l'assimilation entre les successions bénéficiaires et les successions vacantes, et le Code l'aurait continuée : « Ne sont point, pareillement, susceptibles d'aucune hypothèque, les condamnations obtenues contre l'hérédité acceptée sous bénéfice d'inventaire, ou le curateur à la succession vacante. » Tel est le texte de la loi de Messidor an III ; et je doute fort qu'aux yeux d'un esprit impartial, il puisse servir d'argument à la thèse que nous combattons. Si je ne me trompe, l'art. 2146 du Code civil traite de la conservation des priviléges et hypothèques valablement acquis du vivant du *de cujus* ; on ne peut les inscrire après son décès, quand sa succession est acceptée bénéficiairement. La loi de Messidor, au contraire, ne s'occupe que des hypothèques judiciaires obtenues contre l'hérédité ; elles ne peuvent être inscrites contre l'héritier bénéficiaire ou le curateur à la succession vacante, au préjudice des autres créanciers du défunt. Or, où est l'analogie ? quel rapport unit les deux situations ?

J'admets cependant que la loi de Messidor an III et l'art. 2146 du Code civil aient prévu la même hypothèse. Mais alors que conclure, sinon que l'acceptation bénéficiaire seule arrête le cours des inscriptions. Si l'art. 2146 a traité la même question que la loi de Messidor, celle-ci a été abrogée par l'art. 2146, en vertu du principe que *lex posterior priori derogat*. L'art. 2146 doit seul nous servir de guide ; or, s'il parle de la succession bénéficiaire, il est muet relativement à la succession vacante. Donc les priviléges et autres hypothèques, valablement acquis pendant la vie du *de cujus*, peuvent être inscrits valablement, nonobstant le décès du débiteur, suivi de la vacance de sa succession.

En définitive, nous devons nous en tenir purement et simplement au texte de l'art. 2146, *in fine*. L'inscription ne produit aucun effet « entre les créanciers d'une succession, si elle n'a été faite par l'un deux que depuis l'ouverture, et dans le cas où la succession n'est acceptée que par bénéfice d'inventaire ». Mais ajoutons, pour terminer, que, pas plus que le jugement déclaratif de faillite, l'acceptation d'une succession sous bénéfice d'inventaire ne fait obstacle au renouvellement décennal de l'inscription du privilége du vendeur.

Le vendeur, on le voit, est souvent exposé à perdre son privilége par suite d'un jugement déclaratif de faillite, qui se place à un moment très-rapproché de la vente ; ou par suite de la mort presque immédiate de son acheteur, suivie de l'acceptation bénéficiaire de la succession par ses héritiers. N'y a-t-il pas un moyen, pour les vendeurs, de mettre leur droit à l'abri de tout péril ? La pratique a trouvé un remède au mal ; ce remède consiste à insérer dans le contrat de vente une clause, aux termes de laquelle « la propriété de la chose vendue demeure complète et entière dans la personne du vendeur, tant que la vente ne sera pas transcrite » (1). La faillite ou l'acceptation bénéficiaire de la succession de l'acquéreur, survenant avant cette transcription, n'entraîneraient pas l'extinction du privilége, puisque le vendeur serait encore propriétaire. Mais l'efficacité de cette clause a été contestée. Certains auteurs ont élevé des doutes sur sa validité. Il est donc prudent de s'en abstenir, d'autant plus que les principes du droit ne laissent pas le vendeur sans protection. Les art. 1612 et 1613 C. civ. accordent au vendeur un droit de rétention, dans les ventes au comptant et dans les ventes à terme, lorsqu'au moment de la délivrance l'acheteur est tombé en état de faillite ou de déconfiture. Si le vendeur prévoit que l'acheteur, bien que n'ayant pas encore cessé ses paiements au moment où il demande la délivrance, soit cependant sous la menace d'une faillite prochaine ; s'il craint que la délivrance ne soit demandée précipitamment avant qu'il n'ait pu mettre son privilége sous la sauvegarde d'une inscription ; si, enfin, il redoute, en cas de mort presque immédiate de l'acheteur, que les héritiers qui l'actionnent en délivrance n'acceptent plus tard la succession que sous bénéfice d'inventaire, pourquoi ne stipule-t-il pas dans le contrat de vente qu'il gardera la possession de la chose vendue, tant que son privilége n'aura pas été conservé, soit par une inscription directe, effectuée à sa requête, soit par la transcription de l'acte de vente ? Pourquoi même ne conviendrait-il pas qu'il restera en possession de l'immeuble jusqu'au paiement intégral du prix, dans le cas où il serait trop tard pour inscrire ou pour requérir la transcription du contrat ?

Le troisième événement qui arrête l'inscription du privilége du vendeur, quant au droit de préférence, est la sortie de l'immeuble du patri-

(1) Mourlon, *Transcription*, n° 662.

moine de l'acheteur. Cette question devrait donc trouver sa place après ce que nous avons dit relativement à la faillite de l'acheteur ou l'acceptation de sa succession sous bénéfice d'inventaire. Mais le droit de préférence et le droit de suite sont liés l'un à l'autre d'une façon si intime, que nous renvoyons cette étude à la section suivante, où nous traiterons de la conservation du privilége du vendeur quant au droit de suite.

Nous allons supposer immédiatement que le vendeur s'est mis en règle, et qu'au moment où les droits réels qui grevaient l'immeuble sont transportés de la chose sur le prix, le privilége a été sauvegardé soit par l'inscription, soit par la transcription du contrat qui lui a donné naissance. Quel sera le rang du privilége du vendeur dans la collocation qui va être faite entre les différents créanciers inscrits sur l'immeuble (1) ?

Le conflit peut s'élever soit entre le vendeur et des créanciers hypothécaires, soit avec des créanciers privilégiés. Les créanciers privilégiés eux-mêmes sont ou des créanciers à priviléges généraux, ou des créanciers à priviléges spéciaux ; dans ce dernier cas, la lutte s'établit soit entre plusieurs vendeurs successifs du même immeuble, soit entre le vendeur et des créanciers subrogés, soit entre le vendeur et des copartageants, soit, enfin, entre le vendeur et des entrepreneurs et ouvriers, ou des créanciers subrogés.

Le privilége du vendeur l'emporte certainement sur les créanciers hypothécaires ; cela résulte de la définition de l'art. 2095, aux termes duquel le privilége est un droit que la qualité de la créance donne à un créancier d'être préféré aux autres créanciers, même hypothécaires. Mais il n'en est ainsi qu'à l'égard des créanciers hypothécaires de l'acheteur. Toutes les fois, au contraire, que l'hypothèque doit produire son effet contre la personne même au profit de laquelle le privilége est établi, et qui par son fait lui a donné naissance, le privilége est primé par l'hypothèque. Supposons que Primus, après avoir constitué une hypothèque sur l'immeuble A, l'ait vendu à Secundus, moyennant un prix dont Secundus est resté débiteur. L'immeuble a été saisi et adjugé sur Secundus ; Primus fera-t-il prévaloir son privilége contre le créancier hypothécaire ? Cette solution serait inique et contraire aux principes. C'est du chef du vendeur que l'hypothèque a été établie. La vente survenue postérieurement est *res inter alios acta* pour le créancier hypothécaire ; elle ne lui est pas opposable : il sera donc payé avant le vendeur. Au surplus, celui-ci ne peut pas se soustraire à son engagement en se plaçant dans une position telle qu'il ait droit à un privilége, lequel

(1) Nous ne nous occupons pas évidemment des créanciers chirographaires, qui tous viendront au marc le franc, après le désintéressement des créanciers privilégiés et hypothécaires.

éteindra l'hypothèque. Rien ne serait alors plus commode que d'établir face à face, et parallèlement au droit hypothécaire, un droit privilégié qui irait jusqu'à le paralyser, et même jusqu'à l'anéantir. Le créancier hypothécaire triomphera toujours en opposant au vendeur ce principe de droit : *Quem de evictione tenet actio, eumdem agentem repellit exceptio.*

Entre le vendeur et les créanciers ayant un privilége général d'après l'art. 2101 C. civ., le conflit est réglé par l'art. 2105 C. civ. : « Lorsque, à défaut de mobilier, les priviléges énoncés en l'article précédent (priviléges généraux) se présentent pour être payés sur le prix d'un immeuble, en concurrence avec les créanciers privilégiés sur l'immeuble, les paiements se font dans l'ordre qui suit : 1° les frais de justice et autres énoncés en l'art. 2101 ; 2° les créances désignées en l'art. 2103. » Les créanciers de l'art. 2101 passent donc avant le vendeur ; mais il faut évidemment, pour que la question se pose, que les autres immeubles restés en la possession de l'acheteur, et qui sont libres, ou même grevés d'hypothèques, soient insuffisants pour désintéresser les créanciers privilégiés de l'art. 2101 ; sinon, ils devraient s'attaquer d'abord aux immeubles libres de toute affectation hypothécaire ou privilégiée, puis aux immeubles grevés d'hypothèques. Ils ne devraient s'adresser aux immeubles affectés de priviléges qu'en dernier état de cause.

L'art. 2103-1°, dernier alinéa, règle le conflit qui s'élève entre plusieurs vendeurs d'une même *chose :* « S'il y a plusieurs ventes successives dont le prix soit dû en tout ou en partie, le premier vendeur est préféré au second, le deuxième au troisième, et ainsi de suite. » Si donc le prix de la dernière revente, volontaire ou judiciaire, est suffisant pour désintéresser tous les vendeurs, le paiement du prix versé directement entre les mains du vendeur primitif aura libéré tous les vendeurs intermédiaires. Soient, par exemple, quatre vendeurs successifs : Primus, Secundus, Tertius et Quartus ; chacune de ces quatre ventes a été faite moyennant le même prix, 1,000 francs : tous les vendeurs seront payés. Si Primus avait vendu moyennant 1,000 francs, Secundus moyennant 1,050, Tertius 1,080, et Quartus 1,100 francs, tous seront encore désintéressés si le prix de la revente poursuivie sur le dernier acheteur a produit une somme égale ou supérieure à 1,100 francs. Primus aura 1,000 fr. ; Secundus, 50 francs ; Tertius, 40 francs, et Quartus, le surplus. Mais le premier vendeur seul serait payé si la revente n'avait produit que 1,000 francs : les vendeurs subséquents n'obtiendraient rien par leur action privilégiée ; ils n'auraient qu'un recours chirographaire contre leurs acheteurs respectifs.

Rien de plus simple, lorsqu'au moment de la collocation, chaque vendeur intermédiaire est encore débiteur du vendeur précédent et en même temps créancier du vendeur subséquent ; le paiement fait au vendeur primitif libère tous les autres. Mais il n'est pas impossible qu'avant l'ouverture de l'ordre, l'un des vendeurs intermédiaires ait été payé par son acheteur. Dans l'espèce précédente, où les quatre ventes ont été faites moyennant 1,000 francs, Tertius, par exemple, a désintéressé son vendeur Secundus. Le paiement fait par celui-ci sera-t-il opposable aux vendeurs postérieurs, et pourra-t-il leur nuire; ou, au contraire, sera-t-il considéré comme non avenu, lorsque la chose vendue aura été saisie et adjugée sur le dernier acheteur ?

Si l'on admet que le paiement fait par Tertius à Secundus soit opposable aux vendeurs postérieurs, voici comment les choses se passeront: Le prix d'adjudication ayant été payé à Primus, vendeur primitif, celui-ci se trouve hors de cause; de même Secundus, qui a touché les 1,000 francs qui lui étaient dus par Tertius. Restent comme vendeurs non payés, Tertius et Quartus : Tertius, étant créancier de Quartus, s'adressera à celui-ci et obtiendra paiement. Mais contre qui Quartus aura-t-il son recours? Contre Quintus, son acheteur? Non ; car il s'est libéré entre les mains de Primus, le premier vendeur : en payant celui-ci, il a par là même amené la libération de Secundus vis-à-vis de Primus ; de Tertius, vis-à-vis de Secundus ; de Quartus, vis-à-vis de Tertius ; il s'est lui-même libéré vis-à-vis de Quartus. Mais Secundus, quoique le fait du paiement effectué par Quintus ait éteint sa créance à l'égard de Tertius, a néanmoins touché 1,000 francs de Tertius : il les a donc touchés sans cause ; et comme Quartus demeure créancier de pareille somme, c'est contre Secundus qu'il aura son recours. Si Secundus est insolvable, Quartus perdra son prix ; mais tant pis pour lui, car le paiement fait par Tertius à Secundus est opposable aux vendeurs postérieurs.

Ainsi, dans ce système, l'insolvabilité du vendeur intermédiaire qui a reçu paiement est supportée par le dernier vendeur. Dans un second système, au contraire, ce paiement ne leur est pas opposable. Le paiement fait sur adjudication par Quintus a libéré Quartus, Tertius et Secundus; Quartus ne doit donc rien à Tertius, Tertius rien à Secundus, Secundus rien à Primus ; mais Tertius a déjà payé 1,000 francs à Secundus : c'est donc de Secundus qu'il sera créancier pour ces 1,000 francs ; et si Secundus est insolvable, il gardera le risque de cette insolvabilité. Ainsi, l'insolvabilité du vendeur intermédiaire qui a reçu le paiement est supportée, non pas par le dernier acheteur, sur qui l'immeuble a été saisi et adjugé, mais par le vendeur intermédiaire qui a fait le paiement.

Entre ces deux systèmes, je n'hésite pas à choisir le dernier. En effet, tant que les formalités de la purge n'ont pas été accomplies, le privilége du vendeur primitif a grevé l'immeuble vendu ; le paiement fait par Quintus a été nécessaire. Tertius a donc été en faute de payer Secundus, puisque la chose qu'il avait acquise était grevée du privilége de Primus;

s'il a commis une faute, c'est lui qui doit en subir les conséquences, et non les vendeurs postérieurs. Au surplus, la situation doit être absolument la même que si Tertius eût gardé l'immeuble, et ne l'eût pas revendu à Quartus. Dans cet état, il eût été obligé, pour conserver l'immeuble, de payer Primus, le premier vendeur, sauf ensuite à recourir contre Secundus. Or la revente qu'il a faite ne peut avoir pour effet d'améliorer sa condition, au détriment de son acheteur. Le paiement qu'il a fait doit être considéré, au regard des vendeurs postérieurs, comme s'il n'existait pas.

Comment régler le conflit qui s'élève entre le vendeur et des créanciers subrogés? Primus, je le suppose, a vendu un immeuble à Secundus, moyennant 20,000 francs; Secundus a emprunté 10,000 francs à Tertius, pour payer une portion du prix, et Tertius a stipulé le bénéfice de la subrogation au privilége du vendeur pour ces 10,000 francs. L'immeuble saisi sur Secundus est adjugé pour 18,000 francs; par qui la perte sera-t-elle supportée? Par moitié entre le vendeur et le créancier subrogé par le vendeur, ou par le subrogé? Si les 10,000 francs touchés par le vendeur étaient le prix d'une cession partielle de sa créance qu'il aurait faite à Tertius, la solution ne serait pas douteuse; les 18,000 francs se partageraient par moitié: le vendeur et le créancier subrogé toucheraient chacun 9,000 francs au lieu de 10,000. Ce serait une perte de 1,000 francs pour chacun d'eux. Mais l'opération intervenue est un paiement avec subrogation. Or, aux termes de l'art. 1252 C. civ., la subrogation « ne peut nuire au créancier lorsqu'il n'a été payé qu'en partie; en ce cas, il peut exercer ses droits, pour ce qui lui reste dû, par préférence à celui dont il n'a reçu qu'un paiement partiel ». Entre le subrogé et le créancier, le paiement avec subrogation n'est qu'un paiement ordinaire et purement extinctif de la dette. La dette de 20,000 francs n'a été éteinte que jusqu'à concurrence de 10,000 francs; elle subsiste donc pour le surplus, protégée par le privilége du vendeur. L'indivisibilité garantit la créance, quelque minime qu'elle soit, et quelle que soit la réduction qu'elle ait pu subir. Le vendeur, sur les 18,000 francs, en prendra 10,000; 9,000 francs seulement reviendront au subrogé: il perdra 1,000 francs. C'est là une conséquence nécessaire du principe d'après lequel *nemo contra se subrogare videtur*. Que si l'emprunt avait été fait à plusieurs bailleurs de fonds, le vendeur passerait toujours le premier; quant aux subrogés entre eux, il faudrait consulter l'ordre des dates. Les subrogations ont-elles eu lieu à la même date, les subrogés concourront entre eux; sont-elles de dates différentes, la préférence se règle par l'ordre des dates, en remontant de la subrogation la plus récente aux plus anciennes.

Le privilége du vendeur peut se trouver en lutte avec le privilége du copartageant. Supposons que l'acheteur vienne à mourir laissant trois héritiers : Primus, Secundus, Tertius. L'immeuble vendu est attribué au lot de Primus, sur licitation; ou bien Primus est débiteur d'une soulte; ou enfin il est tenu d'une action en dommages et intérêts vis-à-vis d'un de ses cohéritiers qui a subi une éviction. Le privilége des cohéritiers de Primus primera-t-il le privilége du vendeur? Non ; l'immeuble vendu est entré dans le patrimoine de l'acheteur, grevé du privilége ; la cause de ce privilége est d'ailleurs préférable à celle du privilége des copartageants : c'est par le fait du vendeur que l'immeuble a grossi l'actif du défunt. Sans la vente, il n'aurait pas été compris dans la masse partageable ; il est donc juste que le cohéritier, créancier à raison du partage, ne soit payé que sur les fonds qui resteront libres après que le vendeur aura été désintéressé.

Enfin, une dernière catégorie de personnes peut avoir un privilége sur l'immeuble ; ce sont les architectes, entrepreneurs et autres ouvriers qui, par leurs travaux, lui ont occasionné une plus-value. Lequel de ces deux priviléges primera l'autre ? Il ne faut pas oublier la solution que nous avons donnée relativement à la question de savoir si le privilége du vendeur s'étend aux améliorations survenues à l'immeuble vendu par le fait d'un tiers ; la cause même du privilége nous a conduit à décider que le privilége du vendeur ne s'attachait à la chose même, que dans l'état dans lequel elle se trouvait au jour de la vente. Il n'y a donc pas de conflit possible entre le privilége du vendeur et celui des entrepreneurs ; ils ont l'un et l'autre un champ d'application distinct : le premier porte sur l'immeuble, déduction faite de la plus-value ; le second, sur la plus-value seulement. Dans le système de ceux qui pensent que l'art. 2133 du Code civil est applicable au privilége du vendeur, la lutte s'établit alors, mais elle se termine par le triomphe des entrepreneurs, architectes et autres ouvriers. C'est grâce aux travaux que l'immeuble a été conservé ou amélioré; rien n'est plus juste que l'augmentation de valeur dont il s'est accru serve de gage exclusif aux auteurs de la plus-value. Permettre au vendeur de concourir avec eux sur la somme qui en provient, ce serait lui reconnaître le droit de s'enrichir aux dépens d'autrui ; à plus forte raison en serait-il de même s'il passait avant eux. Le privilége des entrepreneurs, architectes et autres ouvriers prime donc le privilége du vendeur.

§ II.

De la conservation du privilége au point de vue du droit de suite.

Le droit de préférence qui n'aurait pas pour corollaire le droit de suite, serait une garantie à peu près illusoire pour le vendeur. Un privilége qui ne serait opposable qu'aux créanciers hypothécaires sans l'être aux tiers acquéreurs, procurerait un avantage presque nul ; car le dernier acheteur pourrait payer son prix avant même que le créancier privilégié n'ait été averti de l'aliénation. De même, l'acquéreur primitif pourrait disposer de sa créance à une époque où son vendeur, ignorant la sortie de son gage du patrimoine de son débiteur, n'aurait pris aucune précaution pour assurer la sauvegarde de ses intérêts. Dans ces différentes hypothèses, le droit de préférence du vendeur demeurerait privé de sanction ; sa créance deviendrait purement chirographaire. Aussi, toutes les fois que la chose grevée du privilége repose sur une assiette assez fixe pour qu'il soit possible de la suivre entre les mains des divers tiers détenteurs, qui se la transmettent, la loi conserve son privilége au créancier. Le droit de préférence est alors sanctionné par le droit de suite ; il est loisible au créancier de faire vendre la chose en quelque main qu'elle se trouve : *etiam per centum manus ambulavisset*, pour exercer son droit de préférence sur le prix qui en provient. Lors, au contraire, que la chose affectée par privilége au paiement d'une obligation est tellement mobile qu'elle peut, en quelques instants, changer plusieurs fois de place ; lors, enfin, qu'il n'est pas toujours facile de suivre sa trace dans les divers patrimoines qu'elle a traversés, le législateur est bien obligé de s'arrêter devant une impossibilité. Plus de rempart pour le droit de préférence ; le créancier reste exposé presque sans défense aux aliénations par lesquelles le débiteur transfère aux tiers la propriété de la chose grevée du privilége. L'absence du droit de suite, dans cette espèce, est regrettable sans doute, mais elle est inévitable ; c'est la nature même des choses qui la consacre.

Les considérations qui précèdent expliquent suffisamment pourquoi le privilége du vendeur d'effets mobiliers non payés ne procure qu'un droit de préférence sans droit de suite. Les meubles n'ont point de suite par hypothèque (art. 2119 C. civ.). Les immeubles, au contraire, ne changent pas de situation, quelque nombreuses que soient les aliénations auxquelles ils donnent lieu : on les retrouve toujours ; aussi le privilége du vendeur d'immeubles donne-t-il une garantie plus efficace que le privilége du vendeur d'effets mobiliers. Cette garantie, c'est le droit de suite, grâce auquel le vendeur peut s'attaquer à l'immeuble vendu entre les mains de tout tiers détenteur. Par son droit de surenchère qui est la mise en œuvre du droit de suite, il lui est loisible, au cas où l'estimation donnée à l'immeuble par le tiers ne lui paraît pas être la véritable représentation de la valeur de la chose, de provoquer une adjudication qui fera monter l'immeuble à son plus haut prix. Le vendeur d'immeubles est donc certain que son gage ne lui échappera pas ; il est assuré, en outre, d'en retirer la plus haute valeur à laquelle il puisse atteindre. Enfin, le droit de suite lui permettant d'arriver à la réalisation de son gage, il fera valoir alors son droit de préférence. Celui-ci est le but que s'est proposé le législateur en conférant un privilége au vendeur d'immeubles : le droit de suite est le moyen pour le vendeur d'arriver à ce but.

Le cadre relativement restreint d'une thèse de doctorat ne nous permet pas de traiter d'une manière complète l'étude du droit de suite. Nous ne parlerons donc pas du mode par lequel le vendeur peut mettre ce droit en mouvement; du moyen qui est offert aux tiers détenteurs pour débarrasser l'immeuble du privilége qui le grève; des rapports que la détention de l'immeuble a pu créer entre le vendeur et les tiers acquéreurs : notre tâche est plus modeste. Nous exposerons, purement et simplement, les cas dans lesquels le droit de suite est opposable par le vendeur. Déterminer les conditions de recevabilité du droit de suite : telle est la mission qui nous reste à remplir.

Nous avons démontré, il n'y a qu'un instant, la connexité étroite qui unit le droit de suite au droit de préférence. Cette relation est tellement intime, que la déchéance du droit de préférence entraîne, par voie de conséquence, la déchéance du droit de suite. Supprimez le droit principal, vous supprimez par là même le droit accessoire : *sublato principali, tollitur et accessorium.* En effet, le vendeur armé d'un privilége a, en réalité, deux débiteurs : l'acheteur, qu'il peut poursuivre par l'action personnelle ; l'immeuble, qu'il poursuit par l'action réelle privilégiée. Deux débiteurs répondent donc de l'exécution de l'obligation : *res et persona.* Mais la chose ne peut continuer à demeurer obligée, qu'autant que le vendeur a observé certaines formalités, requises à peine d'extinction de son privilége : ces formalités sont l'inscription ou la transcription du contrat de vente. Si l'une ou l'autre a été accomplie en temps opportun, le vendeur a toujours l'immeuble pour débiteur ; mais qu'il néglige de se conformer aux prescriptions de la loi, l'immeuble est libéré. Désormais, la personne de l'acheteur répond seule du paiement du prix. Non-seulement le vendeur n'a plus la faculté de faire vendre l'immeuble, puisque cet immeuble n'est plus débiteur, mais encore il n'a plus le droit, au cas d'une vente effectuée sans sa participation, de venir, sur le prix, exercer son privilége. C'est plutôt sur le prix de l'immeuble que sur l'immeuble lui-même que sa créance s'exerce; or, l'immeuble est dégagé de toute responsabilité quant au paiement de l'obligation : sa valeur est entrée libre de toute affectation privilégiée entre les mains de l'acquéreur. Le vendeur, déchu de son droit de préférence, a perdu en même temps son droit de suite; il n'est plus qu'un créancier chirographaire.

Si la perte du principal entraîne la perte de l'accessoire, la réciproque n'est pas toujours vraie; le principal peut exister indépendamment de l'accessoire. On comprend donc, *a priori,* que le vendeur privé du droit de suite puisse encore se prévaloir de son droit de préférence. La loi ne nous montre-elle pas le privilége du vendeur d'effets mobiliers opposable aux créanciers de l'acheteur, bien que ce privilége ne puisse être exercé au préjudice des tiers acquéreurs. Certains auteurs, ainsi que nous le verrons bientôt, ont même prétendu que, sous l'empire du Code civil, le même résultat se produisait ; d'après eux, le vendeur jouissait encore, dans certains cas, du droit de préférence, bien que le privilége fût éteint quant au droit de suite. Nous croyons, au contraire, que, de même que l'extinction du droit de préférence entraîne la perte du droit de suite, de même la déchéance du droit de suite a pour conséquence nécessaire l'anéantissement du droit de préférence. L'effet conservatoire du droit de suite est, en effet, attaché à la même formalité que l'effet conservatoire du privilége. Cette formalité est soit la transcription du contrat d'acquisition, soit l'inscription même du privilége. L'art. 2166 C. civ., relatif à l'effet des priviléges et hypothèques contre les tiers détenteurs, n'indique, il est vrai, qu'un seul moyen de porter le privilége à la connaissance des tiers détenteurs : l'inscription. Mais qui ne voit que le même résultat doit être produit par la transcription, puisque la transcription donne une publicité plus complète ; puisqu'elle avertit les tiers qui veulent acquérir l'immeuble, non-seulement que cet immeuble est grevé d'un privilége, mais encore qu'il est devenu la propriété de l'acheteur ? Si donc la transcription ou l'inscription a été effectuée, le droit de préférence et le droit de suite sont conservés en même temps ; mais si l'inscription qui a été prise n'a pas été utile pour conserver le droit de suite, comment peut-elle avoir pour effet de conserver le droit de préférence ? C'est ce que la raison se refuse à comprendre, du moment que la formalité qui conserve un de ces droits est la même que celle qui conserve l'autre.

A défaut de transcription du contrat de vente, le droit de suite n'est opposable aux tiers acquéreurs de l'immeuble, qu'autant que le privilége leur a été révélé par l'inscription. C'est absolument la même théorie que pour le droit de préférence. Mais jusqu'à quel moment l'inscription directe, effectuée à la requête du vendeur, est-elle recevable ? La loi du 23 mars 1855, art. 6, fournit la réponse à cette question. Toutefois, avant d'aborder l'étude de cet article, il est bon de jeter un regard en arrière, et de passer en revue les systèmes de législation qui, depuis le droit intermédiaire, ont précédé le système introduit par la loi nouvelle.

Le moment à partir duquel l'inscription n'est plus permise, quant au droit de suite, a varié quatre fois. Nous devons donc considérer ce moment à quatre époques différentes : sous l'empire de la loi du 11 brumaire an VII ; sous l'empire du Code civil, art. 2166 ; sous l'empire des art. 834 et 835 du Code de procédure ; enfin, sous l'empire de l'art. 6 de la loi du 23 mars 1855.

PREMIÈRE PÉRIODE. *Loi du 11 brumaire an VII.* — Tant que l'immeuble vendu est aux mains de l'acheteur, le vendeur peut inscrire son privilége; nous rejetons, relativement au droit de suite, l'interprétation que nous avons également repoussée en ce qui concerne le droit de préférence; nous croyons avoir suffisamment démontré que le privilége ne naît pas conservé par la transcription, mais qu'il prend naissance au moment où le vendeur est dessaisi vis-à-vis de l'acheteur et de ses ayant cause, c'est-à-dire au moment même de la formation du contrat.

Il n'est même pas encore trop tard pour s'inscrire après que l'immeuble a été aliéné par l'acheteur. Le sous-acquéreur propriétaire vis-à-vis de l'acquéreur primitif ne l'est pas *erga omnes.* A l'égard de ceux qui ont des droits sur l'immeuble du chef du premier acheteur qui se porte vendeur à son tour, c'est l'acheteur primitif qui est encore propriétaire. Il n'est dessaisi définitivement que par la transcription. La transcription seule purge l'immeuble des priviléges et hypothèques non encore inscrits. Le vendeur peut donc inscrire son privilége après l'aliénation, mais avant la transcription. L'inscription prise dans cet intervalle conserve en même temps le droit de préférence et le droit de suite. Après la transcription, il est trop tard; le sous-acquéreur a reçu l'immeuble franc et libre de toutes les charges non révélées au public. Le vendeur est déchu de son privilége, et quant au droit de préférence, et quant au droit de suite.

DEUXIÈME PÉRIODE. *Code civil.* — A partir de 1804, la législation change. Le principe nouveau de la nécessité de la transcription pour transférer la propriété à l'égard des tiers est abrogé, au moins d'après la jurisprudence. Dès que le vendeur et l'acheteur ont convenu de la chose et du prix, la propriété est déplacée *erga omnes:* la mutation de propriété avec les charges qu'elle entraîne est réputée connue de tout le monde; d'où certains jurisconsultes en concluent que l'art. 2108 C. civ. est abrogé, et que le privilége du vendeur est absolument dispensé d'inscription au point de vue du droit de préférence. Nous avons combattu, dans la section précédente, la conclusion de ce système; mais, comme une erreur en entraîne toujours une autre, ces auteurs vont même jusqu'à prétendre que l'inscription, inutile quant au droit de préférence, n'est pas plus utile quant au droit de suite. Le vendeur peut invoquer son privilége contre les tiers détenteurs, indépendamment de toute inscription. Il est vrai que parmi les partisans de la doctrine qui supprime l'art. 2108, sous l'empire du Code civil, quelques-uns maintiennent la nécessité de l'inscription pour que le privilége soit opposable aux tiers acquéreurs. Mais d'autres, et parmi eux M. Valette, tiennent que le vendeur, quoique non inscrit, et bien que son contrat de vente n'ait pas été transcrit, conserve son privilége intact contre le second

13

acheteur, ou tout autre tiers acquéreur. Pour nous, qui croyons fermement que la disparition de la transcription et de la loi de Brumaire an VII n'a pas entraîné l'abrogation du principe d'après lequel un privilége, sur un immeuble, ne peut être opposable à ceux qui ont intérêt à sa non-existence, qu'autant qu'il a été rendu public, la question, résolue affirmativement par les uns, négativement par les autres, ne fait pas l'ombre d'un doute. Sous l'empire du Code civil, non-seulement le privilége du vendeur, qui n'est pas inscrit, est destitué de tout effet par rapport aux créanciers de l'acheteur, mais il est comme inexistant à l'égard de ceux qui ont acquis l'immeuble du débiteur. L'art. 2166 est formel : « Les créanciers ayant privilége ou hypothèque inscrite sur un immeuble, le suivent en quelques mains qu'il passe, pour être colloqués et payés suivant l'ordre de leurs créances ou inscriptions. » Et qu'on ne vienne pas dire que le mot « inscrite » de l'art. 2166 ne se rapporte qu'au mot « hypothèque » et nullement au mot « privilége »; il serait facile de démontrer, avec les règles de la grammaire, que le mot « inscrite » qualifie également privilége et hypothèque. L'adjectif commun, qualifiant deux substantifs, reçoit toujours l'accord du second substantif, lorsque le mot qui les sépare est la disjonctive *ou*. L'art. 2166 revient donc à dire que les créanciers ayant un privilége inscrit, ou une hypothèque inscrite sur un immeuble, le suivent en quelques mains qu'il passe.

Mais quel est le moment précis après lequel l'inscription du privilége est tardive? En d'autres termes, jusqu'à quelle époque le vendeur a-t-il qualité pour requérir l'inscription de son privilége?

Il faut, à cet égard, distinguer, selon que l'immeuble est sorti des mains de l'acheteur, par suite d'une aliénation à titre gratuit, ou par suite d'une aliénation à titre onéreux.

L'acheteur s'est-il dépouillé à titre gratuit? A-t-il compris l'immeuble vendu dans une donation qu'il faisait à autrui? Cette aliénation n'a pas purgé l'immeuble du privilége du vendeur non encore inscrit. En effet, la donation, dûment acceptée, ne transfère la propriété des immeubles donnés que du donateur au donataire (art. 938 C. civ.); mais le donateur est demeuré propriétaire à l'égard de ceux qui ont acquis de son chef des priviléges et hypothèques sur l'immeuble donné. A leur regard, il n'est dessaisi que par la transcription de l'acte de donation (art. 939 C. civ.). Donc le vendeur peut inscrire son privilége après l'aliénation, et, pourvu qu'elle soit requise avant la transcription, cette inscription produira tout son effet, tant contre les créanciers de l'acheteur que contre les tiers détenteurs.

C'est, on le voit, appliquée aux aliénations à titre gratuit, la théorie généralisée par la loi de Brumaire an VII, et étendue aussi bien aux aliénations à titre onéreux qu'aux aliénations à titre gratuit. Mais nous savons que cette théorie n'a pas prévalu relativement aux aliénations à titre onéreux. Dès lors, si l'acheteur a revendu l'immeuble, s'il l'a échangé, s'il l'a donné en paiement, l'inscription prise après la vente, l'échange, la *datio in solutum* est tardive et ne produit aucun effet. Non-seulement l'aliénation à titre onéreux, une fois qu'elle est consommée, enlève au précédent propriétaire le droit de vendre l'immeuble à nouveau, ou de le grever de charges nouvelles, mais encore elle opère la purge des priviléges et hypothèques non inscrits. Le vendeur, qui veut conserver son droit de suite, doit donc se hâter de l'inscrire avant l'aliénation, sous peine de perdre en même temps son droit de préférence.

TROISIÈME PÉRIODE. *Des innovations introduites par l'art. 834 du Code de procédure.* — Les motifs qui ont amené la rédaction de cet article sont connus. La Régie, désireuse de combler le vide qui se faisait dans les caisses de l'Etat, et qui résultait comme une conséquence forcée de l'abrogation de la loi du 11 Brumaire an VII, soutint, peu après la promulgation du Code civil, que la transcription était encore nécessaire pour arrêter le cours des inscriptions. Le conseil d'Etat, consulté, émit un avis contraire; mais les revenus de l'Etat n'en diminuaient pas moins. La question fut portée une seconde fois devant le conseil d'État, qui, partagé entre le désir de complaire au gouvernement et le désir de ne pas se déjuger, proposa de glisser dans le Code de procédure, alors en discussion, une disposition propre à satisfaire les exigences du fisc. Les rédacteurs du Code de procédure, résolus à l'avance à ne pas contrarier les desseins du pouvoir, acceptèrent les yeux fermés, et sans critique, tout ce qu'on leur proposa. Tels sont les événements auxquels nous devons les art. 834 et 835 C. pr. Mais, dit Mourlon, « si l'historique » de leur rédaction explique leurs imperfections, il ne les justifie pas. » L'incurie du législateur n'est jamais pardonnable, et ici elle a été » telle, qu'on peut hardiment affirmer que ceux-là mêmes qui ont par- » ticipé à la rédaction de la loi n'ont pas toujours compris le sens et la » portée de leurs formules » (1). Nous n'avons à nous occuper de ces articles qu'en ce qui concerne le privilége du vendeur. Et d'abord, voyons comment ils sont conçus :

« Les créanciers qui, ayant une hypothèque, aux termes des arti. » cles 2123, 2127 et 2128 du Code civil, n'auront pas fait inscrire leurs » titres antérieurement aux aliénations qui seront faites, à l'avenir, des » immeubles hypothéqués, ne seront reçus à requérir la mise aux » enchères, conformément aux dispositions du chapitre VIII, titre XVIII » du livre III du Code civil (art. 2181 à 2192), qu'en justifiant de l'ins-

(1) Mourlon, *Exam. crit.*, n° 281, p. 826.

» cription qu'ils auront prise depuis l'acte translatif de propriété, et au
» plus tard dans la quinzaine de la transcription de l'acte. — Il en sera
» de même des créanciers ayant privilége sur des immeubles, sans pré-
» judice des autres droits résultant, au vendeur et aux héritiers, des
» art. 2108 et 2109 du Code civil. » (Art. 834.)

« Dans le cas de l'article précédent, le nouveau propriétaire n'est pas
» tenu de faire aux créanciers, dont l'inscription n'est pas antérieure à
» la transcription de l'acte, les significations prescrites par les art. 2183
» et 2184 du Code civil ; et, dans tous les cas, faute par les créanciers
» d'avoir requis la mise aux enchères dans le délai et les formes pres-
» crits, le nouveau propriétaire n'est tenu que du paiement du prix,
» conformément à l'art. 2186 du Code civil. » (Art. 835.)

Ainsi, sous l'empire du Code de procédure, le cours des inscriptions
n'est pas arrêté par l'aliénation, ni même par la transcription de l'acte
translatif de propriété. La transcription n'est qu'une invite faite aux
créanciers privilégiés et hypothécaires d'avoir à produire leurs titres
dans un certain délai. Ce délai n'expire que quinze jours après la transcription. Jusque-là, les créanciers ayant un privilége ou une hypothèque
peuvent requérir inscription sur l'immeuble vendu. Le registre des
inscriptions n'est clos que par l'expiration de ce délai.

Les art. 834 et 835 du Code de procédure ont régi le droit de suite
résultant des priviléges et hypothèques, jusqu'à la loi du 23 mars 1855,
exécutoire à partir du 1er janvier 1856. Il est donc important d'étudier
l'innovation que l'art. 834 introduit dans sa partie finale, relativement
au privilége du vendeur. Il est peut-être difficile de déterminer au juste
quelle a été l'intention des rédacteurs du Code de procédure. Néanmoins, nous allons passer en revue les différentes explications qui en
ont été données, sauf à nous arrêter plus longtemps sur celle qui nous
paraît le plus conforme à son texte et à son esprit.

D'après Troplong, l'art. 834, in fine, en renvoyant à l'art. 2108 du Code
civil, entend exprimer cette idée, que de même que deux moyens s'offrent au vendeur pour conserver son privilége contre les créanciers de
l'acheteur, la transcription du contrat et l'inscription, de même le vendeur peut opposer son droit de suite aux tiers détenteurs, soit par la
transcription, soit par une inscription à défaut de transcription, pourvu
que l'une ou l'autre se placent avant l'expiration du délai de quinzaine
à partir de la transcription de la revente. Il est certain que si l'art. 834,
in fine, ne place pas le vendeur et le copartageant, ainsi que nous l'éta-
blirons bientôt, dans une situation plus favorable que les autres créanciers hypothécaires et privilégiés, l'explication fournie par Troplong est
irréprochable. Le vendeur, à défaut de transcription de son contrat, peut,
même après la revente et la transcription de la revente, conserver son
droit de suite, soit par la transcription de son propre contrat, soit par

une inscription directe, à la condition d'effectuer l'une ou l'autre avant les quinze jours qui suivent la transcription de la revente.

D'autres auteurs entendent la réserve exprimée par l'art. 834, *in fine*, en ce sens que l'art. 834 n'est relatif qu'au droit de suite et n'a nullement l'intention d'abroger les règles établies par l'art. 2108 C. civ. en ce qui concerne le droit de préférence. Il résulterait de cette explication que, dans le système de ceux qui pensent que le privilége n'a pas besoin d'être inscrit pour être opposable aux créanciers de l'acheteur, le vendeur qui a perdu son droit de suite, faute d'une inscription prise dans les délais fixés par l'art. 834 C. proc., n'est point, pour cela, déchu de son droit de préférence, et qu'ainsi il peut se faire payer par préférence aux autres créanciers de l'acheteur, conformément à l'art. 2108 C. civ. Pour nous, qui sommes d'avis que le droit de préférence n'est conservé, de même que le droit de suite, qu'autant qu'il a été porté à la connaissance des tiers, et que le droit de suite ne peut jamais survivre au droit de préférence, nous rejetons également cette interprétation. L'art. 834 n'a pu viser le droit de suite, sans que les dispositions qu'il édictait ne fussent en même temps applicables au droit de préférence. Quelle est donc la véritable portée de l'art. 834 C. proc.?

A notre avis, l'art. 834 a voulu dire purement et simplement que, quoi qu'il arrive, le vendeur sera toujours à l'abri; et que non-seulement les créanciers de l'acheteur devront subir son privilége, mais encore qu'il sera toujours opposable aux tiers détenteurs. En effet, de deux choses l'une : ou la vente qui a donné naissance au privilége a été transcrite, ou elle ne l'a pas été. Dans le premier cas, le privilége se trouve inscrit par le fait de la transcription; dans le second, le vendeur n'a rien à craindre, puisque c'est par la transcription qu'il est mis en demeure de se montrer, et qu'elle n'a pas encore été faite.

Ceci n'est pas douteux dans l'hypothèse d'une vente unique, qui n'a été suivie d'aucune aliénation de la part de l'acheteur. Mais en est-il de même, lorsque l'acheteur primitif vient à revendre lui même l'immeuble qu'il avait acquis avant toute transcription de son propre contrat? La question revient à se demander si le sous-acquéreur, qui n'a requis la transcription que du contrat qui lui a transféré la propriété, a pu mettre en demeure d'inscrire son privilége le vendeur primitif; ou si, au contraire, cette mise en demeure ne résulte que de la transcription du premier contrat de vente, cas auquel le privilége du vendeur serait par là même conservé, aux termes de l'art. 2108.

Cette question, très-controversée dans la période intermédiaire qui a séparé la promulgation des art. 834 et 835 C. de proc., de la loi du 23 mars 1855, avait été diversement résolue par les auteurs et la jurisprudence.

D'après un premier système, adopté par la Cour de cassation, la transcription de son contrat par le sous-acquéreur suffisait pleinement pour faire courir *erga omnes*, tant contre les vendeurs précédents que contre leurs créanciers hypothécaires, le délai de quinzaine accordé par l'article 834. Le vendeur était donc exposé à perdre son privilége, s'il n'avait pas requis inscription dans ce délai. La Cour de cassation argumentait des articles du Code civil relatifs à la purge : « Il résulte, disait-elle dans son arrêt du 14 janvier 1814, des termes mêmes des art. 2181, 2182 et 2183, que le tiers acquéreur qui veut purger, n'est tenu de faire transcrire que son propre contrat, et ne doit faire de notifications qu'aux créanciers inscrits. »

Un second système, trouvant que la transcription du contrat du sous-acquéreur ne constitue pas par elle-même une interpellation suffisante à l'adresse de ceux qui tiennent leurs droits des contrats précédents, décidait que le délai de quinzaine ne courait que contre les vendeurs dont le contrat transcrit contenait une nomenclature exacte. Au contraire, cette transcription restait sans effet à l'égard des vendeurs qui n'avaient pas été mis en éveil par la mention de leur propre contrat dans le contrat transcrit.

Enfin, dans un dernier système, la transcription de son contrat par le sous-acquéreur n'interpelle que les créanciers hypothécaires de son vendeur immédiat. Que s'il veut mettre en demeure tous les créanciers privilégiés ou hypothécaires auxquels l'immeuble par lui acquis se trouve affecté, il doit faire également transcrire tous les contrats des vendeurs qui ont précédé le sien.

De ces trois systèmes, nous rejetons immédiatement le second; il n'a, en effet, aucun point d'appui dans la loi, où il n'est nullement question de la mention dans le contrat transcrit des contrats antérieurs. Cette élimination faite, nous donnons la préférence au dernier. Le sous-acquéreur qui veut mettre en demeure de s'inscrire tous ceux qui ont des droits réels sur sa chose, doit faire transcrire tous les contrats des vendeurs précédents. Il résulte évidemment de l'art. 834 lui-même, que tant que la vente n'est pas transcrite, et même dans la quinzaine de la transcription, l'acheteur n'a qu'une propriété relative; le vendeur en est encore propriétaire, non pas vis-à-vis des créanciers qui pourraient, à l'avenir, lui demander une constitution d'hypothèque, mais, tout au moins, au regard de ceux auxquels il a conféré précédemment des droits réels d'hypothèque, ou qui ont acquis un privilége sur l'immeuble. Si l'acheteur revend à son tour, avant d'avoir fait transcrire son contrat, il ne peut transmettre à son propre acheteur que la propriété qu'il a lui-même, c'est-à-dire une propriété relative et incomplète, grevée des droits appartenant au vendeur primitif et à ses créanciers hypothécaires. Le second acheteur est absolument dans la même position que le premier; pour compléter la propriété en sa personne, il doit faire ce que devait faire l'acheteur primitif, c'est-à-dire transcrire le premier contrat : et ce n'est que quinze jours après cette transcription, que les droits réels antérieurs s'éteindront s'ils n'ont pas été inscrits. La même solution est commandée, si l'on suppose plusieurs ventes successives non transcrites. Chacune de ces transcriptions, en même temps qu'elle interpelle tous les créanciers hypothécaires ou privilégiés des précédents propriétaires, fait également apparaître les privilèges des vendeurs non payés et les conserve en même temps, puisque, aux termes de l'article 2108, la transcription produit, relativement au privilège du vendeur, le même effet que l'inscription pour les autres privilèges.

Ce n'est pas le seul argument qu'on peut invoquer à l'appui de cette thèse. Quel est le but de la transcription, dans l'intention des rédacteurs du Code de procédure, sinon de mettre en éveil les différents ayant droit, au moyen de la sommation qui leur est faite de sauvegarder leurs droits ? Sans doute la transcription du dernier contrat avertit bien les créanciers du dernier vendeur et fait sortir son effet à son privilège ; mais comment peut-elle être efficace à l'égard des créanciers des vendeurs précédents ? Ceux-ci voyant dans l'acte transcrit d'autres noms que ceux de leurs débiteurs, ne penseront pas que c'est la chose même affectée à leur sûreté qui vient d'être vendue; ils n'en seront avertis que par la transcription spéciale du contrat qui fait sortir l'immeuble du patrimoine de leur débiteur.

Quant à l'art. 2181 lui-même, dont argumente la Cour de cassation, il est loin de trancher le débat; bien plus, ses termes sont d'une généralité telle, qu'ils favorisent également notre solution. « Les contrats translatifs de propriété d'immeubles que les tiers acquéreurs voudront purger devront être transcrits. » Qu'est-ce à dire, sinon que la transcription doit être effectuée pour tous les contrats translatifs de la propriété de cet immeuble ? Au surplus, qu'on consulte son esprit, et l'on s'apercevra bien vite que cet article vient confirmer notre théorie. La transcription, comme formalité préliminaire de la purge, n'a pour effet que d'arrêter le cours des inscriptions antérieurement consenties, et d'enlever au précédent propriétaire le droit de grever l'immeuble de nouvelles charges. Cette formalité est donc le complément nécessaire d'un régime hypothécaire qui n'enlève pas au vendeur tous ses droits de propriétaire au moment même de la vente, mais qui les lui conserve vis-à-vis des tiers jusqu'à la transcription. Aussi l'art. 2181 avait-il sa raison d'être sous la loi de Brumaire. Or, d'après cette loi, et dans l'hypothèse de plusieurs ventes successives non transcrites, le dernier acheteur qui voulait purger devait nécessairement transcrire, non-seulement son propre contrat, mais encore les contrats de tous les acheteurs précédents : autrement, le vendeur originaire serait demeuré propriétaire à l'égard de ses ayant cause; partant, le dernier acheteur n'aurait pu avoir une propriété absolue. La transcription préliminaire de la purge est devenue inutile sous le Code civil, par suite de l'abrogation de la loi de Brumaire an VII. Mais le Code de procédure a fait revivre le principe de cette loi, dans l'intérêt des créanciers qui avaient acquis des droits réels antérieurement à la vente qui a fait passer dans le patrimoine des tiers acquéreurs l'immeuble affecté à la sûreté de leur créance. Dès lors, tant que cette vente reste intranscrite, le vendeur demeure encore nanti en ce qui les concerne; il n'est dessaisi que par l'expiration du délai de quinzaine à partir de la transcription du contrat passé entre leur auteur et son acheteur. Mais si cette transcription est faite, le privilége du vendeur originaire est dévoilé au public; partant, il procurera au vendeur et un droit de préférence et un droit de suite.

Par là se trouve justifiée la proposition que nous avons émise au commencement de cette discussion. Sous l'empire de la législation introduite par l'art. 834 du Code de procédure, le privilége du vendeur ne peut jamais être compromis: car si la vente qui lui donne naissance est transcrite, l'art. 2108 reçoit son application; si elle ne l'est pas, la transcription seule du contrat du sous-acquéreur ne saurait interpeller le vendeur ni entraîner contre lui la déchéance résultant de l'art. 834, dans le cas où il ne s'est pas conformé à la disposition qu'il prescrit.

QUATRIÈME ET DERNIÈRE PÉRIODE. *Loi du 23 mars 1855, art. 6.* — Cette loi, nous le savons, a rétabli le principe de la loi de Brumaire an VII. Désormais, la propriété n'est plus transférée *erga omnes* par le seul consentement, mais par la transcription de l'acte translatif de propriété. Ce n'est donc plus l'aliénation qui enlève au vendeur le droit de conférer des charges nouvelles et qui opère la purge des hypothèques et priviléges non inscrits. Ce double effet résulte de la transcription. Jusque-là, la loi de 1855 ne dit rien autre chose que ce qu'avait dit la loi de Brumaire an VII. Le principe est le même; les créanciers hypothécaires ou privilégiés peuvent inscrire leur droit réel jusqu'à la transcription du contrat qui a déplacé l'immeuble grevé du privilége ou de l'hypothèque. Le vendeur était soumis à cette règle commune, sous l'empire de la loi de Brumaire an VII. La loi du 23 mars 1855 apporte une dérogation à cette règle : le vendeur peut inscrire son privilége, même après la transcription de l'acte par lequel l'acheteur a revendu l'immeuble affecté à la créance du prix, pourvu que cette inscription se place dans les quarante-cinq jours à compter de son propre contrat.

« A partir de la transcription, les créanciers privilégiés ou ayant hypothèque, aux termes des art. 2125, 2127 et 2128 du Code civil, ne peuvent prendre utilement inscription sur le précédent propriétaire.

» Néanmoins, le vendeur ou le copartageant peuvent utilement ins-

crire les priviléges à eux conférés par les art. 2108 (1) et 2109 du Code
civil, dans les quarante-cinq jours de l'acte de vente ou de partage, nonobstant toute transcription d'actes faits dans ce délai.

» Les art. 834 et 835 du Code de procédure sont abrogés. » (Art. 6, loi
du 23 mars 1855.)

Deux hypothèses sont à considérer :

Primus a vendu un immeuble à Secundus moyennant 10,000 francs.
La vente n'a pas été transcrite, et Primus n'a pas requis inscription de
son privilége. Si Secundus revend lui-même l'immeuble à Tertius, il
semble que la transcription de son contrat par le sous-acquéreur ne
devrait pas forclore Primus du droit d'inscrire son privilége, puisque
Secundus, n'ayant pas fait transcrire, n'a acquis qu'une propriété relative, et conformément au principe : *nemo dat quod non habet*, n'a pu
transmettre une propriété absolue. Néanmoins le législateur de 1855 a
donné raison au système que la Cour de cassation avait adopté sur l'interprétation de l'art. 834 C. de proc. De même que, dans ce système, la
transcription du dernier contrat suffisait pour interpeller les créanciers
hypothécaires des vendeurs précédents et ces vendeurs eux-mêmes; de
même, en vertu de l'art. 6 de la loi de 1855, la transcription du contrat
de Tertius entraîne pour Primus, qui n'a pas fait inscrire avant ce moment, déchéance de son privilége et quant au droit de préférence, et
quant au droit de suite; c'est-à-dire que Tertius acquiert plus de droits
que n'en avait Secundus lui-même. La solution est la même, soit que le
contrat transcrit contienne la mention du droit de Primus, soit qu'il ne
la contienne pas. Et qu'on n'objecte pas que dans l'hypothèse où Secundus a averti son acheteur Tertius, que l'immeuble vendu est grevé
du privilége d'un vendeur précédent, Tertius ne peut prétexter de son
ignorance; partant, que le privilége doit lui être opposable. L'art. 6 ne
distingue pas. Toutes les fois que le privilége du vendeur n'est pas conservé au moment où le sous-acquéreur a fait transcrire son titre, la
transcription purge l'immeuble du privilége du vendeur : tel est le principe.

Mais ce principe reçoit immédiatement une exception. Sans doute, le
vendeur est intéressé à inscrire son privilége le plus tôt possible; mais
peut-être restera-t-il quelques jours dans l'inaction, parce que l'intérêt
évident de l'acheteur conseille à celui-ci de faire opérer la transcription:
or, si cette transcription a été effectuée, le vendeur n'a plus rien à
craindre. Le vendeur surveillera donc la transcription; mais si l'acheteur reste dans l'inertie, ne faut-il pas permettre au vendeur lui-même
de veiller alors à la sauvegarde de son droit, en prenant une inscrip-

---

(1) Il y a évidemment ici une erreur de numérotage. Ce n'est pas l'art. 2108, mais
l'art. 2103 qui donne au vendeur un privilége.

tion directe : c'est ce que la loi a pensé. Aussi, alors même que l'acheteur ne requerrait pas la transcription, alors même qu'il revendrait la chose à un tiers, lequel s'empresserait de faire transcrire, il ne faut pas punir le vendeur d'une faute qu'il n'a pas commise, puisqu'il comptait sur l'observation de la loi de la part de l'acheteur pour conserver son privilége. Si donc il ne s'est pas écoulé plus de quarante-cinq jours depuis le moment où Primus a vendu son immeuble à Secundus, Primus est encore à même de conserver son privilége non-seulement à l'égard des créanciers de Secundus, mais encore à l'égard du tiers détenteur Tertius, en requérant directement une inscription, ou en faisant opérer la transcription de son contrat. L'une ou l'autre de ces formalités fera sortir son plein et entier effet au privilége, alors même qu'elle se produirait après que le sous-acquéreur Tertius a annoncé, par la transcription de son titre, que Secundus n'était plus propriétaire.

Après l'expiration de ce délai, Primus a tout à craindre de Secundus, pour le cas où celui-ci ayant revendu l'immeuble, le tiers acquéreur ferait transcrire l'acte de vente, avant tout acte conservatoire de la part de Primus. Néanmoins, il faut excepter le cas où il y aurait eu fraude de la part de Secundus ; la fraude fait exception à toutes les règles : *fraus omnia corrumpit.* Si donc l'acte de revente était frauduleux de la part de l'acquéreur primitif, le vendeur originaire aurait le droit, en se conformant aux principes de l'action Paulienne ou révocatoire (1167), de faire rescinder l'aliénation frauduleuse et préjudiciable, afin de prendre inscription sur l'immeuble rentré dans le patrimoine de son débiteur, ou de faire transcrire le contrat de vente qui avait donné naissance à son privilége.

Le point de départ des quarante-cinq jours accordés au vendeur pour inscrire en toute sûreté son privilége, est le jour même où le contrat de vente a été passé. C'est *dans les quarante-cinq jours de l'acte de vente,* dit l'art. 6 de la loi de 1855, que le privilége pourra être inscrit. Donc, le jour qui a vu naître le contrat n'est pas compris dans le terme : *dies a quo præfigitur terminus non computatur in termino.* Au contraire, le *dies ad quem* y est compris ; le dernier des quarante-cinq jours est inclus dans le terme concédé : *dies termini computatur in termino.* Soit une vente conclue le 1er janvier ; le délai commencera à courir le 2, mais il expirera le 15 février. Le 15 février, il sera temps encore ; le 16, il sera trop tard, dans le cas évidemment où la revente consentie par l'acquéreur aurait été transcrite dans l'intervalle qui sépare le 1er janvier du 15 février.

Il n'y a pas lieu de considérer si le dernier jour du terme est un jour ordinaire ou un jour férié. Si ce jour tombe un dimanche, par exemple, il n'en devra pas moins être compté, et l'inscription prise le lendemain serait tardive. Toutefois, par argument de l'art 1037 du Code de procédure, et lorsqu'il y a péril en la demeure, le conservateur peut être requis d'effectuer l'inscription un jour férié légal ou un dimanche lorsque le requérant présente, à l'appui de sa demande, une permission du juge (1).

Si le vendeur primitif s'inscrit après la transcription de la revente, mais dans les quarante-cinq jours, le nouvel acquéreur devra lui faire les notifications à fin de purge prescrites par les art. 2183 et 2184 C. civ. Mais il faut évidemment que l'inscription ait été prise; d'où il résulte que tant qu'il ne s'est pas écoulé quarante-cinq jours à compter de la première vente, la purge est impossible de la part de l'acquéreur : son droit se trouve suspendu jusqu'au moment où l'inscription sera venue révéler le privilége du vendeur.

Tout à l'heure nous avons supposé que le tiers acquéreur avait fait transcrire avant toute transcription ou inscription de la part du vendeur originaire. Prenons maintenant l'hypothèse inverse. Primus a fait transcrire avant l'aliénation consentie par Secundus à Tertius, ou bien après, mais avant la transcription de la sous-aliénation. D'autre part, il n'a point pris d'inscription de son chef, et quarante-cinq jours se sont écoulés depuis la vente primitive. Son privilége est-il éteint, ou, au contraire, est-il toujours opposable aux créanciers de Secundus et au tiers détenteur Tertius? En d'autres termes, cette question n'est autre que celle de savoir si l'art. 2108 a été abrogé par l'art. 6 de la loi du 23 mars 1855. Nous avons déjà traité cette question lorsque nous avons étudié quel était le véritable sens qui se dégageait des art. 2106 et 2108 C. civ. Il est donc inutile d'y revenir. Nous rappelons seulement qu'à ne s'attacher qu'aux termes de l'art. 6 de la loi de 1855, l'inscription seule, et non la transcription, peut avoir la vertu de conserver le privilége. Mais une telle interprétation serait évidemment erronée, car la transcription a fait connaître tous les effets qui sont de la nature de la vente. A quoi bon, au surplus, une inscription de la part du vendeur, puisqu'il existe déjà une inscription prise d'office par le conservateur des hypothèques?

La théorie qui précède est évidemment applicable au cas où l'acquéreur primitif, au lieu de revendre l'immeuble, en aurait fait donation à un tiers. Le vendeur ne peut inscrire son privilége que jusqu'à la transcription de l'acte de donation, à moins cependant que l'inscription postérieure à la transcription ne se place dans les quarante-cinq jours du contrat de vente (art. 6, 1. de 1855).

(1) Aucune signification ni exécution ne pourra être faite depuis le 1er octobre jusqu'au 31 mars avant six heures du matin et après six heures du soir, et depuis le 1er avril jusqu'au 30 septembre avant quatre heures du matin et après neuf heures du soir, non plus que les jours de fête légale, si ce n'est en vertu de permission du juge, dans le cas où il y aurait péril en la demeure (art. 1037 C. pr.).

Ici s'arrête ce que nous avons à dire relativement au droit de suite, lorsque l'immeuble est devenu la propriété d'un tiers par suite d'une aliénation volontaire. Mais d'autres événements exercent leur influence sur le droit de suite : c'est d'abord l'aliénation forcée, poursuivie par voie de saisie suivie d'adjudication ; citons encore l'expropriation pour cause d'utilité publique, l'acquisition de l'immeuble à titre d'héritier ou de légataire ; enfin, la faillite de l'acheteur commerçant. Nous allons passer rapidement en revue ces différentes hypothèses, et étudier l'influence qu'elles peuvent exercer relativement au droit de suite.

Examinons d'abord le cas d'une saisie immobilière pratiquée sur l'acheteur, et qui aboutit à un jugement d'adjudication. Aucune transcription du contrat de vente n'a été faite ; aucune inscription du privilége du vendeur n'a été prise lorsque intervient le jugement d'adjudication. Ce jugement enlèvera-t-il au vendeur le droit d'inscrire son privilége ? L'adjudicataire recevra-t-il immédiatement l'immeuble purgé du privilége ? Certainement non ; le jugement d'adjudication est, de même que la vente volontaire, translatif de propriété. Dès lors, il est soumis à la transcription ; et vis-à-vis de ceux qui ont du chef du saisi des droits réels sur l'immeuble, l'adjudicataire ne devient définitivement propriétaire que par cette transcription (art. 1-4°, l. du 23 mars 1855). D'où nous concluons que le vendeur peut inscrire son privilége, non-seulement pendant le cours de la poursuite, mais encore après l'adjudication prononcée, et tant qu'elle n'a pas été transcrite. Précédemment, la situation était réglée par l'art. 2166 du Code civil ; car l'art. 834 du Code de procédure n'était relatif qu'aux aliénations volontaires : c'est donc le jugement même d'adjudication qui opérait la purge du privilége non inscrit.

La même question se pose relativement aux actes par lesquels l'État, le département, la commune, et, en général, tous ceux qui ont le droit d'exproprier pour cause d'utilité publique, ont acquis la propriété d'un immeuble grevé d'un privilége de vendeur non inscrit au moment où se consomme l'aliénation. Cette propriété peut être acquise de deux manières : ou bien le propriétaire exproprié accepte les offres qui lui sont faites par la partie expropriante, et alors les conditions de l'aliénation sont réglées dans un traité amiable passé dans la forme administrative ; ou bien celui qui doit subir l'expropriation résiste à toute idée de traité amiable, et ne se laisse dépouiller qu'en vertu d'un jugement d'expropriation pour cause d'utilité publique.

Conformément à la législation existante en vertu de l'art. 2166 C. civ., l'expropriant est devenu propriétaire *erga omnes*, aussitôt que la cession amiable a été parfaite, aussitôt que le jugement d'expropriation a été rendu. Mais la loi du 3 mai 1841, s'inspirant de l'art. 834 du Code de procédure, alors en vigueur relativement aux aliénations volontaires, réserve aux tiers qui ont acquis des priviléges ou des hypothèques sur l'immeuble exproprié, et qui ne se sont pas inscrits à cette époque, le droit de requérir inscription même après le jugement d'expropriation, jusqu'à la transcription de ce jugement, et non-seulement avant la transcription, mais encore après, et dans les quinze jours qui la suivent. « Dans la quinzaine de la transcription, les priviléges et les hypothèques conventionnelles, judiciaires ou légales, seront inscrits. A défaut d'inscription dans ce délai, l'immeuble exproprié sera affranchi de tous priviléges et hypothèques, de quelque nature qu'ils soient, sans préjudice des droits des femmes, mineurs et interdits... » (Art. 17, l. du 3 mai 1841.)

Ainsi, sous l'empire de la loi du 3 mai 1841, le vendeur d'un immeuble, exproprié plus tard sur son acheteur, pouvait conserver son privilége, nonobstant le jugement d'expropriation, et la transcription de ce jugement, en prenant inscription dans un délai de quinze jours à partir de la transcription. L'art. 17 ne parlait que de la transcription du jugement, sans se préoccuper de la question de savoir jusqu'à quel moment le vendeur pourrait inscrire, dans le cas où l'immeuble vendu aurait été enlevé à l'acheteur en vertu d'une cession amiable passée entre lui et l'expropriant. Mais l'espèce était régie par l'art. 834 du Code de procédure ; la loi du 3 mai 1841 n'avait pas besoin de dire que l'inscription des droits réels d'hypothèque et de privilége pourrait être effectuée jusqu'à l'expiration d'un délai de quinzaine à partir de la transcription de la cession volontaire. Ce principe résultait d'une législation actuellement existante. Au surplus, ne pourrait-on pas dire que l'art. 17, bien que spécial, en apparence, au jugement d'expropriation, s'appliquait également à l'aliénation, consentie dans la forme administrative. L'art. 17 statue *de eo quod plerumque fit*, et tout nous prouve que, dans l'intention des rédacteurs de la loi de 1841, l'hypothèse de la cession amiable ne doit pas être séparée de celle où l'expropriation a été prononcée par un jugement du tribunal civil.

Ainsi, en vertu de la loi du 3 mai 1841, le privilége du vendeur pouvait être utilement inscrit, même après la transcription de l'acte d'aliénation qui avait fait sortir l'immeuble du patrimoine de l'acheteur, et dans la quinzaine de cette transcription. Est survenue la loi du 23 mars 1855, qui a substitué au principe de la translation immédiate de la propriété par le seul consentement, le principe nouveau d'après lequel l'acquéreur ne devient définitivement propriétaire que par la transcription de l'acte d'aliénation. La loi de 1855 a-t-elle abrogé l'art. 17 de la loi de 1841, de sorte que la transcription du traité amiable ou du jugement d'expropriation arrêterait l'effet des priviléges et hypothèques non inscrits ; ou, au contraire, cet art. 17 a-t-il conservé sa vigueur législative? Telle est la question que nous avons à résoudre.

Certains auteurs sont d'avis que la loi de 1855 est applicable à tous les actes translatifs de propriété; que la translation de propriété résulte d'un contrat ou d'un jugement. A ce titre, le jugement d'expropriation pour cause d'utilité publique et la cession amiable qui intervient entre le propriétaire et l'expropriant, seraient soumis à la règle générale; la transcription ne serait pas seulement utile au point de vue de la purge, mais encore au point de vue de la translation de propriété à l'égard des tiers. D'où le vendeur ne pourrait inscrire son privilége que jusqu'à la transcription; mais après, et même dans les quinze jours suivants, l'inscription serait vaine et sans effet.

Tel n'est point notre avis. Les termes de la loi de 1855 laissent en dehors de son application, l'hypothèse où la propriété a été acquise en vertu d'une expropriation pour cause d'utilité publique. Cette solution ne me parait pas douteuse, lorsque la partie expropriante a été obligée de recourir à un jugement du tribunal civil. Le jugement qui intervient n'est pas un jugement d'adjudication; aux termes du 4º de l'article 1er de la loi de 1855, il n'y a que les jugements d'adjudication autres que ceux rendus sur licitation ou au profit d'un cohéritier ou d'un copartageant qui soient soumis à la transcription. Quant aux traités amiables, ils ne tombent pas davantage sous l'application du 1º de l'article 1er : « Sont transcrits au bureau des hypothèques, dit cet article, tout acte entre-vifs, translatif de propriété immobilière ou de droits réels susceptibles d'hypothèque. » Or, qui ne voit que cet article vise spécialement le cas où l'acte translatif est le résultat de deux volontés librement données. Cet article prévoit l'hypothèse où l'acheteur n'était pas forcé d'acheter, où le vendeur était libre de vendre. Qui oserait prétendre que telle est la situation, lorsqu'un propriétaire a vendu à l'amiable un immeuble à l'État, au département, à la commune, et, en général, à la personne morale qui use du droit d'expropriation? Les traités dont il s'agit se rapprochent bien plus des jugements d'expropriation que des contrats proprement dits; dès lors, pourquoi ne pas reconnaître que ces traités, de même que le jugement d'expropriation, sont entièrement régis par la loi du 3 mai 1841 ?

Je vais plus loin. Je concède que la généralité des termes de la loi du 23 mars 1855 embrasse les translations de propriété résultant de l'expropriation pour cause d'utilité publique. Il n'en résulte pas que cette loi doive les atteindre. Nous nous trouvons en face du principe d'après lequel les lois générales ne dérogent pas aux lois spéciales. La loi de 1855 a décidé quel serait le droit commun lorsque la propriété viendrait à passer d'une main dans une autre; c'est la loi générale. Mais déjà la loi du 3 mai 1841 avait posé le principe que la translation de propriété résultant d'un traité amiable ou d'un jugement d'expropriation pour cause d'utilité publique serait immédiate, et ne serait pas définitivement reculée jusqu'à la transcription; c'est la loi spéciale : cette loi spéciale doit être observée, même en présence de la loi générale, car *generalia specialibus non derogant*. Ainsi, la transcription du jugement d'expropriation ou de la cession n'est pas une formalité nécessaire pour avertir les tiers de la mutation de propriété; ils l'ont été déjà par l'éclatante publicité donnée aux actes qui constituent les différentes phases de la procédure d'expropriation : la transcription n'intervient que comme une formalité préliminaire de la purge. Par conséquent, le vendeur non payé peut inscrire son privilége non-seulement avant la transcription, mais encore après, et dans la quinzaine qui suit, conformément à l'art. 17 de la loi du 3 mai 1841.

Toutefois, l'inscription prise à la requête du vendeur, voire même la transcription de son propre contrat, effectuée soit avant, soit après, mais dans les quinze jours de la transcription du traité amiable ou du jugement d'expropriation pour cause d'utilité publique, ne produisent pas ici leurs effets accoutumés. L'inscription conserve bien au privilége du vendeur son droit de préférence, mais elle ne saurait lui conserver son droit de suite. « Les actions en résolution, porte l'art. 18 de la loi du 3 mai 1841, en revendication, et toutes autres actions réelles, ne pourront arrêter l'expropriation ni en empêcher l'effet. Le droit des réclamants sera transporté sur le prix, et l'immeuble en demeurera affranchi. » Donc, le vendeur qui aura inscrit son privilége en temps utile pourra bien se faire payer, par préférence aux autres créanciers de l'acheteur, sur le prix payé à titre d'indemnité par la partie expropriante ; mais si le vendeur trouve que cette indemnité soit insuffisante, et ne corresponde pas à la véritable valeur de l'immeuble, il ne pourra pas user du droit de surenchère.

Cette restriction, apportée au droit du vendeur, comme à celui de toute personne qui a des droits réels sur l'immeuble exproprié, a sa raison d'être dans la nature même de l'expropriation. L'expropriation, comme son nom l'indique, en faisant passer l'immeuble dans le domaine privé de l'État, du département et de la commune, obéit à des motifs d'une haute gravité; c'est parce que l'utilité publique, légalement reconnue, l'exige évidemment, qu'un citoyen est privé de son droit inviolable et sacré de propriété. Deux intérêts rivaux se trouvent en présence : l'intérêt de tous et l'intérêt d'un seul. Dans cette lutte, l'intérêt privé doit être sacrifié et passer après l'intérêt général. Voilà pourquoi il n'est pas permis à un simple particulier de disputer à la partie expropriante l'immeuble qu'elle veut acquérir, en promettant un prix plus élevé que celui qu'elle s'est obligée de payer. Voilà pourquoi le droit de surenchère, conséquence nécessaire du droit de suite, est enlevé au créancier privilégié; voilà pourquoi ce créancier lui-même est déchu de son droit de suite. Néanmoins, toute garantie ne doit pas être refusée au vendeur. Si le privilége du vendeur est transporté de la chose sur le prix, il faut au moins que ce prix soit la véritable représentation de la valeur de l'immeuble ; il serait injuste qu'un prix débattu à l'amiable entre le propriétaire et l'administration pût être opposable au vendeur : peut-être l'exproprié a-t-il accepté trop facilement les offres de l'expropriant ; peut-être même y a-t-il eu collusion dans le but de frustrer de légitimes créanciers. Aussi l'art. 17, *in fine*, permet-il aux créanciers inscrits de s'opposer à tout règlement amiable de l'indemnité, et de demander que cette indemnité soit fixée par le jury d'expropriation. Leur droit de surenchère est remplacé par cette garantie. « Les créanciers inscrits n'auront, dans aucun cas, la faculté de surenchérir ; mais ils pourront exiger que l'indemnité soit fixée conformément au titre IV. » (Art. 17, *in fine*, l. 3, mai 1841.)

La transmission de la propriété par suite du décès du propriétaire appelle maintenant notre attention. Quelle est l'influence de la mort du débiteur par rapport au privilége du vendeur, dans le cas où le propriétaire de l'immeuble grevé du privilége est décédé avant que le vendeur ait conservé ses droits par l'inscription ou par la transcription ?

Si l'immeuble vendu est acquis après le décès de l'acheteur à des héritiers *ab intestat*, qui acceptent purement et simplement la succession, le privilége du vendeur, qui peut être inscrit quant au droit de préférence, peut l'être également quant au droit de suite ; la corrélation est tellement étroite entre ces deux effets du privilége, que la conservation de l'un de ces droits emporte la conservation de l'autre. Il en est autrement lorsque la succession est acceptée sous bénéfice d'inventaire : non-seulement le privilége n'est pas opposable aux créanciers de l'acheteur ; mais il ne peut nuire aux tiers acquéreurs de l'immeuble.

La même solution doit être donnée lorsque le *de cujus* a laissé, par testament, des légataires universels ou à titre universel. A leur égard, la possibilité d'inscrire dépend du parti qu'ils prendront relativement à l'acceptation de leur legs.

Mais qu'arrivera-t-il, si le *de cujus* a fait des legs particuliers ? Le vendeur aura-t-il le droit d'inscrire tant que le légataire n'aura pas requis la transcription de son legs ; ou, au contraire, le cours des inscriptions sera-t-il arrêté par l'événement même qui a transporté la propriété de l'acheteur au légataire ? En d'autres termes, la loi du 23 mars 1855 est-elle applicable aux mutations par décès ? Un point incontestable et reconnu par tous les auteurs, c'est que la loi nouvelle, à l'exemple du Code civil, affranchit les legs de la formalité de la transcription. L'article 1er n'embrasse que les actes translatifs de propriété ou susceptibles de droits réels ou d'hypothèque entre-vifs ; quant aux dispositions de dernière volonté, elles sont réputées connues des tiers, au moment même du décès du testateur, au moment, par conséquent, où s'ouvre le droit des légataires. Cette loi abroge en outre les art. 834 et 835 du Code de procédure : donc, le légataire étant devenu propriétaire *erga omnes* de l'immeuble légué, dès le jour même de l'ouverture de la succession, la transcription est inutile ; les tiers qui avaient acquis des priviléges ou des hypothèques du chef du *de cujus*, ne peuvent valablement les inscrire sur l'immeuble légué à partir du moment où leur auteur a cessé d'être propriétaire.

Il est vrai qu'une objection peut être faite. Les legs, dira-t-on, ne peuvent jamais nuire aux créanciers du défunt. Si ceux-ci doivent en subir un préjudice, le legs est, à leurs yeux, considéré comme nul et non avenu ; il est tenu comme non existant. Or, si les créanciers du testateur n'avaient pas le droit d'inscrire, après sa mort, leur droit réel sur l'immeuble légué, ce legs leur causerait un préjudice. Les choses doivent donc se passer au regard du légataire comme au regard du testateur lui-même ; d'où il résulte que le vendeur aura la faculté d'inscrire son privilége, aussi longtemps que l'immeuble grevé restera entre les mains du légataire, et même après qu'il l'aura aliéné, jusqu'à la transcription de l'aliénation.

A notre avis, le principe sur lequel repose cette objection n'est exact que lorsque le *de cujus* a laissé plus de dettes que de biens ; alors il est vrai de dire : *nemo liberalis nisi liberatus ;* les créanciers seront payés avant les légataires, et si l'actif est absorbé par les créanciers, le legs ne produira aucun effet. Prétendre que, dans l'hypothèse où le legs est valable, et où l'immeuble légué n'était pas hypothéqué entre les mains du défunt, les créanciers demeurent, dans leurs rapports avec les légataires, dans une situation semblable à celle qu'ils avaient à l'égard de leur débiteur, c'est dire que l'immeuble qui était leur gage, alors que cet immeuble était dans le patrimoine de leur débiteur, reste encore affecté à leur créance, quoiqu'il soit possédé par le légataire. Mais alors que fait-on du principe qui ne met les dettes qu'à la charge des successeurs qui recueillent l'universalité ou une quote-part de l'universalité : *æs alienum universarum rerum, non certarum onus est ?* Quel compte tient-on des art. 871 et 1024, aux termes desquels le légataire particulier ne peut être poursuivi par les créanciers héréditaires qu'autant qu'il détient un immeuble hypothéqué à une dette de la succession ? Au surplus, à quelles conséquences n'aboutit-on pas si l'on décide que le légataire est tenu, quant à l'immeuble, des mêmes obligations que le *de cujus ?* Un légataire poursuivi par l'action hypothécaire ne pourra pas délaisser et sera obligé de se laisser exproprier : il ne pourra pas purger ; il ne pourra pas invoquer contre les créanciers hypothécaires inscrits la prescription de dix à vingt ans. Or, personne a-t-il jamais accepté ces solutions ? Évidemment les légataires particuliers sont des

14

tiers détenteurs. Partant, si le privilége ou l'hypothèque qui grève l'immeuble légué n'était pas inscrite au moment où la propriété leur a été définitivement acquise, le droit réel de privilége ou d'hypothèque ne leur est pas opposable. Ce moment, nous savons qu'il se produit à l'époque du décès du testateur. Le vendeur doit donc prendre ses précautions et inscrire son privilége avant la mort de son débiteur.

Toutefois, et par analogie de motifs, nous croyons que la restriction apportée au droit commun au profit du privilége du vendeur, par l'article 6 de la loi de 1855, est applicable au cas où l'immeuble a été légué à titre particulier par l'acheteur. Le privilége du vendeur, pourvu qu'il soit inscrit dans les quarante-cinq jours du contrat, doit produire son plein et entier effet. Il serait étrange que le privilége qui, inscrit dans ce délai, est opposable au tiers détenteur, nonobstant toute transcription antérieure d'un second contrat d'aliénation, ne le fût pas au légataire, sous prétexte que la succession s'est ouverte à un moment où le privilége n'était pas inscrit. L'ouverture de la succession est aux mutations par décès ce qu'est la transcription aux mutations entre-vifs. Or, en cas de revente de l'immeuble grevé du privilége, le privilége du vendeur primitif est inscrit valablement, même après la transcription de la revente, si cette inscription se place dans les qurante-cinq jours à partir du contrat originaire.

Enfin, le droit de suite est éteint par le défaut d'inscription du privilége ou de transcription du contrat, au moment où éclate la faillite de l'acheteur. La déchéance du droit de préférence, en pareille hypothèse (2146 C. civ.), fait que le tiers détenteur n'est pas soumis à l'action privilégiée du vendeur, qui ne peut plus inscrire. Mais cette extinction du privilége n'est que relative. Si donc les immeubles du failli n'étaient pas vendus, et que celui-ci obtînt un concordat, le vendeur rentrerait alors dans le droit commun. — Que si le failli, quelques jours avant le jugement déclaratif, avait vendu l'immeuble à un tiers qui s'est empressé de faire transcrire, le vendeur, s'il est encore dans les quarante-cinq jours de son propre contrat, peut-il utilement inscrire son privilége? La solution affirmative me semble fondée en droit; car l'impossibilité d'inscrire pendant la faillite de l'acheteur n'est vraie que dans les rapports des créanciers entre eux. Le tiers acquéreur qui a déjà payé à la faillite, n'en sera pas moins obligé de payer une seconde fois au vendeur primitif, sauf pour lui à revenir contre la faillite à titre de créancier chirographaire, ainsi que l'aurait fait le vendeur.

§ III.

De l'indivisibilité du privilége du vendeur.

Le privilége du vendeur ne confère pas seulement au créancier un droit de préférence et un droit de suite; ce privilége est, de sa nature, indivisible, c'est-à-dire que, bien que l'action personnelle se divise, à la mort de l'acheteur, contre ses différents héritiers (art. 1220 C. civ.), le vendeur n'en peut pas moins poursuivre pour le tout, par l'action privilégiée, celui des héritiers au lot duquel est attribué l'immeuble vendu, soit en totalité, soit pour partie. De même, si le vendeur vient à mourir laissant plusieurs héritiers, le droit de poursuite n'appartient à chaque héritier par l'action personnelle, que proportionnellement à sa part héréditaire; mais celui qui n'a pas été payé par le débiteur, peut le poursuivre pour le tout sur l'immeuble privilégié, alors même que ses cohéritiers auraient été désintéressés. L'indivisibilité du privilége consiste, en effet, en ce que la créance tout entière, et chaque fraction de la créance, est garantie par l'immeuble tout entier, et par chaque portion de l'immeuble. On peut dire du privilége ce qu'on dit de l'hypothèque : *Est tota in toto et tota in qualibet parte.*

Mais si l'indivisibilité est de la nature du privilége, elle n'est pas de son essence. On comprend donc un privilége du vendeur qui puisse s'exercer d'une manière divise. Il en sera ainsi toutes les fois qu'il aura été convenu entre le vendeur et l'acheteur que chaque héritier du vendeur, d'une part, ne pourra pas obtenir, par l'action privilégiée, plus qu'il n'obtiendrait par l'action personnelle, et, d'autre part, que les héritiers de l'acheteur ne pourront pas être poursuivis à titre de détenteurs de l'immeuble privilégié, pour une somme plus forte que celle qu'ils doivent, eu égard à leur vocation héréditaire.

Ainsi, l'indivisibilité du privilége est purement intentionnelle; elle existe activement et passivement, et porte sur le privilége lui-même. Mais y a-t-il indivisibilité entre le privilége et l'obligation qu'elle garantit, en ce sens que le privilége peut être cédé indépendamment de la créance? La même question se pose à propos de l'hypothèque, et surtout à propos de l'hypothèque légale de la femme. De très-bons auteurs avaient soutenu que l'hypothèque, n'existant pas indépendamment de la créance qu'elle garantit, ne pouvait pas faire l'objet d'une cession principale et distincte de la cession de la créance. Mais aujourd'hui la question est tranchée relativement à l'hypothèque par la loi du 23 mars 1855, dont l'art. 9 suppose qu'elle peut être cédée principalement et séparément de la créance, dont elle est l'accessoire. Toutefois la question reste entière pour le privilége du vendeur et pour les priviléges en général.

Dès avant la promulgation de la loi du 23 mars 1855, certains auteurs avaient pensé que le privilége pouvait être détaché de la créance pour aller garantir une créance étrangère. Un arrêt de la Cour de Caen, du 11 mars 1854, avait même décidé que la cession ou subrogation consentie, dans son privilége, par le vendeur non payé, au profit d'un tiers créancier de l'acquéreur, jusqu'à concurrence de la créance de ce tiers, conférait à celui-ci tous les droits attachés au privilége cédé. La loi de 1855 a-t-elle aboli l'œuvre de la jurisprudence ? Nous ne le pensons pas. Elle ne parle, il est vrai, que des cessions ou renonciations à l'hypothèque légale de la femme mariée. Mais si elle leur consacre un article spécial, ce n'est pas pour en reconnaître l'existence (les besoins de la pratique avaient depuis longtemps fait naître ces sortes de conventions); c'est bien plutôt pour en régler l'exercice, bien plus fréquent que celui des cessions de privilége, et qui donnait lieu à des fraudes bien plus nombreuses. Toutefois, régler législativement l'exercice des cessions de l'hypothèque légale des femmes mariées, c'est reconnaître que ces cessions sont valablement faites. Et si la femme mariée peut céder son hypothèque légale indépendamment de sa créance, nous ne voyons pas le motif pour lequel nous refuserions le même pouvoir au vendeur non payé, comme à tous créanciers privilégiés. Sans doute, de très-bons arguments militent en faveur de l'opinion contraire; mais je crois que notre solution est commandée par l'art. 9 de la loi du 23 mars 1855.

POSITIONS.

—

DROIT ROMAIN.

I. La règle posée dans le paragraphe 41, aux Instilutes, *de divisione rerum*, et consacrée par la loi des Douze-Tables, a son origine dans la mancipation.

II. La *lex commissoria* n'affecte pas toujours le caractère de condition résolutoire.

III. La consignation est nécessaire pour valider les offres faites dans le but d'éviter la déchéance du pacte commissoire au vendeur, qui refuse de recevoir le prix.

IV. A l'époque classique de la jurisprudence, la propriété ne fait pas retour au vendeur, *ipso jure*, par suite de l'arrivée de la *lex commissoria*.

V. Il n'y a aucune contradiction entre la loi 3 et la loi 4, C., *de pactis inter emptorem et venditorem compositis*.

VI. L'action personnelle *venditi*, dirigée contre un acheteur qui possède, n'est pas arbitraire.

VII. Après la résolution de la vente, les arrhes sont perdues pour l'acheteur; mais les à-compte doivent lui être restitués.

VIII. A partir de Justinien, l'acheteur qui devient propriétaire par le seul fait de la résolution, n'acquiert la propriété que pour l'avenir. Le retour du *dominium* entre ses mains ne s'accomplit pas avec effet rétroactif.

—

DROIT FRANCAIS.

DROIT CIVIL.

I. Le droit de rétention n'est pas exclusif du droit de saisie; mais l'adjudicataire ne peut être mis en possession qu'après avoir désintéressé le créancier rétenteur.

II. Le vendeur d'effets mobiliers qui revendique, aux termes de l'art. 2102-4°, ne fait pas valoir un droit de propriété, mais un droit de rétention.

III. Le privilége du vendeur d'effets mobiliers non payés s'exerce sur les objets devenus immeubles par destination, par préférence aux créanciers chirographaires et hypothécaires de l'acheteur.

IV. Le donateur n'a pas de privilége sur l'immeuble vendu, en cas d'inexécution des conditions imposées au donataire.

V. Le privilége du vendeur d'immeubles ne s'étend pas aux améliorations survenues à l'immeuble vendu par le fait de l'acheteur.

VI. Sous l'empire de la loi du 11 brumaire an VII, comme sous l'empire de la loi du 23 mars 1855, le privilége ne naît pas conservé. L'action en revendication appartient *hic et nunc* à l'acheteur.

VII. A partir de l'art. 834 C. proc. jusqu'à la loi du 23 mars 1855, le privilége du vendeur d'immeubles était, dans tous les cas, opposable aux créanciers de l'acheteur et aux tiers détenteurs.

VIII. La péremption de l'inscription d'office n'entraîne pas l'extinction du privilége.

DROIT COMMERCIAL.

I. L'inscription de son privilége prise par le vendeur après le jugement déclaratif de faillite est nulle relativement à la masse.

II. Néanmoins le vendeur peut se prévaloir de son action résolutoire à l'encontre des créanciers chirographaires du failli, bien que son privilége soit éteint par suite du défaut d'inscription ou de transcription.

PROCÉDURE CIVILE.

I. Les tribunaux civils saisis d'une affaire commerciale sont incompétents *ratione materiæ*.

II. L'exercice de l'action en réintégrande n'exige pas la preuve d'une possession annale.

DROIT CRIMINEL.

I. L'interdiction légale n'est pas encourue par le condamné contumax.

II. Un verdict de non-culpabilité n'empêche pas la Cour d'assises d'accorder des dommages et intérêts à la partie civile.

DROIT ADMINISTRATIF.

I. Le vendeur, en cas d'expropriation pour cause d'utilité publique de l'immeuble grevé du privilége, peut inscrire son droit de préférence jusqu'à la transcription du jugement d'expropriation, et même dans la quinzaine de cette transcription.

II. Les édifices publics, tels qu'hôtels de ministère, de préfecture et de mairie, sont dans le domaine privé de l'État, du département et de la commune.

Vu par le président de l'acte public,
Léopold THÉZARD.

Vu par le doyen intérimaire,
Martial PERVINQUIÈRE ✳.

Permis d'imprimer :
Le recteur de l'Académie,
Ch. AUBERTIN ✳.

<hr>

Les visas exigés par les règlements sont une garantie des principes et des opinions relatives à la religion, à l'ordre public et aux bonnes mœurs (statut du 9 avril 1825, art. 41), mais non des opinions purement juridiques, dont la responsabilité est laissée au candidat.

Le candidat répondra en outre aux questions qui lui seront faites sur les autres matières de l'enseignement.

481. — Poitiers, imprimerie générale de l'Ouest : E. WIRQUIN.

IMPRIMERIE GÉNÉRALE DE L'OUEST

www.ingramcontent.com/pod-product-compliance
Lightning Source LLC
Chambersburg PA
CBHW071704200326
41519CB00012BA/2619